Das Bilderlexikon der christlichen Symbole

Eckhard Bieger

Das Bilderlexikon der christlichen Symbole

benno

Bibliografische Information Der Deutschen Bibliothek
Die Deutsche Bibliothek verzeichnet diese Publikation
in der Deutschen Nationalbibliografie;
detaillierte bibliografische Daten sind im Internet über
http://dnb.ddb.de abrufbar.

Besuchen Sie uns im Internet:
www.st-benno.de

ISBN 978-3-7462-2486-2

© St. Benno-Verlag GmbH
   Stammerstr. 11, 04159 Leipzig
   Umschlag & Gestaltung: Ulrike Vetter, Leipzig, unter Verwendung
   von Bildern von © picture-alliance, Frankfurt am Main
   Gesamtherstellung: Arnold & Domnick, Leipzig (A)

Inhalt

Symbolisch sehen   7

A–Z – Das Lexikon   16

Die Idee des christlichen Kirchbaus   210

Kirchen und Kirche   222

Die Basilika und die Prozessionsliturgie   226

Kirchen der Karolingerzeit   233

Romanik: die Himmelsstadt   239

Gotik: das Licht als Bauidee   249

Renaissance   262

Barock: der himmlische Festsaal   267

Das 19. Jahrhundert: Klassizismus und romantische
Sehnsucht nach dem Mittelalter   274

Kirchbau des 20. Jahrhunderts: die Materialität als Medium
der Begegnung mit dem Göttlichen   279

Symbolisch sehen

Wenn wir einen Kirchenraum betreten, spüren wir eine gestaltende Idee. Säulenreihen, Gewölbe, Skulpturen und große bemalte Flächen machen aus dem Raum eine Komposition. Einiges verstehen wir auf Anhieb, beispielsweise dass bei fast allen Kirchen vorn der entscheidende Ort sein muss. Schwieriger zu verstehen sind die Skulpturen und die Altarbilder. Sie stellen Menschen dar. Oft tragen sie einen Kreis um ihren Kopf, den Nimbus oder Heiligenschein. Aber es gibt auch Tiere: Löwen, Drachen, Adler,

Schon am Eingang des Kölner Doms lassen sich Symbole wie etwa der Löwe entdecken.

ein Lamm. Dann sind, vor allem in Barockkirchen, Muscheln zu sehen. Wie soll man dieses ganze Zeichensystem verstehen, »lesen«?

In unserer Kultur sind wir gewohnt, dass Bilder etwas illustrieren. Bilder stehen für etwas, entweder für das, was sie abbilden, oder als Zeichen, dessen Bedeutung wir lernen müssen, für etwas anderes. Wenn in einem Text das Zeichen @ erscheint, wissen wir, dass es sich um eine Email-Adresse handelt. Wir können auf diese Weise auch viele Zeichen in den Kirchen entschlüsseln. Das Lexikon der Symbole in diesem Buch ist eine Art Wörterbuch, in dem man die Bedeutung einzelner Zeichen nachschlagen kann.

So steht IHS für Jesus Christus. Das ist eine ähnliche Abkürzung wie heutzutage bei den Namen einzelner Firmen. RWE steht für einen Stromkonzern. Andere Firmen haben anstelle einer Buchstabenfolge ein Logo, so steht etwa der Stern für eine Automarke. Nach einem ähnlichen Prinzip funktionieren auch die Symbole und Bilder in Kirchen. Aber was bedeutet dort ein Drache oder der Löwe?

Im Symbol verbinden sich Himmel und Erde

Das Wort »Symbol« kommt aus dem Griechischen und heißt das »Zusammengeworfene«. Das symbolon bezeichnete die Teile eines auseinandergebrochenen Tontäfelchens. Es bestätigte den Freundschaftsbund. Bei einer Trennung nahmen beide Freunde einen Teil des Täfelchens mit, und beim Wiedertreffen zeigte sich, ob die Tonscherben sich lückenlos zu einer Tafel verbanden. Auch ein auseinandergebrochener Ring konnte als Symbol dienen.

Der Erzengel Michael besiegt den Teufel, Statue am Zisterzienserstift Zwettl in Niederösterreich.

Was bringen aber die christlichen Symbole, z. B. ein Lamm, der griechische Buchstabe X, der auf einer Fahne dem siegreichen Heer des Kaisers Konstantin vorangetragen wurde, oder die Achtzahl, die sich in achteckigen Taufbecken, Kuppeln oder Türmen wiederfindet, »zusammen«? Viele Symbole sind erst verständlich, wenn sie in den größeren Zusammenhang der Symbolsprache eingeordnet werden. Dieser Zusammenhang ist das Himmelsgewölbe, in dem der Mensch seinen Platz finden will. Erst wenn der Mensch sich in das Ganze einordnet, findet er den Sinn für sein Leben, kann er die Welt insgesamt verstehen und weiß, »was die Stunde geschlagen hat«.

Der 36,5 Meter hohe Obelisk Flaminio in der Mitte der Piazza del Popolo in Rom.

Im Alltag ist der Mensch einem ständigen Wechsel ausgesetzt. Die Sonne steht nicht still am Himmel, sondern verschwindet am Abend. Die Jahreszeiten und damit das Wetter ändern sich, in der Natur gibt es Wachstum und Vergehen. Auch das eigene Leben besteht aus einem Auf und Ab. Wo kann der Mensch in diesem ständigen Wandel sein Leben verankern und eine Richtung finden, die er auch dann im Auge behalten kann, wenn sein Leben, wie im Labyrinth dargestellt, auf verschlungenen Wegen verläuft? Die Erde, auf der sich der Mensch vorfindet, gibt ihm diese Sicherheit nicht. Hier ist er Dunkelheit und Stürmen ausgesetzt, die Sonne verschwindet vom Himmel; sie taucht hinter dem Horizont unter. Käme sie nicht wieder, wäre der Mensch verloren. Da die Sonne Helligkeit bedeutet und nur im Sonnenlicht Leben gedeiht, ist die Beobachtung des Himmels dem Menschen aufgegeben, zumal er nur so die Tage in Stunden unterteilen, die Monate bestimmen und den Jahreswechsel beobachten kann. Allerdings bewegt sich alles am Himmel, die Planeten aus der Sicht des Erdbewohners sogar zeitweise rückwärts. Sie »irren« am Himmel umher. (»Planeten« kommt vom dem griechischen »planetes«, die Umherschweifenden.)

Rosette mit zwei mal acht Feldern, Freiburger Münster.

Es gibt nur einen festen Punkt, nämlich den Polarstern, auf den die Erdachse ausgerichtet ist. Er wird in der frei stehenden Säule bzw. dem Stab der Sonnenuhr symbolisiert. Der Stab oder Obelisk ermöglicht es dem Beobachter, den Lauf der Sonne im Jahreskreislauf zu verfolgen. Da die Sonne sich durch den Tierkreis bewegt, sind die 12 Tierkreise den 12 Monaten in etwa zugeordnet. Der Umlauf der Sonne durch den Tierkreis bestimmt die Dauer des Jahres. Im Tierkreis gibt es zwei entscheidende Punkte, nämlich wenn der in den Himmel ausgedehnte Äquator und der Tierkreis sich schneiden. Das sind die beiden Daten der Tag- und Nacht-Gleiche am 21. März und 23. September.

Für die Nordhalbkugel ist der Märztermin wichtig, weil dieser Tag den Frühlingsanfang bezeichnet. Die Sonne kommt zurück. Das geschieht im Sternzeichen des Widders. Von daher hat der Widder in den antiken Kulturen große Bedeutung. Bei den Ägyptern formt ein widderköpfiger Gott den Menschen und gibt ihm sein Ka, sein Leben. Die Juden feiern am ersten Frühlingsvollmond das Passahfest, bei dem ein einjähriges Lamm verzehrt wird. Die Christen begehen am Sonntag nach dem 1. Frühlingsvollmond Ostern. Bei ihnen ist der menschgewordene Sohn Gottes an die Stelle des Lammes getreten. Das griechische X bildet diesen Tag, den Beginn des Lebens überhaupt und des jährlichen Neuanfangs ab, nämlich den Winkel zwischen dem Himmelsäquator und dem Tierkreis, Zodiakus genannt.

Indem der Mensch sein Leben in den Jahreskreislauf einordnet, gewinnt er seinen Stand auf der Erde. Symbole wie das Lamm verweisen auf diese Hinordnung in den himmlischen Kreislauf. Die Kirchen sind so gebaut, dass sie diesen Himmel abbilden. Das erklärt die Bedeutung der Zahl Acht, die sich in den achteckigen Taufbecken, in den Kreuzrippen der Chorräume vieler gotischer Kirchen oder in den Kuppeln romanischer Kirchen wiederfindet. Die Acht steht für den Tag nach der Vollendung der Schöpfung, die durch die Zahl Sieben repräsentiert wird. Am achten Tag beginnt die himmlische Schöpfung, in der nach der Geheimen Offenbarung des Johannes das Lamm die Herrschaft übernimmt.

Viele andere Symbole haben ebenfalls einen himmlischen Bezug. Deshalb ist im sichtbaren Symbol eine andere Wirklichkeit anwesend. Es wäre also vergebens, die Bedeutung eines Symbols in der irdischen Wirklichkeit zu suchen oder die Symbole als geheimes Wörterbuch der Sexualität zu deuten. Bereits in der ägyptischen Götterverehrung war diese Interpretation überwunden. Von dieser Kultur kommen viele Symbole des Judentums wie des Christentums.

Und warum sind Taufbecken alter Kirchen in der Regel als Achteck gestaltet? Warum trifft man in romanischen Kirchen immer auf eine achteckige Kuppel und nicht auf eine Halbkugel? Die Erklärung der Bedeutung des Achtecks als Hinweis auf den achten Tag reicht nicht aus, um z. B. die Bauidee des romanischen Kirchenraums zu erklären. Wie haben die Baumeister ihre Konzeption entwickelt, dass sie nicht einen Raum wie heute ein Museum gestaltet haben, in dem an den Wänden Kunstwerke präsentiert werden, die der Besucher sich anschauen kann? Anders als die Museen geben die Kirchen den Kunstwerken wie den Zeichen und Symbolen einen bestimmten Platz. Der Raum mit den Gemälden und Skulpturen bildet eine einzige Komposition, vollendet im Barock verwirklicht.

Diese Weise, zu denken und zu konstruieren, haben die Baumeister von den Theologen übernommen. Diese haben sogar selbst Räume auf Pergament gemalt, in die sie die Figuren platziert haben. Friedrich Ohly hat gezeigt, wie eine Schrift über die Arche Noach sich bis in Einzelheiten als Bauidee im Dom von Siena wiederfindet. Wie kommt aber der mittelalterliche Theologe Hugo von Sankt Viktor, der Autor des Buches über die Arche Noach, auf die Idee, ein Gebilde, das im Alten Testament beschrieben ist,

Die Wieskirche bei Steingaden bildet den Glanz des Himmels ab.

als Kirche so auszudeuten, dass daraus eine Bauidee entsteht? Entscheidend ist der damalige Umgang mit der Bibel. Bereits die Theologen der frühen Kirche haben Begebenheiten aus dem Alten Testament aufgegriffen, um sie auf Christus und die entstehende Kirche anzuwenden. Paulus z.B. vergleicht die christliche Taufe mit dem Durchzug des jüdischen Volkes durch das Rote Meer. In der Arche, mit der Noach seine Familie und die Tiere vor der großen Flut rettet, sahen bereits Theologen des 3. Jahrhunderts, der griechisch schreibende Origines und der lateinisch schreibende Tertullian, die Kirche vorgebildet. Augustinus schreibt: »Gott hat dem Noach den Bau der Arche befohlen, um ihn vor der Gewalt der Wasser zu retten. Damit ist ein Bild für die Wallfahrerin vorgezeichnet, die durch diese Zeit der Gottesherrschaft geht, die Kirche. Sie hat ein Fahrzeug aus Holz gemacht, in dem der Mittler zwischen Gott und Menschen, der Mensch Jesus Christus anwesend ist. Denn sowohl die Abmessungen der Länge, der Höhe und Breite bezeichnen den menschlichen Leib.« (De Civitate Dei, 15,26)

Diese Weise der Bibelinterpretation nennen die frühen Theologen bis ins Mittelalter die allegorische. Diese ersetzt nicht die Interpretation des Literalsinns, also des Textes, der in der Bibel zu lesen ist. Heute gilt diese allegorische Bibelauslegung als unseriös, nur der Literalsinn und die genaue geschichtliche Rekonstruktion der Entstehung des Textes sind für die Theologie noch akzeptabel. Auch die Kunstgeschichte geht so vor, indem sie herausfindet, wer die Baumeister, Maler und Bildhauer waren. Im Vergleich mit anderen Werken der gleichen Künstler versuchen sie eine Interpretation. Die allegorische Interpretation geht im Unterschied zu dieser am Künstler ausgerichteten

Die Ruine der Klosterkirche Allerheiligen im Schwarzwald.

Interpretation von einer anderen Grundidee aus, die sie nicht aus den Texten des Alten Testaments herausliest, sondern sie liest in diese Texte etwas hinein.

Für die leitende Interpretationsidee der christlichen Theologen der Antike ist das Alte Testament nicht nur in einzelnen Sätzen, sondern als Ganzes prophetisch angelegt. Die durchgehende Prophetie zielt auf den Messias, den die Christen in Jesus gekommen sehen. Das ist nicht eine späte Erfindung, denn bereits die erste christliche Generation hat das Alte Testament studiert, weil das Neue noch gar nicht geschrieben war. Im Alten Testament fanden sie eine Fülle von Hinweisen, die ihnen den Tod Jesu und seine Auferstehung erklärbar werden ließen. Christen wie Juden sehen das Alte Testament als Wort Gottes, und für Christen ist es daher maßgebend auch für das Verstehen all dessen, was mit Jesus geschehen ist. In der Begegnung des Auferstandenen mit zwei seiner Anhänger, die auf dem Weg nach Emmaus sind, hört Jesus sich, ohne dass die Jünger ihn erkennen, erst einmal an, wie enttäuscht sie Jerusalem den Rücken kehren, nachdem ihr Messias am Kreuz hingerichtet wurde. Dann heißt es: »Da sagte er zu ihnen: Begreift ihr denn nicht? Wie schwer fällt es euch, alles zu glauben, was die Propheten gesagt haben. Musste der Messias nicht all das erlei-

Detail aus dem Dom von Amalfi im Süden Italiens.

den, um so in seine Herrlichkeit zu gelangen? Und er legte ihnen dar, ausgehend von Mose und allen Propheten, was in der ganzen Schrift über ihn geschrieben steht.« (Lk 24,25–28)

Die allegorische Methode legt also in dem von Lukas beschriebenen Prinzip das erst später von den Christen das »Alte« genannte Testament auf den Messias hin aus. Bei den Juden heißen die Bücher, die in ihrer Überlieferung zusammengestellt wurden, natürlich nicht »Altes Testament«, sondern »Mose und Propheten«. So zitiert auch Jesus die heiligen Schriften der Juden. Im Lukastext steht ein weiteres Motiv, das die allegorische Auslegung leitet, nämlich dass Christus im Himmel ist und die eigentliche Kirche eine himmlische Größe sein wird. Augustinus sagt in seinem Gottesstaat im Buch IV, 33: »Darin liegt auch das Geheimnis des Alten Bundes, in welchem der Neue bereits verborgen war, dass dort die Verheißungen und Gaben irdischer Art zu finden sind, wobei jedoch die geistigen Menschen auch damals erkannten, ... was in diesen Dingen Ewiges angekündigt wurde und in welchen Gaben Gottes das wahre Glück zu finden sei.« Die Gabe Gottes ist sein Heiliger Geist, der von Paulus im Römerbrief »Angeld des ewigen Lebens« genannt wird. Da dieses ewige Leben bereits in der Auferstehung Jesu verwirklicht ist und der Heilige Geist über die Gläubigen ausgegossen wurde, fühlen sich die Theologen bevollmächtigt, die ganze Bibel auf die himmlische Realität hin auszulegen.

Die Dynamik der Bibelauslegung für das religiöse Leben wird in einer kurzen Formulierung des mittelalterlichen Theologen Alberts, der Große genannt, deutlich:

»Der Literalsinn ist vorrangig und in ihm gründen die drei anderen Auslegungsarten (spirituelle Sinngebungen genannt). Drei sind es, die uns unterweisen, indem sie das Verstehen durch den Glauben erleuchten.

Detail der Fassade des spätgotischen Mosteiro dos Jerónimos (»Hieronymus-Kloster«) in Lissabon.

Hierzu dient die allegorische Auslegung. Der tropologische oder moralische Auslegungssinn dient den Tugenden, durch die unsere Affekte im Blick auf ein größeres Verdienst vervollkommnet werden. Der anagogische Schriftsinn dient der Erreichung der ewigen Seligkeit, auf die wir durch das Wahre und Gute hinstreben. Diese drei Schriftauslegungen (Schriftsinne) basieren auf dem Literalsinn als ihrem Fundament.« (Summa theologiae, I tr.1, q5 c.4)

Ein Modell für den Kirchbau entwickelt ein Jahrhundert vor Albert d. Gr.

der in Paris lehrende deutsche Theologe Hugo von Sankt Viktor am Vorbild der Arche Noach. Hugo wie auch Adam von Schottland haben die Arche nicht nur beschrieben, sondern es gab bereits Zeichnungen oder Gemälde. Leider sind die Bilder nicht erhalten. Einen Eindruck davon vermitteln die Malereien der Hildegard von Bingen. In der Kathedrale von Siena und in anderen Bauwerken sind die gemalten Bilder der Arche umgesetzt. Wie das Bildprogramm Hugos umgesetzt wurde, hat Friedrich Ohly am Dom von Siena überzeugend dargestellt. Er zeigt bis ins Einzelne, wie das Bildprogramm der Kathedrale in den Schriften Hugos und anderer Theologen vorgebildet wurde.[1]

Weil alles auf die Erreichung des Ziels ausgerichtet ist, nämlich im Himmel bei Gott zu sein, wurden die Kirchen nicht einfach als Versammlungsräume konzipiert, sondern als Abbild des Himmels. Das entsprach auch dem Verständnis des christlichen Gottesdienstes, das bereits in den Schriften des Neuen Testaments entwickelt wurde.

Der englische Theologe Beda in seiner Schrift »De tabernaculo«: »Die Lade, die Moses in der Wüste anfertigte, ist wie der Tempel, den Salomon in Jerusalem baute, ein Hinweis auf die Kirche.«

Greife und Löwen stehen als »Wächter« an der Westfassade des Doms St. Petri zu Bremen.

Lexikon A–Z

A

Abakus
Quadratische Abdeckplatte von → Kapitellen

Abendstern
Der Planet Venus kommt der Erde am nächsten und erscheint damit als der größte Stern. Da die Venus am Morgen wie am Abend am besten zu sehen ist, repräsentiert sie zugleich den Morgen- wie den Abendstern. In vielen Religionen werden den großen Sternen Götter zugeordnet. Wer in Rom Unsterblichkeit erlangen sollte, der wurde als Stern in den Himmel gesetzt. Da die Venus ein warmes Licht ausstrahlt, ordnete man diesem Planeten bereits in Griechenland und dann auch in Rom die Liebesgöttin Aphrodite zu. Für die Germanen war dieser Planet die Göttin Freya. Von dorther kommt möglicherweise der Name Freitag für den Tag, der dieser Göttin gewidmet ist.

Achteck – achter Tag
Wenn über die Vierung eine Kuppel gebaut ist, hat sie in der Regel acht Ecken, genauso wie viele Taufbecken und Taufkapellen. Auch Begräbniskirchen sind wie in Ottmarsheim im Elsass achteckig gebaut. Der achte Tag ist der Tag der Auferstehung und damit Anfang der neuen Schöpfung, der himmlischen Welt. Auf diese Weise unterstützt das Achteck die Himmelssymbolik des Kirchenraumes. → Kap. »Romanik«

Abakus einer Säule im Langhaus der Basilika in Leitzkau, um 1150.

Die Acht kann auch als Zahl der Säulen vorkommen, sie wird dann auf die acht Seligkeiten gedeutet, die Matthäus 5,3–10 in der Bergpredigt überliefert hat. Eine Inschrift, die Ambrosius von Mailand (339–397) über einer Taufkapelle anbringen ließ, lautet:
»Mit acht Nischen erhebt sich der Tempel zu göttlichem Dienste.
Achteckig eingefasst ist der Quell, würdig für das heilige Geschehen.
In der mystischen Acht muss das Haus unsrer Taufe erstehen,
denn darinnen wird allem Volk ewiges Heil geschenkt,
durch das Licht des auferstandenen Christus,
der die Riegel des Todes sprengte und aus der Gruft alle Verstorbenen befreit,
der die reuigen Sünder vom Makel der Schuld erlöst,
wenn er sie im Bad des kristallenen Quells reinigt.«

Adam und Eva

Das erste Elternpaar erscheint in Glasfenstern und auf Gemälden. Die Ureltern stehen auch in Verbindung zum Kreuz, denn der Berg Golgata gilt als Begräbnisort beider. So finden sich unter manchen Kreuzesdarstellungen die beiden ersten Menschen. Das → Kreuz wird als Baum des Lebens dem Baum, von dem Eva die Frucht genommen hat und der dadurch zum Baum des Todes wurde, entgegengesetzt.

Adam und Eva essen vom Baum, um den sich die Schlange gewunden hat, um 1220.

Adler

Der Adler ist das Tiersymbol des Evangelisten Johannes. Er findet sich an Kanzeln wie auch in vielen Bildern, die Christus darstellen. Der Adler steht für die geistige Kraft des Menschen und wird deshalb dem 4. Evangelisten zugeschrieben, weil dessen Evangelium mit dem Hymnus über den göttlichen Logos beginnt. Der → Ambo, das Lesepult, ist in der Romanik oft als Adler gestaltet. Auch im letzten Buch der Bibel wird der Adler als überlegenes Wesen beschrieben:
»Und ich sah und hörte: Ein Adler flog hoch am Himmel und rief mit lauter Stimme: Wehe! Wehe! Wehe den Bewohnern der Erde! Noch drei Engel

17

werden ihre Posaunen blasen.« (Offb 8,13) Ähnlich wie vom → Phönix-Vogel wird auch vom Adler gesagt, er erhebe sich im Alter in die Lüfte, seine Flügel verbrennen. Wie ein Täufling taucht er dreimal in eine Quelle, um sich dann verjüngt wieder in die Luft zu erheben.

Affe

In Ägypten und Indien gilt der Affe als heiliges Tier. In der christlichen Bildsprache hat er negative Vorzeichen. Er steht für Lüsternheit und List. Wird er gefesselt dargestellt, ist damit der durch die Erlösung besiegte Teufel gemeint. Weil der Teufel so sein will wie Gott, Gott imitieren will, wird er auch der »Affe Gottes« genannt.

Akelei

Diese Blume mit ihrer schön geformten Blüte diente im Mittelalter der Darstellung der Geburt Christi. Ob sie mit germanischem Brauchtum zusammenhängt, ist nicht geklärt. Die Akelei war der Göttermutter Frigga geweiht. Die Blätter und Blüten wurden unterschiedlich gedeutet. Das dreigliedrige Blatt ist Sinnbild für die Dreifaltigkeit. Sie kann auch symbolisch auf den Heiligen Geist verweisen, weil sie, wohl wegen ihrer Farbe, Taubenblume genannt wurde.

Akolythen

Früher eine Weihestufe, heute als Beauftragung gestaltete Einweisung in das Amt des Messdieners. Diese feierliche Einführung wird allerdings nicht Messdienern zuteil, sondern Priesteramtskandidaten auf ihrem Weg zur Priesterweihe.

Albe

Ein weißes (lateinisch albus) Unterkleid, das bis zu den Füßen reicht. Die Albe wird durch ein → Zingulum, heute eine Art Strick, zusammengehalten und von Priestern und Diakonen unter dem Messgewand bei den Gottesdiensten getragen.

Allegorie

Wenn Texte, vor allem der jüdischen Bibel, allegorisch ausgelegt werden, sucht man nicht den Literalsinn, sondern eine Bedeutung für den christlichen Glauben. Man versucht, in den Texten Hinweise für die Bedeutung einzelner Personen und der Kirche zu finden. Aus dem Literalsinn, der jeder allegorischen Deutung zugrunde liegt, werden christliche Glaubensinhalte weiter ausgedeutet. Die allegorische Schriftauslegung lieferte die theologische Konzeption für den mittelalterlichen Kirchbau (s. Kap. »Symbolisch sehen«). Die Wortbedeutung kommt aus dem Griechischen und heißt »etwas anders sehen«. So stellt eine Frau mit verbundenen Augen mit einer Waage in der Hand die Gerechtigkeit dar. Ihre Augen sind verbunden, damit sie ohne Ansehen der Person urteilt. In die Waage werden die Argumente für oder gegen eine Verurteilung des Angeklagten gelegt. Bereits die griechischen Philosophen legten die Göttermythen allegorisch aus, um einen tieferen, verborgenen Sinn zu erkennen. Der Barock hat die Allegorie in Werken der Dichtung und der darstellenden Kunst intensiv genutzt. Unter anderem werden Tugenden und Laster wie auch Kontinente und Völker als allegorische Personen dargestellt. Die bereits im Mittelalter übliche Darstellung der Laster als Masken prägt bis heute das Karnevalsbrauchtum. Allegorisch sind auch die Darstellungen der Synagoge mit verbundenen Augen, die meist einer anderen Frau, → Ekklesia genannt, gegenübergestellt wird. Sogar Christus kann allegorisch dargestellt werden. So steht in dem Deckengemälde im Treppenaufgang des Würzburger Schlosses der Gott Apoll für Christus.

Osterkerze mit den Buchstaben Alpha und Omega als Symbol für Christus.

Alpha und Omega – A und Ω

Alpha und Omega sind der erste und der letzte Buchstabe des griechischen Alphabets. Im Buch der Geheimen Offenbarung des Johannes bezeichnet sich Gott Vater: »Ich bin das Alpha und das Omega, spricht Gott, der Herr, der ist und der war und der kommt, der Herrscher über die ganze Schöpfung« (Offb 1,8), vgl. auch Offb 21,6: Christus als der kommende Richter sagt von sich dasselbe aus: »Ich bin das Alpha und das Omega, der Erste und der Letzte, der Anfang und das Ende.« (Offb 22,13) Später wurde das Symbol zusammen mit dem Kreuz oder dem Christusmonogramm vornehmlich als Symbol Christi verwendet, so z.B. auf der Osterkerze.
Im Deutschen ist die Bedeutung von Alpha und Omega in der Aussage »das A und O einer Sache« übernommen worden.

Altar, Altarbild, Retabel-Flügelaltar, Antependium

Zunächst war der Altar das Symbol des heidnischen Gottesdienstes. Das lateinische Wort adolere = verbrennen bezeichnet seine ursprüngliche Bedeutung als Stätte zur Verbrennung der Opfer. Im Alten Testament werden Altäre vor allem dort erwähnt, wo dem Volk Israel Gottesoffenbarungen zuteil wurden. Daher standen Brand- und Rauchopferaltäre vor dem Bundeszelt und später vor dem Jerusalemer Tempel. Der Altar ist die Fläche der Begegnung mit Gott und hat auch bei den orientalischen Kulten die Bedeutung eines Tisches, denn Opfer bedeutet, dass der Mensch mit der Gottheit zu Tisch sitzt. Dabei kommt Gott das Fett des Opfertieres zu. Das Blut wird am Altar ausgeschüttet. Als Symbol des Lebens wird es nicht verzehrt.

Der zentrale jüdische Kult des Passah war wie das christliche Abendmahl altarlos. Jesus versammelte die Seinen um den Tisch, und das hielten auch die Christen während der ersten Jahrhunderte so. Später wurde für das heilige Mahl der Altar wieder eingeführt, das Opfer Jesu in das Tischgeschehen hineingenommen und vergegenwärtigt. Jesus ist nicht nur der Opferpriester, der sich selbst als endgültige Opfergabe Gott darbringt, sondern gleichzeitig auch der Altar für dieses

Krönung Marias, Hochaltar der Franziskanerkirche zu Halberstadt, um 1430.

Isenheimer Altar (geschlossen): Hl. Antonius, Kreuzigung Christi, Hl. Sebastian, Beweinung Christi (unten), 1512/16.

Opfer (vgl. die Ausdeutung von Hebr 13,10: »Wir haben einen Altar, von dem die nicht essen dürfen, die dem Zelt dienen«). Vom 4. Jahrhundert an setzt sich allmählich der steinerne Tisch durch, der in den alten Basiliken meist im Mittelpunkt der Apsis steht. Vom frühen Mittelalter an baut man den Altar näher an die Rückwand der Apsis und schirmt durch Schranken einen Altarraum von der Gemeinde ab (vgl. → Chor). Ab dem 8. Jahrhundert weicht die Tischform immer mehr der Blockform. Dies kommt der Entwicklung entgegen, im Altar Reliquien von Märtyrern und Heiligen beizusetzen. Wichtige Altarformen sind:

Der Ciboriumsaltar mit seiner baldachinartigen Überdachung. Zwischen den tragenden Säulen hingen, vor allem zur Zeit des Barock, schmückende Vorhänge.

Der Retabel- und Flügelaltar der Gotik, benannt nach den hinter dem Altar angebrachten (lat. Retro = hinter, tabulum = Tafel: retrotabulum) Bildtafeln. Später wurden allgemein Altäre mit rückwärtigem Aufbau, evtl. noch mit klappbaren Flügeln, so bezeichnet.

Altar mit Predella (Unterbauten, lat.-italien.: Schemel, von althochdt. Brett) und großem Altarblatt. Der Altar wird mit einem Tuch eingehüllt, das vorn eine Darstellung eingestickt hat, die in der Regel ein Motiv im Zusammenhang mit dem Abendmahl aufgreift. Dieses Antependium (was nach vorne hängt) wurde später in Metall getrieben. Im Laufe der Entwicklung wurde das Altarbild zum Altarblatt ausgeformt. Es handelt sich um ein hochgestelltes Gemälde auf dem Altar, das evtl. von Säulen eingefasst und auch als aufwendiger architektonischer Aufbau mit zahlreichen Skulpturen zur Zeit des Barock ausgestaltet wurde.

Altar ohne Retabel, Greifswalder Dom St. Nikolai.

Alter Bund, Altes Testament

Vom Alten Bund kann man erst sprechen, wenn es einen weiteren Bund gibt. Diesen Neuen Bund hat Jesus am Vorabend seines Todes selbst gestiftet. Während des Passahmahles nahm er zwei ergänzende Riten, die das Essen des Passahlammes einrahmen, einmal ein Brot, das herumgereicht wird, und zum anderen einen Becher mit Wein, und gab beiden eine neue Bedeutung. Im Lukasevangelium fällt ausdrücklich das Wort vom Neuen Bund: »Und er nahm den Kelch, sprach das Dankgebet und sagte: Nehmt den Wein und verteilt ihn untereinander! Denn ich sage euch: Von nun an werde ich nicht mehr von der Frucht des Weinstocks trinken, bis das Reich Gottes kommt. Und er nahm Brot, sprach das Dankgebet, brach das Brot und reichte es ihnen mit den Worten: Das ist mein Leib, der für euch hingegeben wird. Tut dies zu meinem Gedächtnis! Ebenso nahm er nach dem Mahl den Kelch und sagte: Dieser Kelch ist der Neue Bund in meinem Blut, das für euch vergossen wird.« (Lk 22,17–22) Paulus stellt den Gegensatz zwischen Altem und Neuem am Bild der zwei

Söhne Abrahams vor. Weil Abrahams Frau Sara lange nicht schwanger wurde, gab sie ihm ihre Magd Hagar zur Frau. Später gebar sie selbst Isaak, den wirklichen Erben:

»In der Schrift wird gesagt, dass Abraham zwei Söhne hatte, einen von der Sklavin, den andern von der Freien. Der Sohn der Sklavin wurde auf natürliche Weise gezeugt, der Sohn der Freien aufgrund der Verheißung. Darin liegt ein tieferer Sinn: Diese Frauen bedeuten die beiden Testamente. Das eine Testament stammt vom Berg Sinai und bringt Sklaven zur Welt; das ist Hagar – denn Hagar ist Bezeichnung für den Berg Sinai in Arabien –, und ihr entspricht das gegenwärtige Jerusalem, das mit seinen Kindern in der Knechtschaft lebt. Das himmlische Jerusalem aber ist frei, und dieses Jerusalem ist unsere Mutter.« (Gal 4,22–26) Das Testament, das am Sinai gegeben wurde, ist das Gesetz, das Moses aufgeschrieben hat. Jesus, als der neue Mose, stiftet ein neues Gesetz, das dann später Neues Testament genannt wurde.

Ambo

Der griechische Name für Lesepult leitet sich von »Erhöhung« ab. Der Lektor musste zu sehen sein. Weil es erst seit wenigen Jahrzehnten eine Lautsprecheranlage gibt, musste der Lektor über Jahrhunderte allein durch seine Stimme die letzten Reihen in der Kirche erreichen. Deshalb wurde der Sprechgesang entwickelt, der die Vokale verlängert (→ Gregorianischer Choral). Das Pult des Ambos wurde im Mittelalter als Adler gestaltet.

Oft führt eine Treppe zum Ambo hinauf. Auf dieser Treppe stand der Vorsänger für den Zwischengesang, weshalb dieser, meist den Psalmen entnommene Gesang »Graduale« heißt, von lateinisch »Stufe«.

In manchen Kirchen sind zwei Lesepulte aufgestellt, eines für das Evangelium, das andere für die Lesungen aus dem Alten Testament oder den Apostelbriefen.

Amikt

Das Tuch, das sich Priester und Diakon über die Schulter binden, heißt lateinisch Amikt, deutsch einfach Schultertuch. Es dient der Schonung der anderen Messgewänder.

Amphore

Dieses nach oben eng zulaufende Tongefäß mit zwei Henkeln war im Römischen Reich ein Gebrauchsgegenstand, um Wein, Öl, aber auch Getreidekörner aufzubewahren. Wenn Amphoren auf frühchristlichen Gräbern eingraviert sind, bedeuten sie, dass der Verstorbene »ein Gefäß der Gnade« ist. Weil Renaissance und Klassizismus auf die Formensprache der Antike zurückgreifen, findet sich die Amphore dort als Schmuckelement.

Andachtsbild

Als sich im Laufe des Mittelalters eine intensive persönliche Frömmigkeit entwickelte, wurde die Bildtradition, die sich in den Kirchen fand, für die individuelle Betrachtung weiterentwickelt. Motive waren vor allem der leidende Christus, die → Pietà und das → Marienleben, Begebenheiten aus dem Leben Marias, so die Verkündigung des Engels und die Begegnung der beiden Frauen Maria und Elisabet. Die Bildmotive fanden mit der Entwicklung des Buchdrucks Eingang in für den privaten Gebrauch erschwingliche Gebetbücher. Weiter werden Andachtsbilder mit Gebetstexten gedruckt. Zu Ostern werden zusammen mit dem Kommuniongang kleine Bilder mit biblischen Motiven ausgeteilt.

Verkündigung an Maria, Nürnberg, um 1444.

Anker

Er diente in biblischer Zeit nicht nur zum Festmachen des Schiffes, sondern auch zum Manövrieren und bezeichnet symbolisch die göttliche Hilfe gegen die Stürme der Zeit. Er verhindert, dass der Christ in diesen Stürmen untergeht, und sorgt dafür, dass der Christ in den Hafen des Erlöstseins gelangt. So ist er das Symbol der Hoffnung in der frühen Kirche. Gleichzeitig war der Anker mit dem Querbalken unter dem Ring zur Zeit der Christenverfolgungen ein heimliches Zeichen für das Kreuz. Im Mittelalter verschwand die Anker-Symbolik. Ab dem 15. Jahrhundert erscheint sie vereinzelt wieder als Attribut der Hoffnung. Bei den Reformierten gilt der Anker als Symbol der Kirche.

Antiphonale

Buch mit den Melodien für die Antiphonen, Verse, mit denen ein Psalm jeweils eingerahmt wird. Der Psalm selbst wird in einer einfacheren Melodie gesungen. Im Antiphonale stehen meist auch die Psalmen des → Stundengebets. Die Bücher werden vorwiegend von Benediktinerklöstern herausgegeben.

Apfel

Obwohl in der Versuchungsgeschichte der Bibel nur von der verbotenen Frucht des Baumes in der Mitte des Paradiesgartens die Rede ist, wird diese Frucht meist als Apfel dargestellt. Er steht für die Sexualität und damit als Symbol der Verführung wie der Fruchtbarkeit. Der Kampf um Troja beginnt damit, dass Paris der Aphrodite einen goldenen Apfel überreicht und damit die Rivalität der anderen Göttinnen hervorruft. Im Barock hat der Tod einen Apfel in der Hand. Der Apfel hat noch eine dritte Bedeutung: Er steht für den Kosmos, später, als die Kugelform der Erde entdeckt war, für die Erde. Er ist damit Zeichen der Herrschaft in der Hand des Jesuskindes. Der mit einem Kreuz bezeichnete »Reichsapfel« liegt in der linken Hand des Kaisers, in der rechten hält er das Zepter. → Ferula

Die Kugeln am Weihnachtsbaum leiten sich von Äpfeln her, denn die Äpfel, oder stilisiert die Kugeln, stellen eine Beziehung zwischen dem Weihnachtsbaum und dem Paradiesesbaum her, von dem Eva die Frucht gepflückt hat. Da die Weihnachtsspiele oft mit dem Sündenfall begannen, bedeutet der Apfel am Christbaum die Erlösung vom Tod, den der Apfel gebracht hat. Allerdings hat die Sexualität notwendig den Tod im Gefolge, denn die Generation, die geboren hat, muss der nachfolgenden Generation Platz machen.

Apokalypse

Zur Zeit Jesu herrschte eine apokalyptische Vorstellung, dass nämlich das Weltende bald bevorsteht. Die Apoka-

Albrecht Dürer, Adam und Eva mit dem Apfel, 1507.

lypse eröffnet den Blick auf das, was schon geschieht, aber noch verborgen ist. Dabei beziehen sich die Visionen auf konkrete politische Gegebenheiten, vor allem ist die Verfolgung der Gläubigen Thema. Die Reiche werden in der Gestalt von Tieren dargestellt, die den Menschen verschlingen. Das ist nicht eine vergangene Bildsprache, Hollywood hat die Motive in den Angriffen von Haien und anderen wilden Tieren wiederaufgegriffen. Im 7. Kapitel des Buches Daniel werden vier Reiche als → Löwe, Bär, Panther und → Widder beschrieben. Der Löwe steht für das assyrische Reich, der Bär für das Reich der Perser und Meder, der Panther für das Reich Alexanders des Großen, der Widder wohl für das Römische Reich.

Das letzte Buch der Bibel, auch Geheime Offenbarung genannt, spiegelt die Christenverfolgung wider und beschreibt in den Kapiteln 12 und 13 sowie 16 bis 18 einen Kampf im Himmel zwischen dem Bösen, in der Gestalt eines → Drachen, und den Engeln. Bestien, Löwen, der Erzengel → Michael und viele andere Skulpturen vor allem des romanischen Kirchbaus sind aus der Apokalypse entnommen.

Nach dem Ende des Kampfes schwebt die himmlische Stadt, das neue Jerusalem, vom Himmel auf die Erde herunter. Diese Passage des Buches hat viele Kirchbauten inspiriert (s. Kap. »Die Idee des christlichen Kirchbaus«).

Apostel

Die ursprüngliche Bedeutung, entsprechend dem griechischen Wort, ist »Gesandter«. In den Kirchen verschiedener Stilepochen haben die Apostel eine tragende Funktion. Apostel steht für eine Säule, die das Gebäude trägt. Dies leitet sich aus dem Galaterbrief 2,9 her, wo Jakobus, Petrus und Johannes die »Säulen« genannt werden. Jesus nennt Petrus den Fels, auf dem er seine Kirche bauen will (Mt 16,18). Die Apostel sind als Zeitzeugen und erste Verkünder des Evangeliums von Jesus Christus Garanten für dessen Wahrheit. Wie die vier Evangelisten stehen sie auch für die Verkündigung des Evangeliums in der Kirche und durch die Kirche. Die Zwölfzahl der Apostel bedeutet nach dem Willen Jesu, dass sie die zwölf Stämme Israels repräsentieren. Deshalb finden sich in vielen Kirchen zwölf Säulen im Chorraum oder im Mittelschiff, die diese zwölf Zeugen repräsentieren, auch wenn sich keine Figuren an diesen Säulen finden. Manchmal ist eine der Säulen schwarz. Damit wird auf Judas hingewiesen. In der Gotik finden sich an den Säulen die Skulpturen der zwölf Apostel, auch der Barock kennt die Aposteldarstellungen im Längsschiff der Kirche. Dass Säulen als Träger des ganzen Bauwerks Menschengestalt haben, ist in den Karyatiden, denen als Menschengestalt gestalteten Säulen der griechischen Baukunst, bereits angelegt.

Auf Bildern, die das Pfingstereignis darstellen, werden die Apostel zusammen gezeigt und in ihrer Mitte Maria, die Mutter Jesu. Im Mittelalter werden den Aposteln Propheten zugeordnet, manchmal stehen Apostelfiguren auf den Schultern von Propheten.

Apostelleuchter/Apostelsäulen

Die Kirche ruht auf dem Fundament der → Apostel und Märtyrer: »Die Mauer der Stadt [das himmlische Jerusalem] hat zwölf Grundsteine; auf ihnen stehen die zwölf Namen der zwölf Apostel des Lammes.« (Offb 21,14) Um dies zu vergegenwärtigen, wurden das Kirchenschiff oder der Chor in früheren Zeiten tatsächlich von zwölf Säulen getragen (auch Anklang an die »Säulen« im Galaterbrief). In vielen Kirchen finden sich bis heute zwölf Apostelleuchter oder zwölf Kreuze an den Wänden, die auf diesen Sachverhalt hinweisen.

Apotropäisch
Die Abwehr des Bösen durch die wilden Tiere und Bestien soll die → Bestiarien in romanischen Kirchen erklären. Da die Tierdarstellungen in der Apokalypse für das Böse stehen, stellen die Tierplastiken sehr wohl das Böse dar, das aber überwunden ist, so wie es die → Apokalypse beschreibt.

Apsis
Das Wort kommt von griechisch »Wölbung«, »Bogen« und bezeichnet immer die Ausbuchtung an der Frontseite einer Kirche bzw. eines Seitenschiffes einer Kirche. Andere Ausbuchtungen werden → Konchen genannt. Die römische Stadthalle, die Basilika, kannte bereits eine Apsis, in der unter dem Bild des Kaisers sein Statthalter saß. Unter dem Bild des siegreichen Christus sitzt in der christlichen Basilika der Bischof. Die Wölbung symbolisiert den Himmel (s. Kap. »Die Basilika und die Prozessionsliturgie«).

Säulen mit Apostelfiguren im Kölner Dom.

Arche
In dem Holzschiff, das Noach zur Rettung vor der Sintflut gebaut hatte, sehen Theologen die Kirche vorgebildet. Noach steht für die Seele des Geretteten und ist daher öfter auf frühchristlichen Sarkophagen eingraviert.
Die Taube, die Noach aussendet und die mit einem Ölzweig zurückkommt, ist Zeichen der Rettung und wird oft ohne die Arche dargestellt.

Da das Buch Genesis die Maße der Arche festhält, 300 Ellen in der Länge, 50 Ellen breit und 30 Ellen hoch (Gen 6,14), konnten die Größenverhältnisse für den Kirchbau übernommen werden.

Weiter ist berichtet, dass die Arche drei Stockwerke hatte (Gen 6,16), wie sie sich, wenn man die Krypta hinzunimmt, in den romanischen Kirchen finden.

Archivolte

Gestalteter Bogen über Portalen, den die Romanik mit geometrischen Mustern, die Gotik durch Heiligenfiguren gestaltet. Die Figuren stehen in dem Rund- oder Spitzbogen übereinander.

Arkanthus

Diese Distelart (Bärenklau) schmückt das → korinthische Säulenkapitell. Der Arkanthus wurde häufig bei Grabsteinen und Grabkapellen als Zierelement benutzt und steht als Symbol für Unsterblichkeit. Deshalb finden sich mit Arkanthus-Formen verzierte Säulenkapitelle im Chor von Kirchen, denn hier wird die Auferstehung gefeiert.

Archivolte über dem Portal des Kölner Doms.

Asche

Aus den Zweigen, die am Palmsonn-tag geweiht wurden, wird im darauf-folgenden Jahr die Asche gewonnen, die den Gläubigen am Aschermitt-woch nach dem Verlesen des Evange-liums auf das Haupt gestreut oder in Form eines Kreuzes auf die Stirn ge-zeichnet wird. »Bedenke, Mensch, dass du Staub bist und wieder zum Staub zurückkehren wirst«, hört der Gläubige. Im Sinne der Fastenzeit kann die Bezeichnung mit dem Asche-kreuz auch so lauten: »Bekehrt euch und glaubt an das Evangelium.«

Asperges

Dieses lateinische Wort für »bespren-gen« bezeichnet einen Ritus, der vor Beginn des Sonntagsgottesdienstes seinen Platz hat. Der Priester geht durch die Reihen und besprengt die Gläubigen mit Weihwasser. Der Ritus ist eine Erinnerung an die Taufe. Der Vers, der dabei von Chor und Gemein-de gesungen wird, heißt übersetzt: »Besprenge mich, Herr, mit Ysop und ich werde rein. Wasche mich und ich werde weißer als Schnee.« Dieser Vers steht in dem Bußpsalm 51,9.

Auge

Das Auge, das aus der Kuppel oder dem Dreieck, das den dreieinigen Gott sym-bolisiert, auf die Gläubigen schaut, steht für den Blick Gottes. Das Motiv findet sich in vielen Barockkirchen.

Augenbinde

Eine Frau mit einer Augenbinde reprä-sentiert die Synagoge, die für das jüdi-sche Volk steht, welches in Christus nicht den Messias erkennt. Meist steht bei der Synagoge die → Ecclesia.

Allegorische Darstellung der Synagoge im Straßburger Münster.

B

Baldachin

Über dem Altar des Petersdoms in Rom und anderen Kirchen erhebt sich ein Baldachin. Als »Himmel« wird er bei der Fronleichnamsprozession getragen. Unter ihm geht der Priester mit der Monstranz. In der Gotik erhalten die Figuren häufig einen kleinen Baldachin, der für den Heiligenschein steht. Über Gräbern und bei Darstellungen der Grablegung Jesu finden sich ebenfalls Baldachine. Der Baldachin steht wie das Gewölbe und die Kuppel für den Himmel.

Baum

Im Baum sehen wir das Ganze in organischem Zusammenhang. In der Senkrechten wurzelt ein Baum in der Erde und berührt mit seinem Wipfel den Himmel. Solange man sich die Erde als Scheibe vorstellte, von Wassern umgeben, war ein Baum die Achse, um die sich der Himmel dreht (s. Kap. »Symbolisch sehen«).
Der Weihnachtsbaum ist als ein solcher Weltenbaum zu verstehen. Die Sterne an dem Baum stehen für das sich vom Blickwinkel des Menschen aus drehende Firmament. Oben verkündet der Engel die Menschwerdung, die unten im Stall von Betlehem für den Menschen ansichtig wird.

Baldachin über einer Marienfigur an der Stiftskirche Kyllburg in der Waldeifel.

Der siebenarmige Leuchter, der im Jerusalemer Tempel aufgestellt wurde und von dem sich Nachbildungen in den Synagogen und auch in vielen Kirchen finden, wird in der Bibel ebenfalls als Baumsymbol verstanden: »Der Leuchter, sein Gestell und sein Schaft, seine Kelche, Knospen und

Blüten waren aus einem Stück getrieben. Von seinen Seiten gingen sechs Arme aus, drei Leuchterarme auf der einen Seite und drei Leuchterarme auf der anderen Seite. Der erste Arm wies drei mandelblütenförmige Kelche auf mit je einer Knospe und einer Blüte, und der zweite Arm wies drei mandelblütenförmige Kelche auf mit je einer Knospe und einer Blüte, so alle sechs Arme, die von dem Leuchter ausgingen ... Die Knospen und Arme bildeten mit dem Schaft ein Ganzes.« (Ex 37,17b–19.22a) Der Schaft, auf dem das siebte Licht steht, bedeutet die Weltachse.

Der Baum als Säule, die mit ihrem Schatten den Lauf der Sonne aufzeichnet, ist der → Obelisk.

Das → Kreuz ist der Baum des Lebens. Es steht über dem Grab Adams, der vom verbotenen Baum der Erkenntnis gegessen hat. So heißt es im letzten Buch der Bibel im Gegenbild zum Paradiesesbaum: »Wer Ohren hat, der höre, was der Geist den Gemeinden sagt: Wer siegt, dem werde ich zu essen geben vom Baum des Lebens, der im Paradies Gottes steht.« (Offb 2,7)

Der Baum war Bestandteil der mittelalterlichen Krippenspiele, Eva nimmt vom Baum einen Apfel, der dann neben Nüssen noch heute als Frucht am Christbaum hängt. Damit wird Frucht-

Altar aus fünf bronzenen Baumstämmen, St.-Georgs-Kirche in Effeltrich, 1993.

barkeit symbolisiert und zugleich der Anlass zur Sünde. Aus den Früchten sind die Christbaumkugeln geworden. Der Baum als Symbol für das Leben wird ebenfalls im letzten Buch der Bibel entfaltet: »Und er zeigte mir einen Strom, das Wasser des Lebens, klar wie Kristall; er geht vom Thron Gottes und des Lammes aus. Zwischen der Straße der Stadt und dem Strom, hüben und drüben, stehen Bäume des Lebens. Zwölfmal tragen sie Früchte, jeden Monat einmal; und die Blätter der Bäume dienen zur Heilung der Völker.« (Offb 22,1–2)

Becher

Beim jüdischen Passahfest, aus dem das Abendmahl hervorgegangen ist, war Wein in einem Becher herumgereicht worden. Alle tranken aus dem gleichen Becher, so wie heute aus dem Kelch. Der Becher wird nämlich im Gottesdienst meist mit einem Stiel als → Kelch benutzt. Becher kann auch im übertragenen Sinne gebraucht werden, wenn z. B. ein »Becher des Zornes« ausgegossen wird.

Jüdischer Kidduschbecher.

Beichtstuhl

Wer eine Kirche betritt, kann auf Versöhnung und Vergebung der ganz persönlichen Verfehlungen und der eigenen Schuld hoffen. Die Vergebung wird am Beginn einer Messe vom Altar aus allen zugesprochen und dem Einzelnen durch den Priester im Beichtstuhl. Der Priester sitzt in der Mitte des Gehäuses (daher Stuhl), der Beichtende kniet an der Seite. Meist können Beichtende von beiden Seiten zum Beichtstuhl hinzutreten. Diese Form der Vergebung ist im 10. Jahrhundert von den irisch-schottischen Missionaren nach Mitteleuropa gebracht wor-

den. Der Einzelne bekennt seine Verfehlungen nicht öffentlich vor der Gemeinde, wie es im ersten Jahrtausend Brauch war, sondern nur dem Priester, der die Kirche vertritt und einer strengen Schweigepflicht unterliegt. Bricht er das Schweigen, ist er automatisch seines Amtes enthoben. Nur der Papst kann ihn, sollte er das Beichtgeheimnis verletzt haben, wieder in das priesterliche Amt einsetzen. Der Einzelne klagt sich im Beichtstuhl an, er erhält als Ausdruck seines Willens zur Wiedergutmachung eine Buße. Meist ist es die Auflage, ein Gebet zu sprechen. Der Priester erteilt

Beichtstuhl aus der barocken Schlosskapelle St. Marien auf der Insel Mainau.

dann die Lossprechung, indem er folgende Sätze über den Beichtenden spricht: »Gott, der barmherzige Vater, hat durch den Tod und die Auferstehung seines Sohnes die Welt mit sich versöhnt und den Heiligen Geist gesandt zur Vergebung der Sünden. Durch den Dienst der Kirche schenke er dir Verzeihung und Frieden. So spreche ich dich los von deinen Sünden im Namen des Vaters, des Sohnes und des Heiligen Geistes. Amen.«

Dass der Heilige Geist, der Geist Gottes, in dieser Lossprechung eine zentrale Bedeutung erhält, geht auf das Johannesevangelium zurück, das im Zusammenhang mit der Erfahrung des Auferstandenen, die die Jünger am ersten Tag der anbrechenden Woche nach der Hinrichtung Jesu machten, folgendes Wort überliefert: »Er hauchte sie an und sprach zu ihnen: Empfangt den Heiligen Geist! Wem Ihr die Sünden vergebt, dem sind sie vergeben; wem Ihr die Vergebung verweigert, dem ist sie verweigert.« (Joh 20,22)

Benedictus

Der Lobgesang des Zacharias, den er als Vater Johannes' des Täufers bei dessen Geburt angestimmt hat, beginnt mit dem Wort »Gepriesen sei der Herr«, lateinisch benedicere. Der Hymnus ist bei Lukas in Kap. 1,68–79 überliefert. Das Benedictus wird bei jeder Laudes gesungen bzw. gebetet.

Bestiarium

An Portalen romanischer Kirchen wie auch an Säulen und manchmal an Kapitellen finden sich Untiere, Wolfsköpfe, die sogar einen Menschen verschlingen. Drachen oder Löwen sollen das Böse darstellen. Wenn sich Löwen, Wölfe und andere wilde Tiere gegenseitig verschlingen, werden damit die Zerfallskräfte im Reich des Bösen dargestellt. Die Bilder sind den Visionen der Offenbarung des Johannes entnommen (→ Apokalypse). Da an einem der Kirchenportale auch Gericht

Bestiarium an der Fassade des Doms von Dijon.

gehalten wurde, sind diese besonders mit Bildern des Bösen ausgestaltet. In der Kirche selbst wird der Kampf des Bösen gegen das Gute gezeigt. Allerdings finden sich solche Darstellungen nur außen oder im hinteren Teil der Kirche, der Chorraum symboli-

Hl. Rochus, San Nazzaro Sesia, um 1470.

siert den Sieg Christi über den Tod und das Böse. Christus kann aber auch als Auferstandener mit einem Fuß auf einen → Drachen oder → Löwen dargestellt werden. In sich verwickelte Bänder können die verschlingende Macht des Bösen darstellen.

Dass der Kampf gegen das Böse in der Kirche durch das Gebet geführt wird, zeigt folgendes Zitat: »Der Abt ist mit geistlichen Waffen gerüstet und wird von einem Trupp Mönche unterstützt, die mit dem Tau der göttlichen Gnade gesalbt sind. Sie kämpfen gemeinsam in der Stärke Christi mit dem Schwert des Geistes gegen die böse List des Teufels. Sie verteidigen den König wie den Klerus des Königreiches vor den Angriffen unsichtbarer Feinde.«

Beule, Pestbeule

Der Pestheilige Rochus wird mit entblößtem Oberschenkel dargestellt, auf dem eine Pestbeule zu sehen ist. Die Pestbeule findet sich auch in der Leistengegend des Heiligen. Er wurde auf einer Wallfahrt nach Italien von der Pest geheilt und gilt daher als Patron der Pestkranken.

Bienenkorb

Die Biene gilt als Vorbild von Tugend und Gemeinschaftssinn. Der Bienenkorb ist daher Symbol für die Kirche. Biene bzw. Bienenkorb werden großen Predigern als Symbol beigegeben, so Ambrosius von Mailand, Chrysostomus (übersetzt »Goldmund«) und Bernhard von Clairvaux, weil ihr Mund von »honigsüßer« Rede überfloss.

Birett
Kopfbedeckung von Priestern und Bischöfen wie auch von Studenten, die sich auf das Priesteramt vorbereiten. Das Birett ist quadratisch geformt, keine Mütze, sondern steif und hat oben vier Stege, das römische und damit auch das der Kardinäle nur drei. Das der Priester u.a. ist schwarz, das der Bischöfe violett, das der Kardinäle purpurrot. Es wird außerhalb des Gottesdienstes getragen. In der sog. → tridentinischen Messe zog der Priester mit dem Birett ein, legte es dann ab. Bischöfe tragen für den Gottesdienst die → Mitra als Kopfbedeckung. Das Wort ist mit dem Birett verwandt, das Kopfbedeckung heißt und das evangelische Pastoren und auch Universitätsprofessoren tragen.

Bischofsstab
Ein gekrümmter Stab, den der Bischof beim Ein- und Auszug aus der Kirche trägt sowie bei der Verlesung des Evangeliums, bei der Predigt und zum abschließenden Segen. Der Bischofsstab leitet sich vom Hirtenstab her und ist Ausdruck seiner Amtsvollmacht. Im Mittelalter war mit der Übergabe des Stabes durch den König die Investitur, d.h. die Übergabe der weltlichen Macht über das Gebiet des

Bistums, verbunden. Das Sprichwort »Unter dem Krummstab lässt sich gut leben« bezieht sich auf die meist besseren Lebensbedingungen in den ehemaligen Fürstbistümern, weil die Landesherren, die Bischöfe, etwas weniger Kriege führten.

Bischofsfigur an der Lambertikirche in Münster.

Blendbögen

An romanischen Kirchen finden sich Gliederungselemente meist unterhalb der Dachtraufe. Sie sind wie Fenster als Bogen gestaltet, haben jedoch keine tragende Funktion. Durch → Lisenen können sie bis auf den Sockel einer Wand herabgeführt werden.

Blut

Das Blut gilt als Träger des Lebens. In den jüdischen Opferriten wurde es weder verbrannt noch, wie das Muskelfleisch der Opfertiere, für den Verzehr durch Menschen freigegeben, sondern am Fuß des Altars ausgeschüttet. Jesus hat beim Abendmahl vor seinem Tod dem Blut eine neue symbolische Bedeutung gegeben, indem er es auf seinen nahen Tod bezogen hat. »Dieser Kelch ist der Neue Bund in meinem Blut, das für euch vergossen wird.« (Lk 22,22) Der Becher war mit → Wein gefüllt, der seitdem im → eucharistischen Mahl für das vergossene Blut Jesu steht. Blut ist in der christlichen Tradition mit dem Martyrertod verbunden.

Bock

Dieses Tier stellt die Wollust dar, weil es das Reittier der Liebesgöttin Aphrodite war. Im Mittelalter wird der → Teufel oft in Bockform dargestellt. Der Bock ist ein Opfertier des jüdischen Kultes gewesen und gewinnt als Sündenbock eine reinigende Funktion: Er trägt die Sünden des Volkes in die Wüste hinaus. Im Buch Levitikus findet sich folgende Anweisung für die jährliche Entsühnung des Volkes: Der Priester Aaron »soll den lebenden Bock herbringen lassen. Aaron soll seine beiden Hände auf den Kopf des lebenden Bockes legen und über ihm alle Sünden der Israeliten, alle ihre Frevel und alle ihre Fehler bekennen. Nachdem er sie so auf den Kopf des Bockes geladen hat, soll er ihn durch einen bereitstehenden Mann in die Wüste treiben lassen, und der Bock soll alle ihre Sünden mit sich in die Einöde tragen.« (Lev 16,20–22)

Brot und Wein

Sie sind zentrale Zeichen des christlichen Gottesdienstes. Jesus selbst hat im Mahl, das er am Vorabend seines Todes mit seinen Jüngern gehalten hat, das Brot und den → Wein als Zeichen seiner Gegenwart bestimmt.

Gabenbereitung auf dem Altar der Basilika Waldsassen.

Fußbodenmosaik aus der Brotvermehrungskirche in Tabgha am See Genesareth mit frühchristlicher Darstellung der Eucharistie, 4. Jhd.

Wein ist insbesondere ein Zeichen des Himmels im Unterschied zum Wasser, das in seinen verfließenden Wellen die Vergänglichkeit symbolisiert.

Da Brot und Wein auf den Verzehr hin gereicht werden, kommt es zur Vereinigung zwischen diesen Gaben und dem Essenden und Trinkenden: »Ich bin das lebendige Brot, das vom Himmel herabgekommen ist. Wer von diesem Brot isst, wird in Ewigkeit leben.« Dieses Brot ist durch Zermahlen der Körner, der Wein aus dem Keltern der Trauben hervorgegangen. Deshalb bestätigen Brot und Wein den Satz, der die Aussage fortsetzt: »Das Brot, das ich geben werde, ist mein Fleisch für das Leben der Welt.« (Joh 6,51)

Wie der Geber in seiner Gabe präsent ist, gibt es auch keine Trennung zwischen Jesus und den Gaben, die er nicht nur als Geschenke bezeichnet, sondern als seinen Leib und sein Blut. (→Alter Bund)

Die Darstellung der »wunderbaren Brotvermehrung« findet sich in vielen Malereien und Glasfenstern.

Brunnen

Im Hebräischen werden Auge und Brunnen mit der gleichen Lautfolge bezeichnet. Daher symbolisiert der Brunnen Erkenntnis. Das Wasser steht für Reinigung und Segen. Der Brunnen ist wegen des Wasserritus der Taufe im Christentum ein Bild für die Aufnahme in die Kirche, die mit einer Reinigung von den Sünden verbunden ist. Im sog. → Paradies steht wie im Garten Eden ein Brunnen.

Buch

Das Buch in den Händen Christi, eines Bischofs oder Heiligen besagt Lehrautorität, die sich letztlich von Gott herleitet. Denn Gott hat das Gesetz und die Kultvorschriften erlassen. Die Apostel, Evangelisten und Bischöfe tragen die göttliche Lehre Jesu weiter. Das Buch steht auch für die Geheimnisse, die in ihm aufgeschrieben sind und das deshalb nicht jeder öffnen kann. In der Geheimen Offenbarung ist zu lesen: »Da sagte einer von den Ältesten zu mir: Weine nicht! Gesiegt hat der Löwe aus dem Stamm Juda, der Spross aus der Wurzel Davids; er kann das Buch und seine sieben Siegel öffnen. Und ich sah: Zwischen dem Thron und den vier Lebewesen und mitten unter den Ältesten stand ein Lamm; es sah aus wie geschlachtet und hatte sieben Hörner und sieben Augen; die Augen sind die sieben Geister Gottes, die über die ganze Erde ausgesandt sind. Das Lamm trat heran und empfing das Buch aus der rechten Hand dessen, der auf dem Thron saß.« (Offb 5,5–7) Mit dem Buch des Lebens wird das Verzeichnis benannt, in das die Gerechten eingeschrieben sind, die zur ewigen Seligkeit im Himmel gelangen sollen. Paulus erwähnt das Buch in seinem Brief an die Philipper: »Ja, ich bitte auch dich, treuer Gefährte, nimm dich ihrer an! Sie haben mit mir für das Evangelium gekämpft, zusammen mit Klemens und meinen anderen Mitarbeitern. Ihre Namen stehen im Buch des Lebens.« (Phil 4,3) In der Offenba-

Buch in der Hand Jesu, Ikone in Nyíregháza, Ostungarn.

rung des Johannes wird dieses Buch mehrfach erwähnt: Kap. 3,5; 17,8; 20, 12 und 15.

Bundeslade

Das eigentliche Heiligtum des jüdischen Volkes war eine Truhe aus Akazienholz, die mit Gold überzogen war. Die Bauanleitung findet sich im zweiten Buch der Bibel, dem Buch Exodus, Kap. 25,10–40. Dort wird auch die Herstellung eines Tisches und der Leuchter genau beschrieben.

Die Bundeslade enthielt die zwei Steintafeln, auf denen die Zehn Gebote eingemeißelt waren, und wurde im Zelt und später in der inneren Zelle, dem Allerheiligsten des Tempels, aufbewahrt.

Die Bundeslade wurde von zwei Engeln (→ Cherubim) eingerahmt, die aus Gold getrieben sind (Ex 37,7–9). Spätestens seit der Zerstörung Jerusalems durch den neubabylonischen König Nebukadnezar 586 v. Chr. gilt die Bundeslade als verschollen. Sie ist jedoch immer wieder Gegenstand von Spekulationen und auch Romanen, dass sie nämlich immer noch irgendwo zu finden sei.

In Erinnerung an die Bundeslade werden in den Synagogen die Pergamentrollen der jüdischen Bibel in einer Lade aufbewahrt. Der → Tabernakel wird oft als Lade gestaltet, auf seinen beiden Türchen sind die beiden Engel abgebildet.

C

Cherub

Ein Cherub hat Adam und Eva aus dem Paradies gewiesen. Im der sparsam ausgestalteten jüdischen Bildwelt haben diese Engel einen zentralen Platz, sie rahmen die → Bundeslade ein. Dafür gibt es im Buch Exodus eine Vorlage, wie sie zu gestalten sind: »Verfertige auch eine Deckplatte aus purem Gold zweieinhalb Ellen lang und anderthalb Ellen breit! Mach zwei Kerubim aus getriebenem Gold und arbeite sie an den beiden Enden der Deckplatte heraus! Mach je einen Kerub an dem einen und dem andern Ende; auf der Deckplatte macht die Kerubim an den beiden Enden! Die Kerubim sollen die Flügel nach oben ausbreiten, mit ihren Flügeln die Deckplatte beschirmen und sie sollen ihre Gesichter einander zuwenden; der Deckplatte sollen die Gesichter der Kerubim zugewandt sein.« (Ex 20,17–20) Sie haben eine Wächterfunktion. Da der → Tabernakel auf Altären, auch der letzten Bauepochen, oft als neue Bundeslade gestaltet wurde, finden sich die beiden Cherubim häufig auf den kleinen Türflügeln.

Chi – X

Der griechische Buchstabe X, Chi ausgesprochen, ist der Anfangsbuchstabe des Namens Christus. Das X hat eine kosmische Bedeutung, denn schon Platon sieht im X die Struktur des Weltalls abgebildet, nämlich den Winkel zwischen dem Sternkreis und dem Sonnenäquator, der durch die Ekliptik bestimmt ist. Das X bezeichnet die beiden Daten der Tagund-

Cherub aus dem Erlöser-Jewfimi-Kloster in Suzdal, Russland.

nachtgleiche, je nach Kalenderjahr zwischen 19. und 21. März sowie 22. und 23. September (→ Tierkreiszeichen). Der Märztermin bezeichnet für die Nordhalbkugel den Frühlingsanfang. Dann durchquert die Sonne das Sternzeichen des → Widders. Die Juden feiern am ersten Frühlingsvollmond das Passahfest, bei dem ein einjähriges Lamm verzehrt wird (s. Kap. »Symbolisch sehen«). → Christuszeichen Chi/Rho

Chimäre

Die Chimäre gehört zum → Bestiarium romanischer Kirchen. Es ist ein Fabeltier aus der griechischen Sagenwelt, das Feuer speit und aus Löwenkopf, Ziegenleib und dem Schwanz einer Schlange besteht.

Chor

Der vordere Teil des Kirchenraumes wird Chor genannt und ist durch ein großes Kreuz sowie durch den Altar in seiner Bedeutung herausgehoben. Der Name leitet sich von den Sängern her, die früher in der Nähe des Altars standen. In den großen Bauphasen des Mittelalters wurde meist zuerst der Chor gebaut, weil dann schon Gottesdienst gefeiert werden konnte. Auf den Chor ist die gesamte Kirche ausgerichtet, denn vom Chor werden die Lesungen vorgetragen, der Vorsänger und die Schola stehen im Chor, das heilige Mahl, die Eucharistie, wird

dort gefeiert. Zum Chor gehen die Gläubigen, um das gewandelte Brot zu empfangen.

Der Chorraum ist in der Romanik als Apsis in einer Rundung gestaltet, in der Gotik ist er meist durch fünf Fenster gegliedert, die sich auf die Zahl → Acht ergänzen, wenn die Öffnung zum Kirchenschiff geschlossen würde. Zisterzienserkirchen und viele Kirchen in Mitteldeutschland haben eine gerade Chorwand.

In der Symbolik des Kirchenraumes stellt der Chor das Haupt Christi dar. Das Gewölbe des Chorraumes wird, vor allem in gotischen Kirchen, von Säulen getragen, wenn es einen Chorumgang gibt. Oft sind es zwölf Säulen. Diese stehen für die → Apostel als → Säulen, auf denen die Kirche in ihrer Überlieferung ruht. Unter dem Chor befindet sich bei romanischen Kirchen die Krypta.

Der Chor hat ursprünglich mit Gesang zu tun. In Abteien und mittelalterlichen Kirchen findet sich daher das → Chorgestühl, das meist in zwei Reihen jeweils an beiden Seitenwänden des Chorraumes angeordnet ist. Das war und ist durch den Psalmgesang bedingt. Jeweils ein Psalmvers wird von einer Seite des Chores gesungen oder gebetet, so dass die beiden Chorseiten im Wechsel beten. Dabei schauen sich die Beter gegenseitig an. Das Chorgebet wird von den Ordensgemeinschaften benedikinischer, franziskanischer und dominikanischer Richtung gepflegt, sowohl in den Männer- wie in den Frauenklöstern. Die Priester und Ordensleute, wie die Jesuiten und andere jüngere Orden, beten die Psalmen und lesen die Lesungen individuell aus dem Brevier. Das sind heute die Laudes (Lobgebet) am Morgen, die Vesper (lateinisch »Abend«) am Abend, tagsüber eine kurze Gebetszeit sowie am Ende des Tages die Komplet (von lateinisch »schließen«). Hinzu kommen Lesungen aus der Bibel und von den Theologen der alten Kirche. → Stundengebet Der Chor wird auch → Presbyterium genannt, weil er den Presbytern, den Klerikern, vorbehalten ist.

Im Mittelalter wurde der Chor häufig durch einen → Lettner abgegrenzt.

Chorgestühl

Im Chor wird nicht nur am Altar die Messe gefeiert, sondern in Abtei- und Stiftskirchen das → Stundengebet gesungen. Da die Verse der Psalmen, Hauptbestandteil des über den Tag verteilten Stundengebets, im Wechsel gebetet werden, stehen die meist zwei Reihen des Chorgestühls einander gegenüber. Wenn die eine Seite der Beter steht, können sie sich auf der sog.

Chorraum der Marktkirche St. Benedikt in Quedlinburg.

→ Misericordia abstützen. Die andere Seite der Beter sitzt dann. Entwickelt haben sich die Sitze aus der aus Stein gebauten Bank in der Apsis. Auf dieser saßen die Presbyter, die Priester, rechts neben dem Bischof, vom Kirchenschiff aus gesehen, auf der linken Seite. Das ist der Ursprung der Heraushebung der linken Seite, von der traditionell das Evangelium als wichtigster Teil des Wortteils der Messe gelesen wird.

Es waren wohl praktische Gründe, dass seit der Romanik das Chorgestühl aus Holz gefertigt wurde, da in nördlichen Breiten Holz einfach wärmer als eine Steinbank ist. Das Chorgestühl als durch → Wangen unterteilte Sitzreihen entwickelte sich aber erst in der Gotik und wurde im Barock fortgeführt. Die Sitzreihen haben vorne ein Pult, um das Buch abzulegen, Seitenstützen ermöglichen es, die früher schweren Bücher länger in der Hand

Chorgestühl der Basilika St. Martin in Weingarten.

zu halten. Da der Chor der wichtigste Teil der Kirche ist und das Chorgestühl mehrmals am Tag genutzt wurde, wurde es durch Schnitzereien künstlerisch ausgestaltet. Wenn es einen Chorumgang gibt, sind auch die Rückseiten bildnerisch gestaltet → Dorsale

Chormantel

Während die → Kasel bei der Messe getragen wird, ist der Chormantel, früher auch »Vespermantel« oder Rauchmantel (lat. pluviale = Regengewand) für Prozessionen und den Gang zum Friedhof entwickelt. Bei feierlichen Andachten trägt der Priester oder Bischof ebenfalls einen Chormantel. Während die Kasel so geschnitten ist, dass die Arme frei beweglich sind, umschließt der Chormantel wie ein Überwurf die Arme und muss daher vorn offen sein.

Chrisam

Der Name Chrisam für dieses Öl hat die gleiche Wurzel wie die Bezeichnung Christus – griechisch »der Gesalbte«. Gesalbt heißt, mit dem

Heiligen Geist überströmt. Der Gesalbte ist in der jüdischen Bibel der Messiah, der Messias. Mit dem Chrisam wird der Täufling nach dem Übergießen mit Wasser gesalbt, ebenso der Firmling, bei ihrer Weihe Diakone, Priester und Bischöfe. Auch Altäre und Glocken werden gesalbt.
Chrisam wird aus Olivenöl gewonnen, dem Balsam beigemischt wird. Es wird vom Bischof in der Karwoche, meist am Gründonnerstagvormittag, geweiht und dann zu den Kirchen gebracht.

Christophorus

Der Name bedeutet übersetzt »Christus-Träger«. Christophorus wird meist als großer Mann mit einem Kind auf den Schultern dargestellt, das er über einen Fluss trägt. Nach der Legende war dieses Kind sehr schwer. Auf seine Frage, warum er so schwer sei, antwortet der Knabe, er müsse die ganze Welt tragen. Im Mittelalter war Christophorus derjenige, der die Verstorbenen über den

Hl. Christophorus, Freiberg, um 1520.

Fluss in das andere Reich trägt, hier dem griechischen Gott nachgebildet. Eine Frömmigkeitspraxis sagt, wer einmal am Tag ein Bild des Heiligen anschaue, werde nicht durch einen plötzlichen Tod überrascht. Deshalb ist er oft im Eingangsbereich der Kirche so aufgestellt, dass die Gläubigen ihn beim Verlassen der Kirche anschauen. Er war auch innen auf die Stadttore gemalt, ebenso in die Schilde von Kämpfern.

Christusbild

Zunächst wurden für die Darstellung Christi Symbole verwendet (→ Christuszeichen – Chi/Rho), ab dem 3. Jahrhundert gibt es auch bildliche Darstellungen Christi, etwa als guter Hirte. Als das Christentum Staatsreligion geworden war, gingen Elemente des Kaiserkultes in das Christusbild ein. Aus dem thronenden Christus entwickelte sich das Bild des → Pantokrators, des Herrschers des Alls, wie auch die → Majestas Domini.

Die Bibel wurde durch die Jahrhunderte als Motivgeber genutzt (etwa Geburt Jesu, Wundertaten und Heilungen, Höllen- und Himmelfahrt Christi). Das Interesse an Abbildungen Jesu nahm ständig zu. Nach der Legende vom Abgarbild wäre Jesus sogar für den Fürsten Abgar von Edessa (heute: Sanliufra) gemalt worden. Später entstanden Legenden von einem Abdruck des Gesichts Jesu auf seinem Grabtuch, das heute in Turin verehrt wird, oder auf dem sogenannten »Schweißtuch« der Veronika (→ Schweißtuch). Die lat.-griech. Bezeichnung »vere eicon« (wahres Bildnis) wurde als »Ikone« zur Bezeichnung des religiösen Bildes schlechthin. Hinzu kamen nicht durch Menschenhand gemalte Bilder Christi. Die Christusikone des byzantinischen Kunstbereichs lehnt sich nämlich an den Typ des Abgarbildes an. Im Wallfahrtsort Manoppello in den italienischen Abruzzen wird

Albrecht Altdorfer, Kreuzigung Christi, um 1510.

ein Bild verehrt, das Volto Santo, das Heilige Antlitz, Es war wahrscheinlich im Petersdom aufgespannt. Es ist wohl im Zusammenhang mit dem Sacco di Roma 1527 aus Rom weggebracht worden.

Am wichtigsten und häufigsten wurde die Darstellung Christi am Kreuz. Nur hingewiesen werden kann auf die vielfältigen symbolischen Darstellungen Christi, etwa als Christus in der Kelter. Hinzugezogen wurde Offb 14,19 ff. Christus tritt die Weinkelter des allmächtigen Gottes als Sieger über den Tod; er kann auch in selbstgewählter Leidensübernahme selbst in der Kelter gepresst werden. Weitere Christussymbole sind z. B. der → Fisch und das → Lamm.

Christuszeichen – Chi/Rho

Das Christuszeichen Chi/Rho, auch Christusmonogramm genannt, wird gebildet aus den beiden griechischen Anfangsbuchstaben des Namens Christus Chi und Rho (Ch-R), die wie unser lateinisches X bzw. P aussehen und aufeinandergelegt sind.

Ciborium, auch Ziborium

In Kelchform oder auch ohne Stiel genutztes Gefäß für die Aufbewahrung konsekrierter, d. h. in der Messe übriggebliebener, Hostien, die im Tabernakel aufbewahrt werden. Das Ciborium ist meist mit einem kleinen Stoffstück umkleidet, auch Velum (Segel) genannt. In der Baukunst nennt man Ciborium auch die Kuppel über der Vierung. Das Wort leitet sich vom lateinischen »Trinkbecher« her.

Confessio

Im theologischen Kontext bezeichnet der Begriff die Bekenntnisschriften, z. B. die Confessio Augustana. In Kirchen bezieht sich der Begriff auf den Märtyrer bzw. Bekenner, der unter dem Altar begraben liegt. Der Begriff wird schon im 4. Jahrhundert für das Petrusgrab in Rom gebraucht. Meist handelt es sich um eine Nische oder Kammer mit einer Öffnung, durch die man auf das Grab blicken kann. Später rückt das Grab näher zum Altar. Confessio ist dann die Verbindung zwischen Altar und dem darunterliegenden Grab, auf das man in manchen Kirchen durch eine Öffnung an der Altarwand schauen konnte. In vielen romanischen Kirchen ist für das Grab des Heiligen eine Krypta angelegt. Hat eine romanische Kirche keine Krypta, behalf man sich mit einer Confessio.

D

Dalmatik

Das Messgewand, die → Kasel, die der Diakon trägt, der Name leitet sich von Dalmatien her, weil die Wolle, aus der das Gewand gefertigt wurde, aus Dalmatien bezogen wurde. Das Messgewand des Diakons ist daran zu erkennen, dass seitlich zwei Streifen senkrecht von oben nach unten über die vordere wie die hintere Seite des Gewandes fallen.

Dämonen

Das Wort ist im antiken Griechisch noch neutral für einen Geist gebraucht, es kann dann auch die persönliche Inspiration bedeuten. In der Bibel bezeichnet das Wort die bösen Geister. Sie werden als abgefallene Engel verstanden. Epilepsie und andere geistige Beeinträchtigungen werden in der Bibel auf die Einwirkung von Dämonen zurückgeführt. Jesus treibt Dämonen aus, um Menschen zu heilen. In der Polemik gegen den Polytheismus wurden die heidnischen Götter auch als Dämonen bezeichnet. In den romanischen Kirchen finden die dämonischen Kräfte in den Tierdarstellungen (→ Bestiarien), obwohl sie als gespensterhafte Geistwesen keine Gestalt haben, eine bildliche Darstellung. Später wird der Teufel mit Hufen und gehörntem Kopf dargestellt (→ Widder).

Dedikationsbild

Das Wort bedeutet »Widmungsbild«.

Deesis

Darstellung von Jesus, der zu Gericht sitzt. Ihm zur Seite finden sich seine Mutter Maria und Johannes der Täufer, die meist fürbittend ihre Hände erheben. Von dem griechischen Wort für Gebet, Fürbitte leitet sich der Name dieser Bildkomposition her, die in der Ikonenmalerei entwickelt und im Mittelalter vom Westen übernommen wurde.

Delphin

Dieser Menschen rettende Meeresbewohner findet sich auf frühchristlichen Sarkophagen und Grabstelen. Der Delphin stellt Christus dar, der die Menschen aus dem Meer der Sünde rettet. Der Delphin nähert sich dem Symbol des → Fisches.

Diakon

Das Wort kommt aus dem Griechischen und bedeutet Diener, Knecht. Die ersten sieben Diakone wurden von den Aposteln für karitative Aufgaben eingesetzt. Im 6. Kapitel der Apostelgeschichte wird ihre Einsetzung durch Handauflegung beschrieben: »Sie wählten Stephanus, einen Mann, erfüllt vom Glauben und vom Heiligen Geist, ferner Philippus und Prochorus, Nikanor und Timon, Parmenas und Nikolaus, einen Proselyten aus Antiochia. Sie ließen sie vor die Apostel hintreten, und diese beteten und legten ihnen die Hände auf.« (Apg 6,6–7) Es waren alles Griechen. Einige von ihnen waren auch missionarisch tätig. Der erste Märtyrer, Stephanus, war einer der sieben Diakone. In der Liturgie hat der Diakon besondere Funktionen. In der orthodoxen Kirche ist er meist der Vorsänger, er liest das Evangelium. Der Diakon hat wie der Priester eine Weihe empfangen. Mit dieser Vollmacht kann er taufen, beerdigen, und Brautleute können sich vor ihm als Zeugen das Ehesakrament spenden. In der Messe ist seine vornehmste Aufgabe, das Evangelium zu verkünden und zu predigen. Noch im frühen Mittelalter war der Verwalter eines Bistums ein Archidiakon, in seiner Funktion dem heutigen Generalvikar vergleichbar. Dann kam das Amt in der katholischen Kirche zum Erliegen und wurde erst durch das II. Vatikanische Konzil wieder eingerichtet. Diakone tragen ein Messgewand mit jeweils zwei Streifen, die über die Schultern laufen, die → Dalmatik. Die Stola haben sie schräg über die linke Schulter gelegt.

Dienste
Halbsäulen, die die Gewölberippen entlang den Säulen zum Boden weiterführen.

Dom
Das Wort kommt vom lateinischen domus = Haus. Auch wenn heute mit dem Begriff »Dom« meist eine Bischofskirche bezeichnet wird, meint Dom nicht das Haus eines Bischofs, sondern das Haus Gottes.

Westfassade des romanischen Doms St. Petri zu Bremen.

Dornbusch

Dieses Motiv ist dem Alten Testament entnommen. Als Abraham seinen Sohn Isaak opfern will und ihn ein Engel davon abhält, hat sich ein Widder mit seinen Hörnern in einem Dornbusch verfangen und kann als Opfertier genommen werden.

Aus dem Dornbusch, der nicht verbrennt, hört Mose die Stimme Gottes, der ihn beauftragt, das Volk aus Ägypten herauszuführen.

Der Dornbusch wird in Verbindung mit der Dornenkrone gesehen, die Jesus zum Spott aufgesetzt wurde.

Dornenkrone

Nach den Berichten der Evangelien über den Prozess Jesu wurde dieser gegeißelt. Dann verhöhnten ihn die Soldaten, indem sie ihm einen Purpurtuch umlegten, aus Dornen eine Krone flochten, um ihn dann als falschen König zu verspotten. Seit der Gotik gibt es Kreuze (→ Kruzifix) mit dem Leib Jesu, die ihn mit der Dornenkrone darstellen.

Dorsale

Rückwände des → Chorgestühls. Da in vielen gotischen Kirchen ein Chorumgang vorhanden ist, steht das Chorgestühl nicht direkt an der Wand, sondern hat zu dem Chorumgang eine Rückwand, die oft bemalt oder verziert ist. Der Name leitet sich vom lateinischen Wort für Rücken, dos, ab.

Drache

Der Drache ist ein Wesen, das viele Völker in ihren Mythen kennen. Er drückt Schrecken und Kraft aus und droht, den Menschen zu überwältigen. Der Drache oder die Schlange bewohnen das Weltmeer oder werden auch in der Milchstraße gesehen. Als Midgardschlange oder Leviathan umschlingt der Drache die Erde und bildet ihren äußersten Rand, der im Orkan seine Kraft beweist und den Menschen zu verschlingen droht.

Erdgeschichtlich gesehen kann sich darin auch eine Erfahrung der Menschheit spiegeln: Ein großer Komet prallte von Osten her auf die Erde. Wie ein

Drachenstich des hl. Georg, Stuttgart, 18. Jhd.

Drache an der Fassade des Ulmer Münsters.

Drache mit Feuerschweif erschien diese kosmische Katastrophe. Der Aufprall der Brocken erzeugte im Meer ungeheure, sich windende Wasserdampfwolken. Von daher lässt sich auch die Identität von Drache und Wasserschlange begreifen.

Wenn wir den Drachen als Sinnbild des Bösen anblicken, wird uns die Kraft, die uns verschlingen kann, vor Augen geführt. Der Drache lässt den Menschen nicht frei, sondern fesselt ihn, um ihn herabziehen zu können. Vor allem in romanischen Kirchen wurde den Menschen diese Seite des Daseins vor Augen geführt.

Dass an mittelalterlichen Kirchen Wasserspeier in der Form eines Drachenkopfes behauen wurden, bezieht sich auf den Drachen in der Apokalypse, dem letzten Buch der Bibel. Er will die Frau, die ein Kind geboren hat, verschlingen: »Als der Drache erkannte, dass er auf die Erde gestürzt war, verfolgte er die Frau, die den Sohn geboren hatte. Aber der Frau wurden die beiden Flügel des großen Adlers gegeben, damit sie in die Wüste an ihren Ort fliehen konnte. ... Die Schlange spie einen Strom von Wasser aus ihrem Rachen hinter der Frau her, damit sie von den Fluten fortgerissen werde. Aber die Erde kam der Frau zu Hilfe, sie öffnete sich und verschlang den Strom ...« (Offb 12,13–15). Der Drache wird aber nicht als Sieger, sondern als Besiegter dargestellt. Der Erzengel Michael oder der heilige Georg halten ihn mit ihrer Lanze am Boden nieder. Jesus, als Auferstandener dargestellt, steht auf einem kleinen Drachen.

Dreieck mit Auge Gottes, Rom, um 1585.

49

Dreieck

Diese geometrische Figur wird zum Symbol für die Dreifaltigkeit, das sich häufig in Barockkirchen findet. In das Dreieck malt der Barock das Auge Gottes.

Dreifaltigkeit (Trinität)

Ist die Bezeichnung für das zentrale Glaubensgeheimnis, das sich durch Reflexion auf die Bibel im 4. Jahrhundert herauskristallisierte. Gott existiert als einer in den Personen von Vater, Sohn und Heiligem Geist. Die Ikonen der Ostkirchen bevorzugen die Darstellung von drei Männern oder drei Engeln, die z. B. gemeinsam an einem Tisch sitzen. Im lateinischen Christentum wurde hingegen mehr die Einheit betont und auf Symbolik zurückgegriffen, wie das Dreieck. Im späten Mittelalter und im Barock findet sich die Darstellung als → Gnadenstuhl: Gott Vater hält Jesus am Kreuz in seinen Händen, darüber schwebt der Heilige Geist in Gestalt der Taube.

Die Heiligste Dreifaltigkeit, Moskau, 1422/23.

Die Ecclesia am Straßburger Münster ist durch den Kelch und das Kreuz erkennbar.

E

Ecclesia

Dieses Wort leitet sich von dem griechischen Wort für »herausrufen« ab, hier in lateinischer Schreibweise wiedergegeben. Es bezeichnet mit den »Herausgerufenen« die Gläubigen. Es ist kein speziell christlicher Begriff, sondern bezeichnete auch Versammlungen, z. B. der wehrfähigen Männer auf dem Markt. Es wurde dann auch für die Versammlungsräume der Christen verwendet. Dass Kirchbau und Versammlung der Christen als eine Einheit gesehen werden konnte, wurde schon im Neuen Testament vorgezeichnet. Im 1. Petrusbrief heißt es: »Lasst euch als lebendige Steine zu einem geistigen Haus aufbauen, zu einer heiligen Priesterschaft, um durch Jesus Christus geistige Opfer darzubringen, die Gott gefallen. Denn es heißt in der Schrift: Seht her, ich lege in Zion einen auserwählten Stein, einen Eckstein, den ich in Ehren halte. Wer an ihn glaubt, der geht nicht zugrunde.« (1 Petr 2,5–6) In Vers 6 wird Jesaja 26,16 zitiert. Mit Zion ist Jerusalem bezeichnet, das auf dem Berg Zion liegt.

Edelsteine

Sie sind als Symbole allgemein auf die Herrlichkeit des Gottesreiches bezogen. In der Vision vom Neuen Jerusalem sind die Mauern des himmlischen

Jerusalems aus Edelsteinen gebildet: »Sie glänzte wie ein kostbarer Edelstein, wie ein kristallklarer Jaspis. ... Ihre Mauer ist aus Jaspis gebaut und die Stadt ist aus reinem Gold, wie aus reinem Glas. Die Grundsteine der Stadtmauer sind geschmückt mit edlen Steinen aller Art; der erste Grundstein ist ein Jaspis, der zweite ein Saphir, der dritte ein Chalzedon, der vierte ein Smaragd, der fünfte ein Sardonyx, der sechste ein Sardion, der siebte ein Chrysolith, der achte ein Beryll, der neunte ein Topas, der zehnte ein Chrysopras, der elfte ein Hyazinth, der zwölfte ein Amethyst. Die zwölf Tore sind zwölf Perlen; jedes der Tore besteht aus einer einzigen Perle.« (Offb 21,11b.18–21)

Dieser biblische Text hat die mittelalterliche Baukunst inspiriert. So wurden in die Wände des Chors Edelsteine eingelassen, die Glasfenster in ihren tiefen Farben sollen wie Edelsteine leuchten.

Der Jaspis wurde von Hrabanus Maurus, der einen Katalog für die symbolische Bedeutung der Edelsteine erstellte, auf die Kraft des Glaubens gedeutet.

Edelsteine zieren Kelche, Reliquienschreine, →Gemmenkreuze, →Monstranzen und auch Messgewänder.

Efeu

Diese immergrüne Pflanze steht für Treue und ewiges Leben. Die Pflanze ist in Griechenland dem Dionysos geweiht. Bei festlichen Gelagen wurde es als Kranz getragen. Die Pflanze findet sich auf frühchristlichen Sarkophagen. Sie bedeutet, dass die Seele lebt, auch wenn der Körper tot ist.

Ehrenpreis

Diese Pflanze heißt im Lateinischen Veronica und ist deshalb ein Christussymbol, weil Christus als die »Vera unica medicina«, die wahre Medizin, gilt. Die Blume findet sich auf mittelalterlichen Gemälden.

Ei

Das Ei steht für neues Leben und symbolisiert zugleich den gesamten Kosmos. An Ostern gibt es auch deshalb viele Eier, weil in den Ostkirchen und früher auch im Westen während der vierzigtägigen Fastenzeit keine Eier gegessen wurden.

Osterei mit Darstellung des Osterlamms.

Das aufgeschlagene Ei nach der Osternachtfeier zielt nicht darauf, möglichst lange die Schale seines Eis zu erhalten, sondern umgekehrt. Wie das Küken aus dem Ei schlüpft, ist Christus aus dem Grab erstanden. Da das Eigelb in der Ikonenmalerei verwendet wird, steht die gesamte Malerei in Beziehung zu Ostern.

Einhorn

Auf Marienbildern erscheint dieses Tier. Nach der griechischen Sage kann das Einhorn nur von einer Jungfrau gefangen werden. Dem Tier wird große Stärke und Gefährlichkeit zugeschrieben. Sobald es eine Jungfrau erkennt, wird es zahm und legt seinen Kopf in ihren Schoß. Die Einhornjagd durch den Erzengel Gabriel findet sich auf vielen Malereien und Wandteppichen des Mittealters und symbolisiert die Empfängnis Jesu, die der Engel angekündigt hat.
Ihm wird in der Antike auch eine heilbringende Wirkung zugeschrieben, so dass es zum Symbol für eine Apotheke werden konnte.

Ekklesia

Das Wort kommt von dem griechischen »Herausrufen«, die durch den Glauben Zusammengerufenen bilden die kirchliche Gemeinde. Meist wird es lateinisch mit doppeltem »c« geschrieben: → Ecclesia

Elemente

Erde, Wasser, Luft und Feuer sind für die antike Weltvorstellung das, was für uns die Elementarteilchen sind. Aus ihnen ist alles zusammengesetzt. Die Erde wird durch eine Frau, das Wasser durch den Meeresgott Okeanos, die Luft durch den Gott Äolus, das Feuer durch Feuerzungen dargestellt.
In der Renaissance wird der Erde die Kybele, das Wasser dem Neptun, die Luft der Juno, das Feuer dem Vulkan zugeordnet.

Emblematik

Das Wort leitet sich von dem griechischen Begriff für »das Eingesetzte« ab. Es geht aber nicht um Intarsienarbeiten, sondern um die Verbindung von Symbolen mit kurzen Sinnsprüchen. Werke der Emblematik finden sich meist in Buchform, die Tradition beginnt in der Renaissance durch Rückgriff auf die Antike.

Endgericht

Die erste christliche Generation erwartete das Ende der Welt noch zu ihren Lebzeiten. Der in aramäischer Sprache gesprochene Ruf »Maranatha« (»Herr, komme bald«) war Teil des Gottesdienstes. Auch wenn das Ende der Welt noch nicht angebrochen ist, erwarten wir einen Abschluss der Weltgeschichte, der in dem letzten Gericht dargestellt wird (→ Weltgericht). Die Vorlage dafür liefert das

25. Kapitel des Matthäusevangeliums mit seinem Gleichnis vom letzten Gericht, in dem die Böcke von den Schafen geschieden werden.

Das Endgericht wird meist mit dem auf dem Richterstuhl thronenden Christus dargestellt (→ Deesis).

Es kann aber auch der Thronsitz alleine in Verbindung mit dem Kreuz dargestellt werden.

Ein anderes Motiv stellt einen Engel dar, der das Firmament aufrollt. Die Erde wird durch wilde Tiere repräsentiert.

Der Erzengel → Michael mit der Waage, auf der die Seelen der Verstorbenen gewogen werden, ist ein weiteres Motiv für das Endgericht.

Die Engelshierarchien, Mosaik im Baptisterium von Florenz, um 1270.

Engel

Zur jüdischen und christlichen Welt gehören die Engel. Sie bilden den Hofstaat Gottes. Sie bewachen den Kirchenraum und finden sich vor allem außen an gotischen Kathedralen. Das Neue Jerusalem hat nach der Offenbarung des Johannes: »… eine große und hohe Mauer mit zwölf Toren und zwölf Engeln darauf. Auf die Tore sind Namen geschrieben: die Namen der zwölf Stämme der Söhne Israels.« (Offb 21,12) Eine Inschrift am Kloster Corvey aus dem 9. Jahrhundert lautet: »Umgib diese Stadt mit deinem Schutz, o Herr. Und deine Engel mögen ihre Mauern bewachen.«

In Barockkirchen finden sich Engel auf den Säulen oder in die Deckgemälde gemalt, weil sie zur himmlischen Sphäre gehören.

Da Engel im Alten wie Neuen Testament häufig erwähnt werden, finden sie sich auf vielen Darstellungen biblischer Motive, so wenn der Engel Adam und Eva aus dem Paradies verweist, bei der Verkündigung Marias, in der Weihnachtsgeschichte, am leeren Grab sitzend. Auch Luzifer, der Lichtträger, der zum Teufel Gewordene, ist ein Engel.

Erzengel

Herausgehobene Engel: → Michael, → Gabriel, Raphael, der den Tobias

Der Erzengel Michael.

Der Erzengel Gabriel, 17. Jhd.

begleitende Engel und Uriel. Letzter kommt in den offiziellen Büchern der Bibel nicht vor, nur im 4. Buch Esra. Sein Name heißt »Mein Licht ist Gott«. Alle Erzengel haben die Gottesbezeichnung »-el« in ihrem Namen.

Esel

Der Esel ist aufgrund eines Verses im Prophetenbuch Jesajas der → Krippe zugewachsen. In Jes 1,3 heißt es: »Der Ochse kennt seinen Besitzer und der Esel die Krippe seines Herrn.« Jesus ist auf einem Esel in Jerusalem eingeritten, so dass der Esel in einigen Orten zum Palmsonntagsbrauchtum gehört. Der Esel steht für ein nicht-herrschaftliches Reittier.

Essig

Auf einem Stab → Ysop haben Soldaten Jesus einen in Essig getunkten Schwamm gereicht, daher gehört der Schwamm zu den Marterzeichen.

Eucharistie

Das Wort kommt vom griechischen »Danksagen«, es ist einer der Bezeichnungen für das Gedächtnismahl, das die Christen als Erinnerung an das Abendmahl feiern. Während die östlichen Kirchen mehr das Wort »Eucharistie« gebrauchen, wird in der katholischen Kirche häufig das Wort → Messe gebraucht. Innerhalb der Messe bezeichnet Eucharistie den zweiten Hauptteil, das Gedächtnismahl, wäh-

Evangeliar des Bamberger Domes, 1986.

rend der erste Teil mit Lesungen und Predigt dann der »Wortgottesdienst« ist. Die Kirchenräume sind vor allem für die Feier der Eucharistie konzipiert.

Evangeliar

Meist besonders ausgestattetes und im Mittelalter mit Buchmalerei gestaltetes Vorlesebuch, das entsprechend seiner Wortbedeutung nur die Evangelien der Sonn- und Festtage enthält. Das Evangeliar wird vom Diakon beim Einzug in die Höhe gehalten. Es symbolisiert Christus in seinem Wort, denn in den vier Evangelien finden sich die Handlungen, die Worte und das Sterben Jesu wie auch die Botschaft von seiner Auferstehung aufgezeichnet.

Evangelisten, Evangelistensymbole

Der Ursprung der Evangelistensymbole reicht zurück bis in den babylonischen Mythos. Die vier Astralgötter Nergal (Flügellöwe), Marduk (Flügelstier), Nabu (Mensch) und Mimurta (Adler) stellen Symbole göttlicher Macht dar. Meist sind die vier Köpfe in einem Wesen vereint, das als Wächter vor den Heiligtümern aufgestellt ist. In einer Vision schaut der alttestamentliche Prophet Ezechiel (vgl. Ez 1,1–14) die Herrlichkeit Gottes in diesen vier Lebewesen, wie dies auch die Offenbarung des Johannes berichtet: »Und vor dem Thron war etwas wie ein gläsernes Meer, gleich Kristall. Und in der Mitte, rings um den Thron, waren vier Lebewesen voller Augen, vorn und hinten. Das erste Lebewesen glich einem Löwen, das zweite einem Stier, das dritte sah aus wie ein Mensch, das vierte glich einem fliegenden Adler.« (Offb 4,6–7). Die Kirchenväter Irenäus und Hippolyt bezogen erstmals die vier Wesen der Ezechiel-Vision und der Offenbarung auf die Evangelisten. Irenäus von Lyon deutet die vier Lebewesen auf Christus hin: »Denn das erste Lebewesen, heißt es, ist ähnlich dem Löwen, das Kraftvolle, Fürstliche, Königliche in ihm bezeichnend. Das zweite ähnlich einem Stier, seinen Opfer- und Priesterdienst darstellend. Das dritte mit dem Angesicht eines Menschen steht für seine Ankunft als Mensch. Das vierte, einem fliegenden Adler ähnlich, bezeichnet die Gnade des auf die Kirche niederfliegenden Heiligen Geistes.«

Die jetzt gebräuchliche Verteilung findet sich bei Hieronymus:

Mensch = Matthäus. Sein Evangelium beginnt mit der Darlegung der menschlichen Abkunft Jesu.

Löwe = Markus. Sein Evangelium beginnt mit dem Täufer Johannes, dem »Rufer aus der Wüste«. Markus wird auch deshalb mit dem Löwen dargestellt, weil im Auftreten Jesu die messianische Zeit des Friedens beginnt, in der Kalb und Löwe nebeneinander auf der Weide leben können und der Löwe Gras frisst.

Stier = Lukas. Sein Evangelium beginnt mit dem Opfer des Zacharias. Lukas hat den Stier auch deshalb bei sich, weil Jesus am Kreuz geopfert wird und das Kalb bzw. der Stier als Opfertier gilt.

Adler = Johannes. Aus ihm spricht der von oben kommende Geist am mächtigsten.

An Kanzeln und Kuppelzwickeln des Barock sind die Evangelisten-Symbole häufig mit den vier lateinischen Kirchenvätern Augustinus, Ambrosius,

Hieronymus und Gregor dem Großen dargestellt, um so im Sinne der »Gegenreformation« die Kontinuität der Tradition, auf die sich die katholische Kirche berief, zu unterstreichen.

Ewiges Licht

In der Nähe des Tabernakels brennt eine Kerze in einem roten Gefäß. Damit wird der Beter darauf hingewiesen, dass sich im → Tabernakel konsekrierte Hostien finden. Dieses Ewige Licht unterstreicht nicht nur die Kirche als Ort des Mysteriums, sondern ist das Symbol dafür, dass Gottes Licht ewig auf Erden brennt. Jesus als das Licht der Erde, ein für allemal angezündet, erlischt nicht mehr. Er ist gegenwärtig, so dass das Dunkel der Welt durch Gottes Gnadengegenwart immer gebrochen ist.

Die Symbole der Evangelisten mit dem Lamm in der Mitte, Deckengemälde in der gotischen Kapelle St. Barbara der Dorfkirche Thierfeld.

F

Fahne

Vor allem in Süddeutschland gehört die Fahne zur Ostersymbolik. Der Sieg über den Tod wird durch die Fahne dargestellt. Sie schmückt das → Lamm, das für Christus steht.

Farben –
ihre symbolische Bedeutung

Weiß

Weiße Gewänder tragen die Heiligen im Himmel, das Gewand Jesu wird bei der Verklärung weiß. Das Weiß ist dem Papst vorbehalten. Weiß steht für die reine Wahrheit.

Weiß ist im Orient und früher auch am französischen Königshof Zeichen der Trauer.

Schwarz

Während Weiß die Farbe des Tages ist, steht Schwarz für Finsternis und ist damit Zeichen für Nacht, Vernichtung, Tod. Zugleich signalisiert Schwarz die Abkehr von allem Farbenfrohen und wird damit zur Farbe der Askese und Weltabgewandtheit.

Gelb

Die Farbe des Sonnenlichtes, des Goldes und damit Sinnbild für den Himmel und die Ewigkeit. Gelb ist auch der Wein und damit dem Himmel zu-

geordnet. Das Gelb steht aber auch für Neid.

Gold

Diese Farbe ist der Sonne verwandt. Es ist die Farbe des göttlichen Lichtes, des Heiligen Geistes und auch Zeichen der Auferstehung, der neuen Sonne Jesus Christus. Wenn Gemälde in Gold hinterlegt sind, wird auf ihnen eine himmlische Wirklichkeit dargestellt.

Mosaik mit goldenem Bildhintergrund im Dom von Salerno.

Blau

Diese Farbe wird dem Himmel zugeordnet. Sie signalisiert Transparenz und Klarheit des Denkens. Auch das Wasser und der Diamant sind blau. Maria trägt einen blauen Mantel, weil sie in den Himmel aufgenommen wurde und als Himmelskönigin verehrt wird. Im Kampf gegen das Böse verbinden sich Weiß und Blau, meist oben im Bild gegen Grün und Rot unten im Bild, so im Kampf Michaels oder Georgs gegen den Drachen.

Rot

Diese Farbe steht für Blut und damit Opfer. Es ist die Farbe der Märtyrer. Als Farbe des Blutes steht Rot für Leben. Wenn Jesus einen roten Mantel trägt, ist das Zeichen für die Auferstehung, die Farbe der aufgehenden Sonne.

Da Rot auch die Liebe symbolisiert, wird sie dem Apostel Johannes zugeordnet. Weil die Patrizier im alten Rom rote Kleidung trugen, ist diese Farbe heute den Kardinälen vorbehalten. Zugleich ist Rot die Farbe des Teufels und der im Hochmut gescheiterten Stadt Babylon.

Maria wird, wie in diesem Marienschrein, häufig in Blau dargestellt.

Violett

Da diese Farbe aus Rot und Blau gemischt ist, steht sie für Besonnenheit und maßvolles Verhalten. Auf mittelalterlichen Gemälden trägt Christus bei seiner Passion ein violettes Gewand. Daher werden im Advent und in der Fastenzeit violette Messgewänder getragen. Violett ist Farbe des Bischofs in der katholischen Kirche.

Grün

Diese Farbe steht zwischen dem Rot der Hölle und dem Blau des Himmels. Sie symbolisiert Ausgleich, Beschaulichkeit und als Farbe des Frühlings neues Leben. Grün steht auch für das Paradies und bezeichnet die Hoffnung. Weil die Rettung des Menschen vom Kreuz ausging, malten mittelal-

Jesus mit rotem Mantel, Fenster der gotischen Kapelle St. Barbara in Thierfeld.

terliche Künstler manchmal das Kreuz grün, um es als → Lebensbaum darzustellen. Grün kann aber auch der Teufel dargestellt werden.

Braun
Diese Farbe steht für das Erdhafte und den Herbst. Bei den Römern wie auch in der christlichen Tradition steht Braun für Bescheidenheit und Demut. Die Franziskaner tragen daher eine braune Kutte.

Grau
Da die Farbe aus Weiß und Schwarz gemischt ist, deutet sie auf die Auferstehung der Toten hin.

Fastentuch → Hungertuch

Fels
Im Alten Testament wird Gott »Fels Israels« genannt: »Preist die Größe unseres Gottes! Er heißt: der Fels. Vollkommen ist, was er tut; denn alle seine Wege sind recht. Er ist ein unbeirrbar treuer Gott, er ist gerecht und gerade.« (Dtn 32,4). Aus einem Felsen schlägt Mose mit seinem Stock Wasser (Num 17,6). Dieser Felsen wird mit Christus in Beziehung gesetzt (1 Kor 10,4). Auch Petrus wird Fels genannt; Jesus gibt ihm diesen Namen anstelle von Simon. Auf dem Felsen Petrus soll die Kirche aufgebaut werden.

Fenster
Die Fenster sind nicht nur notwendig für die Beleuchtung eines Raumes, sie

Lichtdurchflutete Fenster im Kölner Dom.

Arme Seelen im Fegefeuer, Mettnitz, um 1775.

versinnbildlichen auch die Offenheit der Seele. Durch das Fenster der Seele kann die Gnade Gottes wie auch die Erkenntnis den Menschen erreichen. In der → Gotik werden die Fenster, ermöglicht durch die → Spitzbogentechnik, zu den entscheidenden architektonischen Elementen, die den Geist der Gotik Ausdruck verleihen.

Ferula
Im Unterschied zu den Bischöfen trägt der Papst keinen gekrümmten Hirtenstab, sondern einen nach oben gerade auslaufenden Stab. Das Zepter als Zeichen der Autorität ist ein verkürzter Stab. Johannes Paul II. trug einen Stab, der in ein Kruzifix auslief. Ferula leitet sich von dem Namen für ein Schilfrohr ab und ist auch die

Übersetzung für die den östlichen Kirchen vorgelagerte Säulenhalle, den → Narthex. Daher taucht der Begriff auch in Beschreibungen von Kirchen auf.

Feuer
Neben Erde, Wasser und Luft galt das Feuer als eines der vier Elemente, aus denen alles Gegenständliche zusammengesetzt ist.
Das Feuer ist das Element, das Gott am nächsten kommt. Deshalb erscheint Gott im Feuer (vgl. Ex 3,1–5; 24,17; 1 Kön 18,38; Ez 1,2).
Feuer kann verzehrend und vernichtend sein, jedoch auch den Menschen mit dem Geist Gottes begaben. Am Pfingsttag kam der Geist auf die Apostel in roten Feuerzungen herab.

Fialen

Kleine Türmchen, charakteristisch für die Gotik, die auf Strebepfeilern, über Portalen und an der Seite von → Wimpergen zu finden sind. In den Fialen auf den Strebepfeilern stehen oft Engels- und Heiligenfiguren, die von außen her das Gebäude schützen sollen. Im Kirchenraum verzieren sie die → Sakramentshäuschen. Der Begriff leitet sich vom italienischen Wort foglia = Nadel ab.

Fisch

In der frühen Kirche findet sich das Fischsymbol besonders häufig. Auch heute wieder gilt der Fisch, z. B. als Aufkleber auf Autos, als Zeichen der Zugehörigkeit zu einer christlichen Kirche. Das Symbol wurde wohl deshalb gewählt, weil der Getaufte im Netz der Kirche aufgefangen war. Das Auswerfen des Netzes wird von Jesus selbst als Symbol für die Gewinnung von Menschen für den Glauben gesehen. Im Matthäusevangelium beruft Jesus die Brüderpaare Petrus und Andreas, Jakobus und Johannes: »Kommt her, folgt mir nach! Ich werde euch

Das bekannte Fischsymbol ist heute häufig als Autoaufkleber, Kettenanhänger o. ä. zu sehen.

Fialen auf dem Dach des Mailänder Doms.

zu Menschenfischern machen.« (Mt 4,19) Erst im 17. Jahrhundert begann man, die griechischen Buchstaben des Wortes Fisch auf Jesus zu deuten:

Die Anfangsbuchstaben des griechischen Wortes »Ichthys" heißen übersetzt: I = Jesus, X = Christus, θ = Theou – Gottes, Y = Yios – Sohn, $\sum$ = Soter – Erlöser.

Tertullian, der nordafrikanische Theologe des 3. Jahrhunderts sagt: »Kleine Fische sind wir, die wir aus dem Ichthys Jesus Christus geboren sind, und wir bleiben am Leben, wenn wir im Wasser bleiben.«

Fratzen wie diese haben apotropäischen Charakter, sollen also das Böse abwehren.

Flammenschwert

Der Engel, der Adam und Eva aus dem Paradies verweist, trägt ein Flammenschwert.

Fratzen

In romanischen Kirchen, seltener in gotischen, finden sich neben Drachen, Wolfsköpfen und Löwen Fratzen. Sie sollen das Böse abwehren (apotropäisch = abwehrend). Im Barock können Fratzen in der Form von Mäulern die Erde oder den Wind blasend die Luft und auch Feuer und Wasser darstellen.

Fuchs

In der antiken Fabelwelt steht der Fuchs für List und auch tückisches Verhalten. Da der Fuchs bei den Germanen dem Gott Loki zugeordnet war, konnte er auch den Teufel darstellen, denn heidnische Gottheiten wurden in der Missionspredigt als Gestalten des Teufels hingestellt. In diesem Zusammenhang überlistet der Fuchs den Menschen zu falschem Glauben. In der Darstellung der Laster steht der Fuchs für die Wollust.

G

Gabriel

Dieser Engel wird selten für sich, sondern in seiner Funktion als Bote Gottes dargestellt, der Maria die Menschwerdung des Sohnes verkündet und ihr mitteilt, dass sie die Mutter des Messias sein wird: »Im sechsten Monat wurde der Engel Gabriel von Gott in eine Stadt in Galiläa namens Nazaret zu einer Jungfrau gesandt ... Der Name der Jungfrau war Maria. Der Engel trat bei ihr ein und sagte: Sei gegrüßt, du Begnadete, der Herr ist mit dir.« (Lk 1,26–28).

Gabriel hat in seinem Namen das hebräische Wort »El« wie bei Michael und Raphael. Das bedeutet »Gott«. Sein Name heißt »Stärke Gottes«, weil dieser Engel das Wirken Gottes mitteilt.

Gans

Die Gans ist das typische Tier, an dem man den hl. Martin erkennen kann. Als er zum Bischof gewählt werden sollte, versteckte er sich in einem Gänsestall und wurde durch deren Geschnatter verraten.

Garten

Der Garten steht für das Paradies. In der Spätgotik und dann in der Renaissance werden Motive des Gartens in die Bildgestaltung sowohl der liturgischen Bücher wie der Kirchen aufgenommen. In der Spätgotik werden

Das Paradiesgärtlein, Frankfurt am Main, um 1410.

Pflanzenmotive im Gewölbe der Klosterkirche Blaubeuren.

Pflanzenmotive in die Architektur integriert. Säulen und Gewölberippen werden als Äste geformt und die Gewölbe mit Blumenmotiven ausgemalt, die den Kirchen den Charakter von »Himmelslauben« geben. In der symbolischen Ausgestaltung vieler Marienbilder wird das Gartenmotiv aufgenommen, als → hortus conclusus, übersetzt »verschlossener Garten«.

Geheime Offenbarung

Das letzte Buch der Bibel ist als Offenbarung, → Apokalypse, als Bericht über den Endkampf gegen die dämonischen Mächte angelegt. Das Buch beginnt mit den Worten »Offenbarung Jesu Christi, die Gott ihm gegeben hat, damit er seinen Knechten zeigt, was bald geschehen muss; und er hat es durch seinen Engel, den er sandte, seinem Knecht Johannes gezeigt. Dieser hat das Wort Gottes und das Zeugnis Jesu Christi bezeugt: alles, was er geschaut hat.« (Offb 1,1–2)

Johannes wird mit dem Autor des Johannesevangeliums und der Johannesbriefe identifiziert.

Gemmenkreuz

Dieses durch Edelsteine verzierte Kreuz stellt den Sieg Jesu über den Tod dar. Der Begriff Gemme kommt von Vertiefung bzw. Erhöhung eines Gegenstandes.

Gesetzestafeln

Im zweiten Buch der Bibel, Exodus, ist der konstituierende Akt beschrieben, der den Bund, den Gott mit dem Volk Israel schließt, inhaltlich bestimmt. Es sind die Gebote, die dem Volk und den Einzelnen den Weg zum Leben weisen. Diese Tafeln bringt Mose vom Berg aus seiner Begegnung mit Gott mit in das Lager und stößt auf ein Volk, das um das goldene Kalb tanzt. Er zerschlägt aus Wut die Tafeln, fertigt sie aber dann neu an.

Glaube, Hoffnung, Liebe

Diese Drei gelten als die göttlichen → Tugenden. Diese Tugenden haben deshalb das Attribut »göttlich«, weil sie sich auf die himmlische Wirklichkeit beziehen. Die christliche Lehre geht davon aus, dass der Glaube nicht einfach vom Menschen erbracht, sondern ihm durch den Geist Gottes geschenkt wird, ebenso die Hoffnung auf ein ewiges Leben. Die Liebe wird von der Erotik unterschieden, da sie sich von der

Liebe Jesu zu den Menschen inspirieren lässt. Dem Glauben ist die Farbe Blau, der Hoffnung die Farbe Grün, der Liebe die Farbe Rot zugeordnet. Vor allem im Barock werden die Tugenden als Frauengestalten vorgestellt.

Die vier Kardinaltugenden werden »natürlich« genannt, weil sie sich auf die Bewältigung eines sittlichen Lebens beziehen und durch philosophische Überlegungen begründen lassen. Es sind die Klugheit, die Gerechtigkeit, die Tapferkeit sowie Zucht und Maß.

Glocken

Die großen Glocken, die erst seit dem 14. Jahrhundert gegossen wurden, haben in Zimbeln, Glöckchen und den kleineren Glocken, mit denen in den Klöstern zum Gebet gerufen wird, ihre Vorläufer. Im Gottesdienst selbst

Die St. Petersglocke im Kölner Dom ist die größte freischwingend läutbare Glocke der Welt.

gibt es die Schellen oder kleinen Glöckchen, die meist zu viert zusammengebunden, von den Messdienern zur Wandlung erklingen. Ebenfalls zur Wandlung in der Eucharistiefeier erklingen Glocken im Turm, um die, die nicht am Gottesdienst teilnehmen, auf diesen wichtigen Punkt im Ablauf der Messe aufmerksam zu machen.

Gnadenstuhl, Stuttgart, 1213.

Gnadenstuhl

Gott Vater hält das Kreuz mit dem Gekreuzigten in beiden Händen, über ihnen schwebt der Heilige Geist als Taube. Diese Darstellung entwickelt sich im späten Mittelalter und ist im

Gottvater hält den Gekreuzigten, St. Andrä in Salzburg.

Barock ein häufiges Motiv. Das Bild wird deshalb in den Zusammenhang mit der Gnade gebracht, weil der für die Sünder Gekreuzigte das Erbarmen des Vaters gegenüber den Menschen darstellt. Das Wort wurde von Luther für das Wort »Thron« genutzt, auf dem Gott sitzt.

Gold

Dieses Metall symbolisiert das Ewige, die himmlische Herkunft, den himmlischen Glanz und höchste Herrlichkeit. Gold ist elementar, es kann schmelzen, und man kann es bearbeiten. Und trotzdem bleibt es Gold und damit Zeichen dafür, dass das Göttliche trotz aller Eingriffe und Verdunklung durch den Menschen das Göttliche bleibt. Gold korrespondiert auch mit der Farbe des in der Messe gebrauchten Weins.

Gottvater

Über Jahrhunderte wurde Gottvater nicht im Bild dargestellt. Das Neue Testament entwirft kein Bild von Gott. Allein, dass Jesus sich »Sohn« nennt, gibt einen Hinweis auf Gott als den Vater. Im Vaterunser wird Gott so angeredet. In der Buchmalerei wird nur eine Hand gezeigt, die aus einer Wolke über einem Menschen, z.B. Abraham, als Bild für eine Offenbarung erscheint. Bereits im späten Mittelalter wird der sog. → Gnadenstuhl gemalt: Ein alter Mann hält das Kreuz mit dem Gekreuzigten, über ihnen schwebt der Geist in Gestalt einer Taube. Im Barock gibt es dann viele Darstellungen der Dreifaltigkeit, meist im Zusammenhang mit Altarbildern von der Aufnahme Mariens in den Himmel. Vater, Sohn und der Geist, immer als Taube dargestellt, empfangen Maria, die von Engeln nach oben getragen werden. Das Bild des alten Mannes findet sich im Buch Daniel: »Ich sah immer noch hin; da wurden Throne aufgestellt und ein Hochbetagter nahm Platz. Sein Gewand war weiß wie Schnee, sein Haar wie reine Wolle. Feuerflammen waren sein Thron und dessen Räder waren loderndes Feuer.« (Dan 7,9)

Grab, Heiliges

Vor allem in der Gotik wurde die Grablegung Jesu durch große Skulpturen dargestellt. Um das Grab stehen die in den Evangelien erwähnten Personen: »Gegen Abend kam ein reicher Mann aus Arimathäa namens Josef; auch er war ein Jünger Jesu. Er ging zu Pilatus und bat um den Leichnam Jesu. Da befahl Pilatus, ihm den Leichnam zu überlassen. Josef nahm ihn und hüllte ihn in ein reines Leinentuch. Dann legte er ihn in ein neues Grab, das er für sich selbst in einen Felsen hatte hauen lassen. Er wälzte einen großen Stein vor den Eingang des Grabes und ging weg. Auch Maria aus Magdala und die andere Maria waren dort; sie saßen dem Grab gegenüber.« (Mt 27, 57−61)

Häufig ist das Heilige Grab in einer Nische an der Außenmauer einer Kirche aufgestellt, es findet sich jedoch auch an den Seitenwänden im Innenraum.

Nachbildung des Heiligen Grabes in Görlitz; das Original steht in der Grabeskirche in Jerusalem.

Graduale

Im → Gregorianischen Choral ist das Graduale der Gesang zwischen Lesung und Evangelium. Der Name leitet sich davon her, dass der Vorsänger auf den Stufen des → Ambo stand. Graduale heißt dann auch das Notenbuch, in dem die Gesangstexte für die Messfeier gedruckt sind. Vor der Entwicklung der Druckkunst hatte nicht jedes Chormitglied ein eigenes Buch, sondern es gab ein großes Buch für alle Sänger. Da der Gregorianische Choral einstimmig gesungen wird, war das ohne Schwierigkeiten möglich. In Kiedrich im Rheingau wird heute noch der Choral aus nur einem großen Buch gesungen.

Granatapfel

Diese Frucht kannten bereits die Ägypter. Sie gilt als Heilmittel, was auch die moderne Forschung bestätigt, so gegen Kreislaufbeschwerden und Blutdruck. Der Name leitet sich von »granae«, dem lateinischen Wort für Kerne, Körner, her. Der Granatapfel hat viele Kerne, die ihn auch zum Symbol für Fruchtbarkeit machen. Im Hohenlied steht der Granatapfel für die Schönheit der Braut (Hld 4,3; 6,7). Die rote Farbe der Kerne und des Fleisches werden auch manchmal als Symbol für das Blut des Gekreuzigten gesehen. Wenn Maria mit einem Granatapfel dargestellt wird, soll die große Zahl ihrer Tugenden zum Ausdruck gebracht werden.

Gregorianischer Choral

Einstimmige Vokalmusik, die auf den Papst Gregor den Großen zurückgeführt wird, der um 600 die römische Liturgie neu ordnete. Diese Liturgie kannte bereits einstimmige Gesänge. Als Karl der Große die römische Liturgie in seinem Reich einführte, ließ er nicht nur die liturgischen Bücher aus Rom holen, sondern auch Vorsänger. Aus der Anknüpfung an die römische Musiktradition entstanden im 10. und 11. Jahrhundert die Melodien, die bis heute gesungen werden und die benediktinische Liturgie prägen. Als alle Möglichkeiten des einstimmigen Gesangs ausgeschöpft waren, entwickelte sich im hohen Mittelalter die Mehrstimmigkeit.

Der französische Priester Gueranger belebte im 19. Jahrhundert die benediktinische Tradition wieder und nahm das Choralbuch als Grundlage für den Gesang. Auch in Deutschland kam es im 19. Jahrhundert zu Neugründungen von Benediktinerabteien. Beuron, Maria Laach und Gerleve fühlen sich dem Erbe von Gueranger besonders verpflichtet.

In Kiedrich im Rheingau wird ein eigener, in Deutschland entwickelter Choral gesungen. Diese Tradition wurde im 19. Jahrhundert durch einen englischen Adeligen neu begründet.

Der Choral kennt wechselnde Stücke. Introitus, das Lied zum Einzug, das Halleluja zur Evangeliumsprozession, das Offertorium zur Gabenbereitung und die Communio zum Kommuniongang der Gläubigen wechseln entsprechend dem jeweiligen Fest oder Sonntag. Die Verse sind häufig aus der Bibel entnommen, es gibt jedoch auch eigene Texte, die durch Psalmverse verlängert werden. Dabei wird der Vers, z. B. des Offertoriums, nach jeweils zwei Psalmversen wiederholt. Für die gleichbleibenden Messgesänge Kyrie, Gloria, Sanctus und Agnus Dei gibt es wie bei den Messkompositionen des Barock, der Wiener Klassik und nachfolgender Epochen mehrere Vorlagen, die jeweils einen Namen haben. Am bekanntesten ist die Missa de Angelis. Für das Credo gibt es vier Versionen.

Greif
Ein Tier mit einem Vogelkopf auf einem Löwenkörper, das Flügel trägt, ist vorchristlich und bis nach Indien zu finden. Das Tier drückt wie die Tiere der vier Evangelisten Kraft, Verstand aus. Bei den Griechen ist der Greif das Reittier Apolls. Da diese Tierdarstellung häufig von den Persern benutzt wurde, gilt er bei den Juden als Symbol für die Perser. Im Mittelalter findet sich der Greif häufig in der Heraldik.

Größenverhältnisse –
1 : 1, 1 : 2, 2 : 3, 3 : 4
Mittelalterliche Kirchen vermitteln auch dem heutigen Besucher eine be-

sondere Harmonie, so dass sich die Menschen in eine mystische Welt versetzt fühlen. Wie erzeugen diese Kirchenräume bis heute eine solche Wirkung? Die Kirchen und Kathedralen wurden aus einer bestimmten Philosophie gebaut, sie haben diese Philoso-

Innenansicht der Kathedrale von Sevilla, größte gotische Kirche der Welt, 1401–1519.

71

phie in ihren Baumaßen dargestellt. Dabei wurden Vorstellungen der platonischen Philosophie aufgegriffen.

Die Grundannahme war, dass die Welt nach bestimmten Baugesetzen geschaffen ist. Wenn man diese Gesetze für die Architektur zugrunde legt, würde der Bau die Harmonie des Kosmos widerspiegeln. Harmonie entsteht durch die abgestimmten Größenverhältnisse. Es überrascht nicht, dass die Größenverhältnisse, die nach der damaligen Vorstellung dem Kosmos zugrunde liegen, sich in Zahlenverhältnissen wiederfinden, denn Wände, Säulen, die Räume müssen entsprechend bestimmten Zahlengrößen gebaut werden. Für einen Raum, der die Vollkommenheit des Kosmos abbilden soll, mussten Längenverhältnisse gefunden werden, die als vollkommen galten. Bereits Pythagoras hatte diese Verhältnisse in Zahlen definiert: 1 : 1 und 1 : 2 sowie 2 : 3 und 3 : 4 galten seit diesem Mathematiker des Altertums als vollkommen. Plato hatte diese Lehre in seinem Dialog Timaios über den Aufbau des Kosmos weitergeführt, und im 5. Jahrhundert hat der Theologe Augustinus die gleiche Auffassung vertreten. In der Schule von Chartres wurden diese Theorien im 12. Jahrhundert aufgegriffen und theologisch interpretiert. Man konnte an Augustinus anknüpfen, denn dieser hatte bereits die Geometrie als etwas Ewiges erklärt, d.h. die Geometrie gilt nicht nur für

die geschaffene Welt, sondern auch für die himmlische Welt. Die irdische Welt unterscheidet sich von der himmlischen also nicht durch ihre Konstruktionsprinzipien, sondern durch ihre Materialität. Die ewig gültigen Maße sind durch den Schöpfer der Materie eingeformt. Dieser Gedanke lag schon der Vorstellung des Plato zugrunde. Gott legt für seine Gestaltung des Kosmos die Größenverhältnisse fest. 1 : 1 gilt für die Vierung, 1 : 2 ist oft das Verhältnis von Breite zur Höhe des Mittelschiffes, 2 : 3 und 3 : 4 finden sich eher in den Seitenschiffen und im Chor. So kann der Mensch im Betrachten der Schöpfung den Gestaltungswillen Gottes erkennen und in der Raumkonzeption einer Kirche nachbilden.

Die mittelalterlichen Baumeister suchten natürlich auch in der Bibel nach Anhaltspunkten, wie sie die Kirchen als Haus Gottes konstruieren konnten. Denn wenn in der Bibel Bauanleitungen zu finden sind, kann der Baumeister davon ausgehen, dass er nicht nur ein Menschenwerk vollbringt, sondern ein Bauwerk errichtet, welches die Menschen zu Gott führt.

Vier Texte wurden im Mittelalter herangezogen, die Vorgaben für den Bau beinhalteten:

1. Bau der Arche (Gen 6,14–16)
2. Bau des ersten Tempels, den der König Salomo errichten ließ (1 Kön 6)

3. Wiederaufbau des Tempels, für den sich beim Propheten Ezechiel genaue Zahlenangaben finden (Ez 41–42)

4. Bau des neuen Jerusalem, das nach der Offenbarung des Johannes nicht mehr auf der Erde gebaut werden muss, sondern das vom Himmel herab schweben wird (Offb 21)

Die Breite der Arche war mit 50 Ellen, die Höhe mit 20 Ellen vorgegeben (2 : 5), die Längenverhältnisse des salomonischen Tempels mit dem Verhältnis Höhe zu Breite mit 20 zu 30 Ellen, also 2 : 3. In all diesen Vorgaben, die nicht vom Menschen erdacht, sondern durch Gott geoffenbart wurden, finden sich die gleichen Größenverhältnisse, wie sie bereits von Pythagoras herausgestellt wurden. Das bestätigte die mittelalterlichen Denker darin, dass die Erkenntnis der Schöpfung zur Erkenntnis Gottes führt. Zu dieser Erkenntnis soll nach dem Willen der Bauleute und ihrer Auftraggeber der Mensch geführt werden, der eine Kirche betritt.

Gürtel

Einen Gürtel tragen die Benediktiner, einen Strick die Franziskaner, mit einem → Zingulum umgürten Priester und Diakon die Albe, über die sie dann noch das → Messgewand ziehen.

In der Bibel steht der Gürtel für Gerechtigkeit und Kraft, mit der Gott den Berufenen umgürtet.

Für das Geschlechtsleben signalisiert der Gürtel Schutz des Genitalbereiches und Abgrenzung. Deshalb tragen bereits die Eremiten und heute noch Mönche und Nonnen den Gürtel als Zeichen geschlechtlicher Enthaltsamkeit.

Denkmal des Missionars und Franziskaners Fra Juniper Serra auf Mallorca mit einem Strick als einen Gürtel und Rosenkranz.

H

Hahn

Der Hahn ist der Sonne zugeordnet, er ist ihr Bote. Deshalb ist er das Tier des jeweiligen Sonnengottes, im griechischen Götterhimmel des Apoll.

Im Neuen Testament wird mit dem Hahn die Voraussage Jesu verknüpft: »Da sagte Petrus zu ihm: Auch wenn alle (an dir) Anstoß nehmen – ich nicht! Jesus antwortete ihm: Amen, ich sage dir: Noch heute Nacht, ehe der Hahn zweimal kräht, wirst du mich dreimal verleugnen.« (Mk 14,29–30)

Hand

Sie ist in sich ein Symbol. Sie steht geöffnet für das Empfangen und ausgestreckt für Wegweisung und Handeln. Die Hand Gottes wird in den frühchristlichen Fresken und Mosaiken von oben, aus dem Himmel kommend, dargestellt. Meist deutet die Hand auf eine Berufung hin. In Bezug auf Gott stellt die rechte Hand Gottes Barmherzigkeit dar, die linke seine Gerechtigkeit. Deshalb segnet der Priester mit der rechten Hand, während der König mit der linken Hand regiert.

Wenn beide Arme ausgebreitet und die Hände nach oben gehalten werden, ist das der körperliche Ausdruck für Gebet. In der Liturgie segnen Hände im Auftrag Gottes, sie salben den Menschen bei der Taufe, bei der Pries-

terweihe und auf dem Krankenbett mit geweihtem Öl. Beim Friedensgruß im Gottesdienst drückt die Hand Versöhnung und Gemeinschaft aus.

Hände, Auflegung der

Mit der Auflegung der Hände, meist auf den Kopf, wird ein Amt übertragen. »Hände auflegen« ist schon im Neuen Testament der Begriff für eine Weihehandlung. Im 1. Timotheusbrief findet sich folgende Mahnung: »Lege keinem vorschnell die Hände auf und mach dich nicht mitschuldig an fremden Sünden; bewahre dich rein!« (1 Tim 5,22)

Das Fresko aus dem Dom von Amalfi zeigt Christus mit einer Segensgeste.

König David als Harfenspieler am Orgelprospekt der Stadtpfarrkirche in Landsberg am Lech.

Hände, ausgestreckte

Nicht die gefalteten, sondern die ausgebreiteten Hände unterstützen das Gebet in der Liturgie. Der Zelebrant breitet die Arme aus und winkelt die Unterarme nach oben. Diese Gestik unterstreicht ein feierliches Gebet und wird → Orantehaltung genannt.

Harfe

Wenn eine Figur in der Kirche eine Harfe in der Hand hält, dann ist meist der Psalmendichter König David dargestellt.

Hase, Osterhase

In der byzantinischen Kirche gilt der Hase als Symbol für die Auferstehung,

König David, Quedlinburg, 17. Jhd.

weil er beim Schlafen die Augen nicht schließen soll, ein Bild dafür, dass Jesus nicht im Tod geblieben ist. Gleiches wird in der Antike vom → Löwen gesagt. Der Osterhase als durchgängiges Symboltier für Ostern kam erst im 19. Jahrhundert auf, als genügend Kakao und Zucker zur Schokoladenherstellung zur Verfügung standen. Auch der eierlegende Osterhase ist eine neuere Bildgebung, die sich möglicherweise von seiner Fortbewegung herleitet. Er hoppelt und bleibt dann sitzen, als ob er etwas ausbrüten oder ein Ei legen würde.

Im Kreuzgang des Paderborner Doms dienen drei Hasen der Darstellung der Dreifaltigkeit. Die Hasen sind kreisförmig gemeißelt, so dass drei Ohren genügen, damit jeder Hase zwei Ohren hat.

Heilige, Heiligenschein (Aura)

Heilige sind Vorbilder im Glauben und Helfer bei Gott. Um die Vielzahl der Heiligen unterscheidbar zu machen, haben sie Attribute, die z. B. ihre Todesart als Märtyrer für den Glauben bezeugen. Daher trägt Petrus das Petruskreuz, Paulus das Schwert, Andreas das nach ihm benannte Andreaskreuz, Bonifatius ein Schwert im Evangelienbuch, denn er wollte sich mit dem erhobenen Evangelium schützen, als er durch ein Schwert umgebracht wurde.

Häufig verweisen die Attribute auch auf bekannte Taten und Wunder aus dem Leben der Heiligen, wie etwa im Falle der Mantelteilung des Martin von Tour.

Oberhalb der Augenhöhe des Betrachters sind Menschen dargestellt, die oft mit dem Heiligenschein eine besondere Aura erhalten. Es sind die Menschen, die die Vollendung erlangt haben, die Gott im Himmel schauen.

Darstellung des ungläubigen Thomas.

Die Ikonostase der orthodoxen Kirchen besteht aus Bildern mit Heiligen, die den Beter aus dem Bereich des Himmels anblicken.

Herz

Das Herz ist das Symbol für pulsierendes Leben. Es ist sozusagen der »springende Punkt« im Menschen, der Ort, von dem alles Gute und Böse, die Barmherzigkeit wie die Herzensverhärtung, entspringen. Ebenso wie als Ausdruck der Menschenliebe bezeichnet es die Liebe zu Gott. Daher wurde es als Attribut vieler Heiliger (z.B. Augustinus) verwendet oder als Personifikation der Liebe, einer der drei göttlichen → Tugenden (→ Glaube, Hoffnung, Liebe). Das Herz-Jesu-Bild als besondere Form des Christusbildes entstand im hohen Mittelalter durch die Einwirkung der Mystik. Andachtsbilder zeigen das blutende Herz zusammen mit den Leidenswerkzeugen, mit denen Jesus am Kreuz gefoltert wurde, oder auch Jesu Stigmata. Oft ist das Herz Mittelpunkt des gekreuzigten Christus, Engel fangen das Blut aus den fünf Wunden in Kelchen auf. Die Visionen der Marguerite-Marie Alacoque (1647–1690) gaben der Herz-Jesu-Verehrung einen besonderen Aufschwung. Für das 18. Jahrhundert wird das Herz mit der klaffenden Seitenwunde, aus der Flammen schlagen und aus dem häufig ein Kreuz wächst, typisch. 1856 wurde das Fest für die ganze katholische Kirche einge-

Herz-Jesu-Darstellung, Cementerio von Adeje auf Teneriffa.

führt. Es wird am Freitag in der Woche nach Fronleichnam gefeiert.

Himmelssymbolik

In der Zeit der Verfolgung trafen sich die Christen in Privathäusern. Dann wählten sie die städtische Versammlungshalle, die Basilika, zu ihrem Treffpunkt. Kaiser Konstantin baute ihnen die Lateranbasilika, eine der Papstkirchen Roms. Eine theologisch begründete Idee für den Kirchbau wurde anfangs für nicht notwendig gehalten, denn die Kirche war die Versammlung der Gläubigen. → »Ekklesia«, das griechische Wort für Kirche, bedeutet »die Herausgerufenen«. So

Der barocke Blick in den Himmel, Abteikirche Neresheim.

beginnt der 1. Korintherbrief: »Paulus, durch Gottes Willen berufener Apostel Jesu Christi, und der Bruder Sosthenes an die Kirche Gottes, die in Korinth ist, an die Geheiligten in Christus Jesus, berufen als Heilige mit allen, die den Namen Jesu Christi, unseres Herrn, überall anrufen.« (1 Kor 1,1–2) Eine Besonderheit hat die Basilika. Während die Decke flach ist, wird die Apsis überwölbt. Wer unter der Wölbung sitzt, hat eine vom Himmel gegebene Autorität. Je mehr das Christentum zu einer tragenden gesellschaftlichen Kraft wurde, desto

bedeutsamer wurden seine Bauten. Die Hagia Sophia, die Kirche der heiligen Weisheit in Konstantinopel, hat bereits eine große Kuppel. Vorbild für den Kuppelbau war das Pantheon in Rom, ein Verehrungsort für »alle Götter« von griechisch »pan« für »alle« und Theos = Gott. Hier war bereits die Himmelssymbolik in der Kuppel das vorherrschende Motiv für ein religiöses Bauwerk.

Das Gewölbe wird zur Himmelssymbolik. Wie die Kirchen im oströmischen Reich variieren die Romanik, die Gotik und der Barock dieses The-

Das Pantheon in Rom.

Dabei bleibt der Beter noch auf der Erde, während die Heiligen erhöht sind, sie stehen in halber Höhe an den Säulen oder werden auf barocken Deckengemälden bei ihrem Einzug in den Himmel gezeigt.

Hirsch

Der Hirsch gilt als Lichtbringer, sein Geweih wird selbst als Lichtstrahl gesehen. Im Alten Testament steht der Hirsch für die Gott-Suche: »Wie der Hirsch lechzt nach frischem Wasser, so lechzt meine Seele, Gott, nach dir. Meine Seele dürstet nach Gott, nach dem lebendigen Gott. Wann darf ich kommen, und Gottes Antlitz schauen?« (Ps 42,2–3) Da der Psalm in der Osternacht bei der Tauffeier gesungen wurde, kommt der Hirsch im Umfeld von Taufkapellen vor. Im Mittelalter findet sich der Hirsch auf vielen Gemälden als Zeichen für Schnelligkeit und Erneuerung, da sich sein Geweih jährlich erneuert. Auf der Flucht kann er den Menschen darstellen, der vom Bösen verfolgt wird. Wenn der Hirsch mit Schlangen dargestellt wird, so geht das auf die Vorstellung zurück, der Hirsch ziehe mit seinem Atem Schlangen aus ihrem Versteck und fresse sie auf.

Hirte

In Kirchen, die nach dem Ende der römischen Verfolgungen gebaut werden konnten, wird Christus in der Apsis

ma. Die Romanik baut über der Vierung eine Kuppel. Gotik und Romanik malen die Gewölbe blau aus und setzen Sterne in den gemalten Himmel. Der Barock gewährt einen Blick in die himmlische Welt.
Die Vorbauten geleiten den Eintretenden von der irdischen Welt in die himmlische Welt. Romanische und gotische Kirche haben im Tympanon über dem Westportal oft das Letzte Gericht dargestellt, d. h., wer in die Kirche eintritt, ist bereits durch das Gericht gegangen und damit im Himmel.
Wer sich unter dem Himmel versammelt, ist im Raum Gottes angekommen und gewinnt Zugang zu Gott.

häufig als Hirte dargestellt, die Schafe sind die Gläubigen. Das geht auf das Gleichnis des Guten Hirten zurück (vgl. Joh 10, Lk 15). Von diesem Gleichnis ausgehend wird Jesus als Hirte

Der Anker als Symbol für die Hoffnung an einem Grabstein in Pontresina.

dargestellt, der ein Schaf auf den Schultern trägt. Der Gute Hirte war in der frühen Kirche das am meisten gebrauchte Bild für Christus, im Mittelalter wurde es das Kreuz.

Hoffnung

Eine der drei göttlichen → Tugenden, der die Farbe Grün zugeordnet ist. Die Hoffnung ist anders zu verstehen als Optimismus, nämlich als das im Glauben begründete Vertrauen auf Gott, dass er sein Reich verwirklichen und dem Menschen ein Leben nach dem Tod schenken wird.

Hölle

Das Gegenbild zum Himmel ist die Hölle. Sei wird als Ort großer Hitze dargestellt. Während der Himmel über den Menschen lokalisiert wird, liegt die Hölle unter der Erde. Hinter dieser Bildsprache steht die Aussage, dass die Hölle der Ort der Abwesenheit Gottes ist, in der der Gegenspieler Gottes, der Teufel, seine Herrschaft ausübt. Wird die Hölle einer theologischen Reflexion unterzogen, dann wird man sich von der Vorstellung verabschieden, sie sei Herrschaftsbereich des Teufels. Dessen Herrschaftsgebiet muss auf der Ebene der Geschichte gesucht werden. Die Hölle als endgültiger existentieller Ort bezeichnet dann nicht die Sphäre, in der der Teufel die Seelen, die er sich unterwerfen konnte, nach Beliebigkeit quält, sondern als die Abwesenheit Gottes. Die Hölle ist dann weniger ein äußerer Ort, sondern findet sich im Menschen selbst.

Höllenfahrt, Höllenabstieg Jesu

Es finden sich, vor allem in der Ikonenmalerei, Darstellungen, die Jesus in der Unterwelt zeigen. Das geht auf den 1. Petrusbrief zurück: »Denn auch Christus ist der Sünden wegen ein einziges Mal gestorben, er, der Gerechte, für die Ungerechten, um euch zu Gott hinzuführen; dem Fleisch nach wurde er getötet, dem Geist nach lebendig gemacht. So ist er auch zu den Geistern gegangen, die im Gefängnis waren, und hat ihnen gepredigt.« (1 Petr 3,19–20) Im Glaubensbekenntnis wird von Jesus gesagt: »hinabgestiegen in das Reich des Todes«. In manchen Bildern wird dargestellt, dass Jesus Adam und Eva aus dem Totenreich befreit. Diese Aussage bedeutet, dass Jesus nicht nur für die Menschen gestorben ist, die zu seiner Zeit lebten bzw. nach ihm geboren wurden, sondern dass er auch die bereits Toten von ihrer Schuld befreit und in den Himmel geholt hat.

Hore

Das Wort kommt vom lateinischen hora = Stunde. Zu bestimmten Stunden versammeln sich Mönche und Kleriker zum → Stundengebet im Chor der Kirche. Einige der Gebete werden entsprechend der Tageszeit bezeichnet, so Terz, Sext, Non, die zur dritten, sechsten, neunten Stunde der antiken Zeitrechnung gebetet werden, nämlich um 9, 12 und 15 Uhr.

Hörner

Hörner von Rindern dienten als Musikinstrumente. Anders als die Flöte repräsentieren die Hörner Kraft. An

Christus in der Vorhölle, Heimbach, um 1520.

81

jüdischen wie an Altären der Kulte Palästinas waren Hörner angebracht, wahrscheinlich ursprünglich nur eine nach oben geführte Ausbuchtung der vier Ecken der Altarplatte: »Dann mach aus Akazienholz den Altar, fünf Ellen lang und fünf Ellen breit – der Altar soll also quadratisch sein – und drei Ellen hoch. Mach ihm Hörner an seinen vier Ecken – seine Hörner sollen mit ihm ein Ganzes bilden –, und überzieh ihn mit Kupfer!« (Ex 27,1–2)

→ Mose wird mit Hörnern dargestellt, diese deuten auf den Glanz seines Gesichtes, das strahlte, als er vom Berg Sinai herabkam: »Als Mose vom Sinai heruntersteig, hatte er die beiden Tafeln der Bundesurkunde in der Hand. Während Mose vom Berg heruntersteig, wusste er nicht, dass die Haut seines Gesichtes Licht ausstrahlte, weil er mit dem Herrn geredet hatte.« (Ex 34,29)

Hortus conclusus

Dieser lateinische Ausdruck steht für einen »verschlossenen → Garten«. Das Motiv findet sich häufig in der späten Gotik, Maria mit dem Kind in einem ummauerten Garten. Das Bild ist dem Hohenlied des Alten Testaments entnommen. In Kap. 4,12 heißt es dort: »Ein verschlossener Garten ist meine Schwester Braut, ein verschlossener Garten, ein versiegelter Quell.« Das Hohelied ist ein Liebesgedicht, das allegorisch (→ Allegorie) auf die Beziehung der Seele zu Gott ausgelegt wird. Weiter wird in der Braut die Kirche gesehen, im Zentrum der Kirche steht Maria. Das Hohelied hat die deutsche Frauenmystik inspiriert.

Hungertuch

Nach dem fünften Sonntag der Fastenzeit werden die Kreuze und auch Altarbilder in der Kirche verhüllt. Dies soll einmal ein »Fasten« des Schauens ermöglichen. Zudem ist es Ausdruck der Trauer, denn mit dem 5. Fastensonntag, der auch Passionssonntag heißt, beginnt die Konzentration auf die Verurteilung und die Hinrichtung Jesu. Die Hungertücher waren zuerst einfach gehalten, wurden im späten Mittelalter dann aber immer mehr gestaltet. Heute dienen meist einfache violette Tücher der Verhüllung. Den Brauch des Fastentuchs hat das Hilfswerk für die Dritte Welt, Misereor, wieder belebt. Diese Tücher dienen nicht der Verhüllung, sondern Künstler aus der Dritten Welt greifen ein Motiv der Fastenzeit auf. Diese Tücher werden während der Fastenzeit in den Kirchen aufgehängt.

I

IHS

Das Trigramm, drei Buchstaben, leitet sich vom Namen Jesus her, der im Mittelalter Jhesus geschrieben wurde. Es wird auch auf das Zeichen gedeutet, unter dem Konstantin an der Milvischen Brücke die Schlacht gewann: In hoc signo vinces: In diesem Zeichen wirst du siegen. Es kann als »Jesus Hominum Salvator«: Jesus, der Menschen Erlöser« gelesen werden. Im späten Mittelalter löste dieses Zeichen das Chi/Rho ab. Von den Jesuiten wurde es übernommen und findet sich an den von ihnen erbauten Kirchen und später an den Barockkirchen.

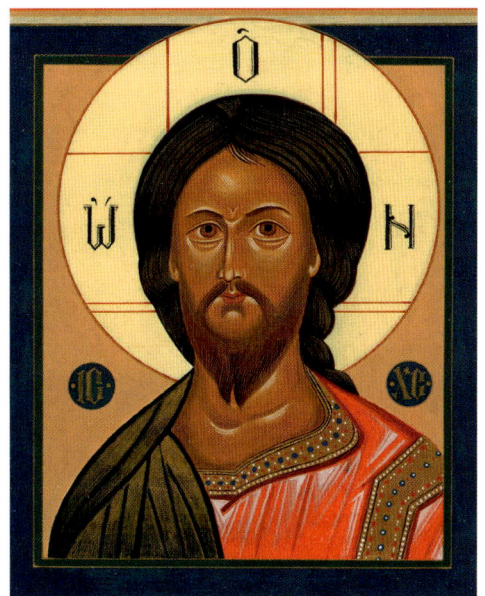

Orthodoxe Christusikone.

In der Mitte des Ornaments sind die Buchstaben IHS erkennbar, Wallfahrtsort Kevelaer.

Ikone, Ikonostase, Ikonoklasmus

Das Wort kommt vom griechischen Ikon = Bild. In den orthodoxen Kirchen trennt eine Wand mit Ikonen, die Ikonostase, den Altarbereich von dem Kirchenraum. Wie in der abendländischen Liturgie bedeuten die Ikonen die Anwesenheit der Heiligen und der Engel bei der Feier der Liturgie. Um die Erlaubtheit der bildlichen Darstellung von Jesus, Maria und den Heiligen gab es im 8. Jahrhundert eine erbitterte theologische Auseinandersetzung. Bilder wurden zerstört, dafür steht das Wort Ikonoklasmus. Die Anhänger dieser Richtung konnten sich auf das Alte Testament stützen, wo ausdrücklich in den Zehn Geboten verboten wird, ein Bild von Gott herzustellen (vgl. Ex 20,4). Damit sollte sich Israel vom Bilderkult der umliegenden Religionen unterscheiden. Wegen des Ikonoklasmus sind im Osten nur wenige Ikonen aus älterer Zeit erhalten. Im Abendland räumte die

Reformation mit der Überfülle der Bilder der späten Gotik auf, die Anhänger Calvins verbannten jedes Bild und jede Skulptur aus der Kirche. Eine grundlegende Klärung brachte das zweite Konzil von Nicäa im Jahr 787. Es erlaubte die Darstellung Jesu und der Heiligen, weil Gott selbst die Gestalt eines Menschen angenommen hat. Das wahre Bild Christi wird im → Schweißtuch der Veronika gesehen, weil der Name lateinisch als vera ikon, wahres Bild gedeutet wurde.

Ikonen werden nach Vorlagen »geschrieben«, nicht gemalt, das Schreiben selbst wird weniger als künstlerischer Ausdruck verstanden, sondern als ein Gebet. Durch Weihrauch und Küssen werden die Ikonen verehrt, jedoch nicht das Bild selbst, sondern die auf dem Bild Dargestellten.

INRI

Diese vier Buchstaben finden sich auf Kreuzen. Die Anfangsbuchstaben geben in Latein die Worte »Jesus, Nazaret, Rex, Judäorum« = »Jesus von Nazaret, König der Juden« wieder. Eine Tafel dieses Inhalts ließ Pilatus am Kreuz anbringen, was sogar zu Protesten der jüdischen Obrigkeit führte: »Pilatus ließ auch ein Schild anfertigen und oben am Kreuz befestigen; die Inschrift lautete: Jesus von Nazaret, der König der Juden. Dieses Schild lasen viele Juden, weil der Platz, wo Jesus gekreuzigt wurde, nahe bei der Stadt lag. Die Inschrift war hebräisch, lateinisch und griechisch abgefasst. Die Hohenpriester der Juden sagten zu Pilatus: Schreib nicht: Der König der Juden, sondern dass er gesagt hat: Ich bin der König der Juden. Pilatus antwortete: Was ich geschrieben habe, habe ich geschrieben.« (Joh 19,19–22) Von der Inschrift leitet sich der Titel »König« für Jesus her, denn wenn ein Heide Jesus so betitelt, dann ist das umso mehr glaubwürdig. Entsprechend diesem Titel verstanden sich die mittelalterlichen Könige als Stellvertreter Christi. Die Tafel wird in der römischen Kirche Santa Croce in Gerusalemme aufbewahrt.

INRI-Aufschrift auf einem Kruzifix.

J

Jerusalem

Diese Stadt ist nicht nur der Ort der Kreuzigung und der Auferstehung Jesu, sondern auch die Stadt, in der die Wiederkunft des Menschensohnes und somit das Ende der Geschichte erwartet wird. Jerusalem enthält die semitischen Wortwurzeln »sehen« (jeru) und »Frieden, Vollkommenheit« (Salem, Shalom).

Jerusalem ist der Ort der Gottesverehrung und wird als »neue Stadt« in der Offenbarung des Johannes angekündigt: »Da entrückte er mich in der Verzückung auf einen großen, hohen Berg und zeigte mir die heilige Stadt Jerusalem, wie sie von Gott her vom Himmel herabkam.« (Offb 21,10) Wenn es dann im gleichen Kapitel in den Versen 22 und 23 heißt: »Einen Tempel sah ich nicht in der Stadt. Denn der Herr, ihr Gott, der Herrscher über die ganze Schöpfung, ist ihr Tempel, er und das Lamm. Die Stadt braucht weder Sonne noch Mond, die ihr leuchten, denn die Herrlichkeit Gottes erleuchtet sie, und ihre Leuchte ist das Lamm«, fanden die Theologen und Baumeister hier die Bauanleitung für die Kirchen. Die Kirche, als Neues Jerusalem gebaut, ist der Ort, wo Gott selbst anwesend ist. Das → Lamm ist im eucharistischen Brot gegenwärtig und wird im → Taberna-kel aufgehoben und angebetet. Romanik und Gotik haben sich an dieser Bibelstelle orientiert.

Jesuitenkirche, die Epoche zwischen Renaissance und Barock

Bereits im 16. Jahrhundert gründeten die Jesuiten in ganz Europa Kollegien, Höhere Schulen, die auch Fakultäten beherbergten. Jedes Kolleg hatte eine Kirche, die sich an der Konzeption von Il Gesu, der ersten vom Jesuitenorden gebauten Kirche orientiert. Der

(Klage-)Mauer des zerstörten Tempels in Jerusalem.

Stil löst die strenge Form der Renaissance auf, findet aber noch nicht zu den Ellipsen und Hyperbeln des Barock.

Joch

Zwischen jeweils vier Säulen lässt sich ein Gewölbe einsetzen. Manche Joche überspannen auch den Raum zwischen sechs Pfeilern. Ursprünglich bezeichnete Joch den Abstand zwischen zwei Pfeilern, gemessen jeweils vom Mittelpunkt. Meist sind die Joche durch sog. Gurt-Bögen gegliedert. Die → Kreuzrippen-Technik ermöglicht eine besonders leichte Bauweise.

Jona im Bauch des Fisches

Auf Jesus selbst geht der Vergleich zwischen Jona und der Auferstehung zurück. In Matthäus 12,40 heißt es: »Denn wie Jona drei Tage und drei Nächte im Bauch des Fisches war, so wird auch der Menschensohn drei Tage und drei Nächte im Innern der Erde sein.« Jona sollte im Auftrag Gottes der Stadt Ninive predigen, wich aber dem Befehl Gottes aus, indem er auf ein Schiff ging. Als ein großer Sturm das Schiff bedrohte, erkannten die Matrosen in Jona die Ursache. Denn Gott hatte den Sturm geschickt. Sie warfen Jona ins Meer, ein Fisch nahm ihn auf und spie ihn vor Ninive an Land. Die drei Tage und Nächte, die Jona im Bauch des Fisches verbrachte, stehen symbolisch für die

Josefstatue aus der Dorfkirche von Dreilützow.

drei Tage, die Jesus zwischen Karfreitag und Ostern im Grab lag.

Josef

Die Verehrung dieses Heiligen beginnt im Zeitalter des Barock und erreicht im 19. und 20. Jahrhundert ihren Höhepunkt. Deshalb findet sich in vielen neueren Kirchen eine Josefsfigur. In der Gestalt dieses Heiligen begegnet uns ein Mensch, der wachsen lässt. Sein Name bedeutet »Gott fügt hinzu«. Er mehrt nicht sein eigenes, ich-zentriertes Durchsetzen, sondern schafft dem Jesus-Knaben den Lebensraum, in dem er heranwachsen kann. Josef ist der Hausvater, der es auch versteht, Träume zu deuten: »Der Engel des Herrn erschien Josef im Traum ...«, heißt es im Matthäusevangelium; d. h. Josef erkennt, was Gott mit einem Menschen vorhat, wo Gefahren drohen und wie es einen Ausweg aus den Schwierigkeiten gibt.

Deutlich zu sehen ist an seiner Person der Wandel in der Frömmigkeit. Der Patron der Kaufleute und Verwalter (da er für die rechte Finanzierung seiner Familie sorgte) wurde in der Barockzeit zum vielverehrten Patron eines guten Todes und dann im 19. und 20. Jahrhundert zu »Josef dem Handwerker und Arbeiter«. In ihm sahen viele Familienväter ihr Vorbild und ihren Schutzpatron.

Jüngstes Gericht

So lautet eine Bezeichnung für ein Geschehen bei der von Jesus versprochenen Wiederkunft am Ende der Tage. Aus verschiedenen Berichten des Alten und Neuen Testaments entstand die Konzeption des Großen Gerichts, in dem Jesus als Weltenrichter über die Lebenden und Toten richtet, der die Gerechten zum himmlischen Gastmahl, die Verdammten aber in die Hölle schickt. Zu dieser Bildkomposition, die

sehr viele und verschiedene Motive umfassen kann, gehören u. a. die → Majestas Domini, oder die Waage, auf der der Erzengel → Michael die Seelen wiegt. An Westportalen mittelalterlicher Kirchen findet sich die Darstellung des Weltgerichts: Der Kirchenbesucher geht unter dem Weltgericht durch, um in die Kirche einzutreten, die den Himmel symbolisiert. → Tympanon. Gerichtsmotive finden sich auch an den Kirchentüren, an denen Gericht gehalten wurde.

Darstellung des Jüngsten Gerichts an einem Portal der Würzburger Marienkapelle.

K

Kalotte

Abschluss einer Nische, → Konche, meist als Halbkugel oder angeschnittene Halbkugel gestaltet.

Kanzel, St. Gummaruskirche in Lier, 1640–1642.

Kämpfer

Der Stein, auf dem ein Portalbogen oder ein Bogen in der Kirche aufruht, heißt Kämpfer. Oft ragt dieser Stein etwas aus der Wandfläche und bietet Platz für Skulpturen.

Kanzel

Früher und auch heute wieder wird vom Ambo am Rande des Altarraumes gepredigt. Erst im 13. Jahrhundert wurde eine Kanzel mehr in der Mitte der Kirche aufgerichtet. Der Name Cancelli = Schranke weist noch auf den Ursprungsort hin, ein erhöhter Platz im Chorraum, so dass der Prediger gesehen werden konnte. Akustisch ist der sog. Deckel der Kanzel wichtig, denn dieser reflektiert den Schall. Über dem Prediger ist meist das Symbol des Heiligen Geistes, die Taube, zu sehen. Die Kanzel selbst erfüllt ihren Zweck, wenn sie aus Holz ist, sie bildet damit wie ein Cello den Resonanzkasten für die Stimme des Predigers. Außen an der Kanzel finden sich meist die vier Tierzeichen, die die vier → Evangelisten darstellen: Löwe, Stier, Adler, Mensch, oder es werden Kirchenlehrer abgebildet.

Kapelle

Die kleineren Räume für den Gottesdienst stehen einzeln, früher z. B. die Taufkapellen. Sie sind aber auch an große Kirchen angegliedert. Auch Burgen, Schlösser, Krankenhäuser und kirchliche Einrichtungen haben eine Kapelle. Der Name kommt von der Capa, dem Mantel des hl. Martin, der in einem Seitenraum der Bischofskirche von Tours aufbewahrt wurde. Für Reliquien wurden eigens Seitenräume angebaut, die dann auch Kapellen hießen. Ein Kaplan ist der Priester, der nicht die große Kirche, sondern eine Kapelle betreut.

Kapitell

Abschluss einer Säule. Daher kommt auch der Name, nämlich von dem lateinischen Wort für Kopf: caput. Bereits in der Antike wurde der Abschlussstein gestaltet. Unterschieden werden die dorische (niedriger, zylindrischer Stein), die jonische (mit → Voluten) und die korinthische Säule, letztere gestaltet das Kapitell mit → Arkanthus-Laub. Die Kapitelle wurden neben den Portalen in der Romanik erste Plätze für Skulpturen.

Kapuze

Eine an den Habit, das Ordensgewand, angenähte Kopfbedeckung, mit denen Mönche ihr Haupt bedecken, sinnvoll für kalte Kirchen.

Kartusche

Hat sich aus einer Schnur entwickelt, die ursprünglich um Inschriften, Wappen und Namen, z.B. unter Heiligenfiguren geschlungen wurde. Daher sind die meisten dieser Einrah-

Kapitell im Dom von Amalfi.

mungen, die in der Renaissance und im Barock häufig gebraucht wurden, nicht rechteckig, sondern aus Kurven zusammengesetzt.

Kasel

Messgewand, das über der → Albe getragen wird. Das Wort kommt wohl von Casa = Haus. Es wird symbolisch als das Zelt gedeutet, das den Israeliten bis zum Bau des Tempels als Aufbewahrungsort für die Gebotstafeln diente. Das Gewand bedeckt die Arme und wird auch heute wieder so getragen. Diese werden im Mittelalter ausgeschnitten, so dass die Kasel nach vorne wie eine Geige aussieht. Die Kasel der Diakone ist an zwei Streifen erkennbar, die jeweils seitlich vom Kopf senkrecht sowohl über die Vorder- wie über die Rückseite herablaufen. Diese Form der Kasel wird auch → Dalmatik genannt. Die Kaseln wurden im Laufe des Mittelalters und des Barock immer reicher verziert. In den orthodoxen Kirchen heißt die Kasel »Phelonion«.

Kelch

Dieses Gefäß ist ein → Becher mit einem Stiel. Der Kelch nimmt den Wein und einen Tropfen Wasser auf, über die der Priester die Wandlungsworte spricht. Daher ist der Kelch meist mit

Kasel, Metelen, 15. Jhd.

eucharistischen Symbolen oder der Abendmahlsszene verziert. Kelche können einfach aus Ton gebrannt sein, aus Messing, Silber oder Gold getrieben. Biblische Bezüge sprechen von dem Kelch des Heils. Wenn in einer Darstellung, die Jesus vor seiner Gefangennahme betend zeigt, ein Kelch zu sehen ist, spielt das auf das Wort Jesu an: »Vater, wenn du willst, lass diesen Kelch an mir vorübergehen.« Der Kelch kann sowohl auf Heil und Erlösung hindeuten wie auf das Schwere, das der Mensch zu tragen hat.

Kentaur

Auch Zentaur genanntes Tier aus der Sagenwelt mit menschlichem Kopf. Symbolisiert das Böse, das mit Pfeilen auf den → Hirsch, Bild für den Gläubigen, oder auf → Vögel, Bild für die Seele, zielt.

Kerze

Sie steht mit ihrem brennenden Docht für das Gebet. Deshalb brennen sie vor Bildern der Mutter Gottes und werden an Wallfahrtsorten entzündet. Kerzen werden zum Gottesdienst angezündet. Die Taufkerze symbolisiert das neue Licht, das die Taufe im Menschen entzündet hat. Die Osterkerze wird in der Osternacht geweiht und steht im Chorraum während der Osterzeit und oft auch länger. Im Exsultet, dem Osterlob zu Beginn der Osternacht, wird die Kerze besungen:

Kerzen im Wallfahrtsort Kevelaer.

»Diese Kerze, geweiht zur Ehre deines Namens, brenne unermüdlich weiter, um das Dunkel dieser Nacht zu vernichten.

Als lieblicher Opferduft entgegengenommen, mische sie sich unter die Lichter am Himmel. Lodernde Flamme – so soll sie finden der Morgenstern. Jener Morgenstern nämlich, der keinen Untergang kennt: Christus, dein Sohn, der, zurückgekehrt aus denen, die unter der Erde sind, dem Menschengeschlechte heiter aufging und der lebt und herrscht in alle Ewigkeit. Amen.«

Es gibt einen eigenen Tag, an dem die Kerzen für den liturgischen Gebrauch geweiht werden: Maria Lichtmess (heutiger Name des Festtages: »Darstellung des Herrn«). Dieser Tag, vierzig Tage nach Weihnachten, erinnert an ein besonderes Reinigungsopfer für die Mutter Jesu. Am 2. Februar endete traditionell die Winterzeit.

Kette

Die Kette ist mit der Person des Petrus verbunden, denn er und Johannes wurden von dem jüdischen Hohen Rat ins Gefängnis geworfen und zusätzlich mit einer Kette gefangen gehalten. Nach der Apostelgeschichte befreit ein Engel beide.

Kirche/Ecclesia

Sie wird häufig durch eine allegorische Frauengestalt symbolisiert. Sie steht als Frau neben der Synagoge. Letztere ist an den verbundenen Augen erkennbar. Im Barock wird ihr Triumph in den Deckenfresken gezeigt. Auch durch das Symbol des → Schiffes wird sie dargstellt.

Das Wort → Ekklesia kommt aus dem Griechischen und bezeichnet die »Herausgerufenen«, so ruft eine Kirche die Gläubigen mit ihren Glocken aus dem Alltag in den himmlischen Bereich. Kyriakä = Versammlung des Herrn ist die

Wurzel des deutschen Wortes »Kirche«. In dem Wort ist Kyrios, Herr enthalten. Kirche sind diejenigen, die sich der Herrschaft des auferstandenen Christus unterwerfen. Das Kyrie am Beginn der Messfeier ist der Begrüßungsruf, der Christus gilt.

Die moderne Architektur der Kirche am Hohenzollernplatz in Berlin greift das Bild vom Schiff auf.

Kirchenschiff

Die Bezeichnung des Langhauses und der seitlichen Gänge als »Schiff« leitet sich davon her, dass die Kirchenväter die Gemeinschaft der Glaubenden als Schiff bezeichneten, das die Gläubigen aus dem Sturm der Zeit rettet. Daher wird auch die → Arche zum Sinnbild für die Kirche

Klapper

Am Gründonnerstag verstummen die Glocken und auch die von den Messdienern benutzten Schellen oder Klingeln. Diese werden bis zur Osternacht durch Holzklappern ersetzt.

Knien, Kniebeuge

Vor jemanden hinknien ist Ausdruck der Ehrerbietung. Im christlichen Kult gilt die Kniebeuge nur Gott. Man kniet auch, um etwas zu empfangen, so die Hostie oder bei einer Weihe die Handauflegung des Bischofs. Beim Betreten der Kirche wird der im Tabernakel in der Gestalt des Brotes anwesende Christus durch eine Kniebeuge geehrt.

Kommunion, Kommunionbank

Da früher die Kommunion kniend empfangen wurde, wobei der Priester dem Gläubigen die Hostie auf die Zunge legte, gab es am Übergang aus dem Kirchenschiff zum Chorraum eine Stufe, auf die man knien konnte. Die Kommunionbank, meist aus Stein oder Metall, ermöglichte es, sich abzustützen und die Hände auf die Kommunionbank zu legen. Seitdem die Hostie in die Hand gelegt wird, haben die Kommunionbänke ihre Funktion verloren und sind oft abgebaut worden. Wenn sie künstlerisch ausgestaltet waren, dann meist mit Ähren und Weintrauben, die auf Brot und Wein als eucharistische Gaben hinweisen.

Konche
Sind Ausbuchtungen, einer Nische vergleichbar, oft nicht ebenerdig, sondern über einem Sims beginnend. Das Wort kommt von dem lateinischen Wort für Muschel.

König
Jesus Christus stammt aus dem Königsgeschlecht Davids. Er ist der verheißene Messias, der Gesalbte des Herrn (griechisch Christos), der die Königsherrschaft Gottes ankündigt und mit seiner Person verbindet. Als König und Weltenherr wird Christus in den Mosaiken und Darstellungen in der Apsis alter Kirchen dargestellt. Er thront auf der Weltkugel. Wenn Maria mit dem Kind auf dem Arm das zentrale Bild des Altares ist, dann hält das Kind die Weltkugel in der Hand. Wer eine Kirche betritt, geht in den Herrschaftsbereich Gottes hinein und blickt heute meist auf das → Kreuz, das als Zeichen dieser Herrschaft aufgerichtet ist. In der Romanik gestalte-

te Kruzifixe zeigen Christus in königlicher Würde. Königlich wird Christus als der Auferstandene gemalt oder in Skulpturen dargestellt. Die Gesetze des Königreiches sind im Kern die Gottes- und die Nächstenliebe, die sich vom Gottesdienst aus in die Gestaltung des alltäglichen Lebens, in die ganze Stadt, in die Welt hinaus ausbreiten sollen.

Krabben
In Stein gehauene Blumenmotive, die gotisches Mauerwerk schmücken.

Kranz
Er war das Ehrenzeichen des siegreichen Athleten, z.B. bei den Olympischen Spielen der Antike in Form eines Gewindes aus Laub, Blumen u. ä. Das Christusmonogramm war in der frühen Kirche oft von einem Kranz umgeben und bezeichnete so Christus als den Sieger über den Tod (daher häufig auf Sarkophagen) oder – da die siegreichen römischen Kaiser den Lorbeerkranz trugen – als Kyrios, den Herrn der Welt. Als Siegeszeichen gebührte der Kranz auch den → Märtyrern.

Kreis
Die runde Linie, die in ihren Anfang zurückkommt, ist Symbol der Zeit und des Neuanfangs. Zugleich ist der Kreis Zeichen der Vollkommenheit und damit des Himmels.

Kreuz, Gekreuzigter

Das Kreuz ist das Symbol des christlichen Glaubens schlechthin und wird als Zeichen der durch Jesus geschenkten Versöhnung mit Gott verehrt. Schon vorher war es ein Zeichen der Einheit, denn das Kreuz verbindet Himmel und Erde und bezieht durch die Horizontale den ganzen Horizont ein. Als Sinnbild für eine der brutalsten Strafen der Antike war das Kreuz zunächst im Christentum verpönt. Die älteste Darstellung ist daher ein in die Wand geritztes Spottkreuz, das Jesus mit einem Eselskopf zeigt. Im Lauf der Zeit war sowohl das Kreuz starken Wandlungen in der Form unterworfen (Petrus-, Andreas-, Franziskus-, Patriarchen-, Johanniterkreuz), als auch der Corpus Christi, in der Romanik zuerst dargestellt als König, in der Gotik dann als Leidender. Gerade in Deutschland wurde infolge der geistlichen Staaten, die bis 1803 bestanden, das Kreuz zusammen mit dem weltlichen Schwert oft zum Hoheitszeichen.

Zur Verehrung des Kreuzes sind außer bei der Karfreitagsliturgie die speziellen Andachtsformen des → Kreuzweges eingeführt worden. Das liturgisch vorgesehene Altarkreuz hat seinen Ursprung im Prozessionskreuz, das beim Einzug vorangetragen und dann beim Altar aufgerichtet wurde. Seit dem 11.

Kruzifix im Kreuzgang des Prämonstratenserklosters von Steingaden, Anfang 13. Jhd.

Kreuzgang, Seo de Urgel (Spanien),
2. Hälfte 12. Jhd.

wenig von der Mittellinie verschoben ist. Damit wird an das geneigte Haupt des sterbenden Jesus am Kreuz erinnert.

Kreuzgang

Klöster, Stifte und Kathedralen haben oft einen Kreuzgang, ein quadratisch angelegter Innenhof, der an den Seiten überdacht ist. Dieser Gang ist nach außen durch eine Mauer abgeschirmt, in den Innenhof öffnet er sich, durch Pfeiler unterbrochen. Er diente den Mönchen bzw. Chorherren, die in der Kirche ihren Dienst taten und in dem Komplex der Abtei bzw. des Domes wohnten, als Wandelhalle. Die Mönche und Chorherren ziehen in der Regel aus dem Kreuzgang zum Chorgebet ein. Um den Kreuzgang sind oft Wohn- und Vorratsgebäude angeordnet. Im Kreuzgang bzw. in dem durch die Gänge gebildeten Innenhof werden bis heute die Mitglieder des Klosters bzw. Domkapitels beerdigt. Es finden sich an den Kapitellen Darstellungen aus dem Alten und Neuen Testament. Besonders reich ausgestattet ist der Kreuzgang von Moissac, der einen guten Teil der Bibel wiedergibt. In der französischen Revolution wurde dort vielen Figuren der Kopf abgeschlagen. Im Kreuzgang finden sich in den Zahlenreihen der Säulen oft die Acht oder die Zwölf wie-

Jahrhundert fand es seinen festen Platz auf dem Altar. Vgl. auch Baum.
Wenn das Kreuz gleich lange Balken hat, deutet das auf das Sonnenkreuz hin, denn die Sonne fährt auf einem Wagen mit Rädern über den Himmel. Das Kreuz symbolisiert den Jahreslauf in den vier Jahreszeiten.

Kreuzessymbolik

Um den Kirchenraum auf ein theologisches Grundkonzept zurückzuführen, dient neben der → Himmelssymbolik das Kreuz als Grundriss. Seit die Romanik das Querschiff eingeführt hat, liegt eine solche Ausdeutung des Kirchenraumes nahe. Das Langschiff entspricht den Beinen Jesu, der Chor symbolisiert das Haupt. Das erklärt, warum bei einigen gotischen Kirchen, so beim Stephansdom in Wien, der Chor ein

der. Die → quadratische Form des Kreuzganges leitet sich von biblischen Vorbildern ab. In seiner Vision vom Neubau des Tempels beschreibt Ezechiel den Innenhof des Tempels folgendermaßen: »Der Tempelbezirk hatte ringsum eine Mauer, fünfhundert Ellen in der Länge und fünfhundert Ellen in der Breite; sie sollte das Unheilige vom Heiligen trennen.« (Ez 42,20)

Die Bezeichnung »Kreuzgang« kann nicht davon hergeleitet werden, dass sich die Gänge kreuzen, sondern dass bei Prozessionen, die oft im Kreuzgang beginnen, ein Kreuz vorangetragen wird.

Kreuzrippen im Seitenschiff der ehemaligen Klosterkirche Pforta, 1251–1268.

Kreuzrippe – Übergang zur Gotik
Anfänglich wurden das Haupt- und die Seitenschiffe der romanischen Kirche mit einem Gewölbe abgeschlossen, das auch → Tonnengewölbe genannt wird. Dieses Gewölbe verursacht einen hohen Druck, der über entsprechend dicke Mauern sowie über die Seitenschiffe abgefangen werden muss. Man findet in Deutschland nur selten solche Kirchen, da die Kirchen, die eine Flachdecke oder ein Tonnengewölbe hatten, später mit einem Kreuzrippengewölbe ausgestattet wurden. In Mittel- und Südfrankreich sind romanische Kirchen mit einem Tonnengewölbe erhalten. Wenn man das Gewölbe in Kreuzrippen auflöst, wirkt der Raum nicht nur eleganter, sondern das Gewölbe wird leichter. Diagonal werden zwei Bögen so gemauert, dass sie auf den Säulen aufruhen. Zwischen die Kreuzrippen werden einfach leichte Ziegelsteine »eingehängt«. Die Kreuzrippe bewirkt auch, dass der Gewölbedruck über die Pfeiler abgefangen wird und nicht mehr über die Mauern. Diese Erfindung ist

die bautechnische Voraussetzung für die großen Fenster der Gotik.

Kreuzweg

Er hat seinen Ursprung in den Umgängen bzw. im Nachgehen des Leidensweges Jesu in Jerusalem seit dem 4. Jahrhundert. Der Brauch wurde von Jerusalempilgern in den Westen gebracht. Zuerst wurden Kreuzwege an Hügeln und Bergen angelegt. Etwa um 1700 begann man, auch im Kircheninneren Kreuzwege zu errichten, indem man die vierzehn Stationen durch Holzkreuze markierte und darunter häufig bildlich oder plastisch den Inhalt, z. B. »Jesus fällt unter dem Kreuz«, darstellte. Andere Formen der Verehrung des Leidens Jesu waren die »Ölberge« wie auch die Darstellungen der Geißelung oder der Dornenkrönung Jesu.

Kreuzzeichen

Das Kreuzzeichen wird vom Priester als Segensgestus eingesetzt, aber Priester und Gläubige bezeichnen sich selbst mit dem Kreuzzeichen, das auf den Dreieinigen Gott hin gedeutet wird: »Im Namen des Vaters und des Sohnes und des Heiligen Geistes.« In den orthodoxen Kirchen legt der Betende die Spitzen von Daumen, Zeige- und Mittelfinger als Hinweis auf den dreifaltigen Gott zusammen und beginnt wie im Westen damit, seine Stirn und als nächstes die Brust zu be-

rühren, dann berührt er aber zuerst die linke Schulter und anschließend erst die rechte.

Krippe

Die Darstellung der Geburt im Stall und zum 6. Januar mit den Drei Königen findet sich in den meisten Kirchen. Es gibt auch sog. Jahreskrippen, in denen andere Ereignisse des Lebens Jesu zur Darstellung kommen.

Krone

Die Krone hat sich aus einem Kranz entwickelt, der als Zeichen des Sieges um den Kopf gelegt wurde. Sie ist daher oft nur ein Reif. Schon in der

Maria als Himmelskönigin mit Krone und Zepter, Jesus mit Apfel, Symbol der Herrschaft, Mariensäule in München.

Antike symbolisierte die Krone königliche oder kaiserliche Macht. Hei-
ligendarstellungen mit einer Krone
auf dem Kopf verweisen jeweils auf
einen heiligen König oder Kaiser.
Wenn Christus eine Krone trägt, dann
ist das Ausdruck seiner Königswürde,
die er als Nachkomme des Königs David beanspruchen konnte. Die → Tiara des Papstes ist eine Dreifachkrone,
die die drei Ämter Christi, das Königs-
das Priester- und das Propheten- oder
Lehramt widerspiegeln.

Kruzifix

Das Wort verbindet das lateinische fi-
gere = heften mit crux = → Kreuz und
bedeutet »der ans Kreuz Geschlagene«. Das Wort bezeichnet also Kreuze

Kreuzigung Christi, Kreuzweganlage in
Neumagen an der Mosel, um 1930.

mit dem Corpus Jesu. Beim Kruzifix
stehen Maria und Johannes, entsprechend dem Bericht des Johannesevangeliums 19,26.

Krypta, Konradsburg bei Ermsleben, um 1200.

Krypta

Das Wort leitet sich von griechisch
»Höhle« her. Im Kirchbau ist die Krypta ein meist unter dem Chor der Kirche liegendes Gewölbe zur Aufbewahrung der Reliquien oder der sterblichen
Überreste von Herrschern und von den
Stiftern der Kirche, die jedoch meist
unter dem Westwerk begraben wer-

den. Später wurde die Krypta auf das Querhaus ausgedehnt. Die symbolische Bedeutung liegt wie bei der → Confessio darin, dass die feiernde Gemeinde auf dem Bekenntnis der Heiligen und Märtyrer steht, die der jetzigen Generation vorausgegangen sind. Als in der Gotik die → Reliquien in die Oberkirche geholt werden, findet sich keine Krypta mehr, es sei denn, diese sei von dem Vorgängerbau noch erhalten geblieben, so in Chartres. Siehe auch → Kap. »Romanik«.

Kugel

Sie findet sich in Kirchen in der Form der Kuppel als Sinnbild für den Himmel. In der Renaissance und im Klassizismus war es der Rückgriff auf die antike Architektur. In der Romanik war die Kuppel durch die Hinzufügung des Querhauses an die Basilika möglich geworden. Als vollkommene Form steht die Kugel für das Weltall insgesamt, für Himmel und Erde. In der Hand Christi, auch des kleinen Jesuskindes auf den Armen Marias, ist die Kugel Ausdruck der Weltherrschaft. Die Symbolik wird im Reichsapfel fortgeführt, denn der Kaiser verstand sich als Stellvertreter Christi in Bezug auf das → Königtum Jesu. Der Kugel entspricht das Quadrat bzw. der Kubus. Da die Zahl Vier für die vier Himmelsrichtungen steht, spiegeln Kubus und Kugel den Zusammenhang von Erde und Himmel. Gott kommt

aus dem Himmel in die irdische Wirklichkeit, der Gottesdienst verbindet den Menschen, der in der Welt lebt, mit dem Himmel.

Kümmernis, heilige

Eine mit einem Gewand bekleidete, ans Kreuz geschlagene Heilige. Nach der Legende soll sie Tochter eines portugiesischen Königs gewesen sein. Als dieser sie einem nichtgetauften Prinzen vermählen wollte, bat sie darum, dass ihr ein Bart wachse, damit ihr Gesicht hässlich wirke. Möglicherwei-

Heilige Kümmernis, Auhausen, um 1500.

se leitet sich die Kreuzesdarstellung daher, dass der Vater sie nicht nur verstieß, sondern auch kreuzigen ließ. In Westeuropa ist die Verehrung ab 1400 dokumentiert, im Barock lebt sie wieder auf, um jetzt vergessen zu sein.

die Jesus am Abend des Passahfestes festnahm, hatte mit seinem Verräter Judas den Kuss als ein Zeichen vereinbart, um Jesus in der Dunkelheit zu identifizieren.

Kuppel

Ein vorwiegend über der → Vierung gebautes Gewölbe. In der Romanik bildet die Kuppel meist ein Achteck, in der Renaissance knüpft man an die römische Kuppelbautechnik an, die sich im Pantheon in Rom erhalten hatte, und baut Kuppeln als Halbkugeln. Im Barock werden Kuppeln über elliptischen Raumkompositionen abgehängt. In Kirchen symbolisiert die Kuppel immer den Himmel. Deshalb findet sich im Scheitel der Kuppel oder in der → Laterne meist ein Symbol, das wie das Dreieck auf die Dreifaltigkeit hinzeigt, oder die Taube, die auf den Heiligen Geist hinweist.

Kuppel mit aufgesetzter »Laterne«, Petersdom.

Kuss

Der Kuss auf die Wange drückt Wertschätzung aus, vor allem von einem Höhergestellten. In der christlichen Tradition hat der Kuss auch eine negative Bedeutung. Die Tempelpolizei,

L

Labyrinth

In ein Quadrat oder einen Kreis ist ein Mäanderband, meist aus verschiedenfarbigen Steinen, eingefügt. Dieses Symbol für den menschlichen Lebensweg kannten schon die Römer. Die Christen haben das Labyrinth bereits in der Antike übernommen. Das Band führt über die ganze Fläche und endet in der Mitte, die das himmlische Jerusalem symbolisiert. Im Unterschied zum Irrgarten gibt es in einem Labyrinth keine Irrwege, sondern der eine Weg führt immer zum Ziel in der Mitte.

Lamm, Osterlamm

Das Lamm leitet sich vom jüdischen Passahfest her. An diesem Fest wird zum Gedenken an die Befreiung aus Ägypten ein Lamm verzehrt. Da das Passahfest am ersten Frühlingsvollmond gefeiert wird, liegt es im Sternbild des Widders. Das wurde aus mehreren Gründen zum Symbol für Jesus. Nach dem Johannesevangelium wurde Jesus zu der Stunde gekreuzigt, an dem die Lämmer für das Pas-

sahmahl geschlachtet wurden. Im gleichen Evangelium wird berichtet, dass Johannes der Täufer auf Jesus mit den Worten hinweist: »Seht das Lamm Gottes, das die Sünden der Welt hinwegnimmt.« (Joh 1,29) Mit dieser Formel werden die Gläubigen in jeder Messe zum Empfang der Kommunion eingeladen. Der Priester hält die Hostie hoch und spricht dabei diesen Satz.

In vielen Kirchen, vor allem in Süddeutschland, wird an Ostern eine

Christus als Lamm, Ravenna, 6. Jhd.

Taufständer mit dem Lamm
als Symbol für Christus,
Neustadt am Rübenberge,
1786/87.

Lammfigur auf den Altar oder in den Chorraum gestellt. Eine Fahne weist auf den Sieg des Lammes hin, das den Tod überwunden hat. Das Lamm steht für den siegreichen Christus. Dieses Bild leitet sich von der Geheimen Offenbarung des Johannes her. Dort erscheint das Lamm. Es öffnet die Schriftrolle mit den sieben Siegeln (Offb 5–7). Von dem Lamm heißt es in Kap. 5,9: »Würdig bist du, das Buch zu nehmen und seine Siegel zu öffnen, denn du wurdest geschlachtet und hast mit deinem Blut Menschen für Gott erworben ... Würdig ist das Lamm, das geschlachtet wurde, Macht zu empfangen, Reichtum und Weisheit, Kraft und Ehre, Herrlichkeit und Lob.« Das Lamm verweist auf das Opfer, den blutigen Tod Jesu. Deshalb spricht man auch nicht vom Osterschaf, sondern vom Osterlamm.

Lampe

In den mittelalterlichen und barocken Kirchen wurden nur Kerzen auf Leuchter an den Wänden aufgesteckt oder der Kirchenraum wurde durch Fackeln erleuchtet. Später hat man das Licht in Kristallleuchtern reflektieren lassen. Brennt neben dem Tabernakel ein rotes Licht oder eine rote Lampe, ist das das Zeichen dafür, dass konsekrierte Hostien aufbewahrt werden.

Lanze

Die Lanze gehört zu den Leidenswerkzeugen. Um den Tod Jesu festzustellen, stach einer der römischen Soldaten eine Lanze in das Herz des Gekreuzigten. Die Lanze gilt als Reliquie. Sie wird bei Schlachten gegen die Ungarn, so auch der auf dem Lechfeld 955 erwähnt. Sie wurde schließlich im Kloster Corvey aufbewahrt. War in Frankfurt ein neuer Kaiser gewählt, wurde er erst gekrönt, wenn die Lanze aus Corvey geholt worden war.

Laster

Die Laster finden sich in Kirchen und auf vielen Bildern dargestellt. Als Gegenbild zu den Tugenden werden die Laster im Karneval, der die Gegenwelt der Fastenzeit zur Darstellung bringt, in den Masken dargestellt. In den Briefen des Paulus finden sich bereits Lasterkataloge. Wenn ein Baum Schlangen als Wurzel oder ein Drache viele Köpfe hat, sind das Darstellungen der

Laster. Wie für die Tugenden gilt auch für die Laster die Siebenzahl.

Der **Hochmut**, Anführer aller Laster, reitet auf einem Löwen oder einem Pferd. Der **Neid** wird durch die Schlange dargestellt, weil nach dem Bericht über den Sündenfall die Schlange Eva aus Neid verführt. Auch eine Frau, die auf einem Hund mit einem Knochen im Maul reitet, stellt den Neid dar. Die **Völlerei** wird oft mit einem Schwein oder als Fuchs mit einer Gans im Maul dargestellt. Für den **Geiz** stehen Kröte, Affe, Wolf, Hyäne oder Dachs. Die **Trägheit** reitet auf einem Esel. Die Schnecke steht ebenfalls für Trägheit. Menschen, die bei der Arbeit schlafen, stellen ebenfalls dieses Laster dar. Der **Zorn** reitet auf einem Wildschwein oder Bären. Ein Mann, der sich selbst mit einem Degen durchsticht, oder Menschen, die ihre Kleider zerreißen, versinnbildlichen den Zorn. Hund, Eule, Igel oder eine Fackel können für dieses Laster stehen. **Die Wollust** wird durch eine herausgeputzte Frau dargestellt. Auch der Bock, das Schwein oder der Affe verkörpern dieses Laster.

Ein auf einem Esel reitender Mönch stellt die Unbeständigkeit dar. Der Unglaube wird durch Menschen dargestellt, die ein Götzenbild verehren oder tragen.

Laterne (Turmaufsatz)

In der Renaissance und im Barock setzt man häufig auf die Kuppel ein kleines Gehäuse mit Fenstern, so dass mehr Licht in den Kirchenraum gelangt.

Lebensbaum

Wie Christus die seit Adam bestehende Sündenverfallenheit ablöst und deshalb der Totenschädel Adams häufig unter dem Kreuz abgebildet wird, so wird das → Kreuz als Lebensbaum dem in der Sündenfallgeschichte erwähnten »Baum des Todes« bzw. »Baum der Erkenntnis« gegenübergestellt. Die Verehrung des Kreuzes als »Baum des Lebens« ist fester Bestandteil der Karfreitagsliturgie. Der Weihnachtsbaum gehört auch zu diesem Symbolkreis. Er verbindet Himmel und Erde, die Kerzen stellen die Sterne des Firmaments dar. Auch der Weihnachtsbaum ist auf den Paradiesesbaum bezogen, denn im Krippenspiel wird der Darstellung der Geburtsereignisse der Sündenfall vorgeschaltet. Die Kugeln am Christbaum stehen für den Paradiesapfel (→ Baum).

Hugo von Sankt Viktor deutet den Pfahl, der in der Mitte der Arche als Säule aufgestellt ist: »Diese Säule, die in der Mitte der Arche aufgerichtet ist, bezeichnet den Baum des Lebens, der inmitten des Paradieses aufgestellt ist, das ist Jesus Christus, der in menschlicher Gestalt, die er angenommen hat, in der Mitte der Kirche gepflanzt ist, Christus, Gott und Mensch.« (De Arca Noe mystica)

Leidenswerkzeuge

Neben dem Kreuz gehören die Geißel, die Dornenkrone, Hammer und Nägel und die → Lanze zu den Leidenswerkzeugen. Sie werden oft um das Kreuz dargestellt, in Barockkirchen auch an den Wänden, um auszudrücken, dass die Erlösung durch das Leiden am Kreuz geschehen ist.

Leiter

Die Leiter steht als Zeichen für den Aufstieg. Die Himmelsleiter geht auf einen Traum Jakobs zurück, als er vor seinem Bruder Esau zur Verwandtschaft seiner Mutter flieht: »Er kam an einen bestimmten Ort, wo er übernachtete, denn die Sonne war untergegangen. Er nahm einen von den Steinen dieses Ortes, legte ihn unter seinen Kopf und schlief dort ein. Da hatte er einen Traum: Er sah eine Treppe, die auf der Erde stand und bis zum Himmel reichte. Auf ihr stiegen Engel Gottes auf und nieder. Und siehe, der Herr stand oben und sprach: Ich bin der Herr, der Gott deines Vaters Abraham und der Gott Isaaks. Das Land, auf dem du liegst, will ich dir und deinen Nachkommen geben. Deine Nachkommen werden zahlreich sein wie der Staub auf der Erde. Du wirst dich unaufhaltsam ausbreiten nach Westen und Osten, nach Norden und Süden, und durch dich und deine Nachkommen werden alle Geschlechter der Erde Segen erlangen. Ich bin mit dir, ich behüte dich, wohin du auch gehst, und bringe dich zurück in dieses Land. Denn ich verlasse dich nicht, bis ich vollbringe, was ich dir versprochen habe. Jakob erwachte aus seinem Schlaf und sagte: Wirklich, der Herr ist an diesem Ort und ich wusste es nicht. Furcht überkam ihn und er sagte: Wie Ehrfurcht gebietend ist doch dieser Ort! Hier ist nichts anderes als das Haus Gottes und das Tor des Himmels.« (Gen 28,11–17)

Der Text wird schon im Mittelalter innerhalb der Kirchweihliturgie gelesen und hat bis in den Barock eine zentrale Bedeutung, den Kirchenraum als Verbindung zwischen Himmel und Erde zu sehen.

Die Leiter steht als Zeichen für ein tugendhaftes Leben (→ Tugenden).

Lektionar

Vom lateinischen Wort für Lesen abgeleitet, ist es das Buch, aus dem die Lesungen und Evangelientexte während des Gottesdienstes vorgetragen werden. Das Lektionar wird vom Diakon beim Einzug zum Gottesdienst hereingetragen, der das Buch mit beiden Händen hochhält. Wenn in einem Lektionar nur die Evangelientexte enthalten sind, wird das Buch → Evangeliar genannt.

Lektor

In der Kirche ein Amt, früher mit einer eigenen Weihe verliehen, heute mit einer feierlichen Beauftragung zum Verlesen der biblischen Texte. Allerdings ist die Verlesung des Evangeliums die besondere Aufgabe des → Diakons und diesem bzw. wenn kein Diakon anwesend ist, dem Priester vorbehalten.

Lettner

Diese aus Holz bzw. Stein konstruierte Trennwand teilte den Chor, in dem Chorherren bzw. Ordensfrauen das Chorgebet verrichteten, vom Kirchenschiff. Vor dem Lettner ist ein Altar für die Gläubigen aufgebaut. Der Lettner beruhte wohl auf dem Bestreben, zwischen den Klerikern einerseits und den Laien andererseits eine deutliche Trennung herbeizuführen. Das Konzil von Trient hat den Abriss der Lettner angeordnet, so dass es heute nur noch wenige Exemplare gibt, meist in mittelalterlichen Kirchen, die von protestantischen Gemeinden genutzt werden, so im Dom von Naumburg. Der Name leitet sich vom lateinischen Lectorium = Lesepult her. So wurde der Lettner auch für die Lesung, die Predigt sowie auch für kleine Chöre genutzt.

Leuchter

Sie tragen die Kerzen und sind damit Lichtspender, Ausdruck des neuen Lebens. Der siebenarmige Leuchter weist auf das Judentum. Moses hat eigens für das heilige Zelt Leuchter anfertigen lassen. Im Buch Exodus 25,31–39 wird der Leuchter bis ins Einzelne beschrieben: »Verfertige auch einen Leuchter aus purem Gold! Der Leuchter, sein Gestell, sein Schaft, seine Kelche, Knospen und Blüten sollen aus einem Stück getrieben sein. Von seinen Seiten sollen sechs Arme

Der Lettner der Benediktinerklosterkirche Hl. Kreuz in Wechselburg, um 1230/35.

ausgehen, drei Leuchterarme auf der einen Seite und drei auf der anderen Seite. Der erste Arm soll drei mandelblütenförmige Kelche mit je einer Knospe und einer Blüte aufweisen und der zweite Arm soll drei mandelblütenförmige Kelche mit je einer Knospe und einer Blüte aufweisen; so alle sechs Arme, die von dem Leuchter ausgehen. Auf dem Schaft des Leuchters sollen vier mandelblütenförmige Kelche, Knospen und Blüten sein, je eine Knospe unten zwischen zwei Armen, entsprechend den sechs Armen, die vom Leuchter ausgehen. Seine Knospen und die Arme sollen ein Ganzes mit dem Schaft bilden; das Ganze soll ein Stück aus getriebenem purem Gold sein. Dann mach für den Leuchter sieben Lampen und setze seine Lampen so auf, dass sie das Licht nach vorn fallen lassen; dazu Dochtscheren und Pfannen aus purem Gold. Aus einem Talent puren Goldes soll man den Leuchter und alle diese Geräte machen.« Siehe auch die parallele Stelle in Kapitel 37 des Buches Exodus (→ Baum).

Die Siebenzahl wird in der Offenbarung des Johannes wieder aufgegriffen:

»Da wandte ich mich um, weil ich sehen wollte, wer zu mir sprach. Als ich mich umwandte, sah ich sieben goldene Leuchter und mitten unter den Leuchtern einen, der wie ein Mensch aussah; er war bekleidet mit einem Gewand, das bis auf die Füße reichte, und um die Brust trug er einen Gürtel aus Gold. ... Der geheimnisvolle Sinn der sieben Sterne, die du auf meiner rechten Hand gesehen hast, und der sieben goldenen Leuchter ist: Die sieben Sterne sind die Engel der sieben Gemeinden und die sieben Leuchter sind die sieben Gemeinden.« (Offb 1,12–13.20) Die sieben Gemeinden werden im ersten Teil des Offenbarungsbuches erwähnt, für jede Gemeinde brennt ein Licht im Himmel.

Klassizistischer Hochaltar mit Leuchtern, St. Salvator Harlebeke, 1773–1774.

Leviatan

Dieses in der Bibel mehrfach erwähnte Tier lebt im Meer. Es ist groß, für den Menschen übermächtig und wird doch von Gott beherrscht. In Psalm 74,18 heißt es: »Du hast die Köpfe des Leviatans zermalmt, ihn zum Fraß gegeben den Ungeheuern der See.« Im Buch Jesaja wird der Leviathan in Beziehung zum Drachen gesetzt: »An jenem Tag bestraft der Herr mit seinem harten, großen, starken Schwert den Leviatan, die schnelle Schlange, den Leviatan, die gewundene Schlange. Den Drachen im Meer wird er töten.« (Jes 27,1) → Drache.

Lichteinfall im Kölner Dom.

In der Neuzeit wurde es als Titel eines Buches von Thomas Hobbes bekannt, der den Staat als dem Menschen übermächtiges Wesen mit dem Begriff Leviathan bezeichnet. Der Staat muss deshalb eine so überwältigende Macht erhalten, weil der Mensch von innen heraus keinem Gesetz gehorcht, sondern der Krieg aller gegen alle herrschen würde, gäbe es nicht eine Instanz, die den Menschen bändigt.

Licht

Licht ist das Medium der Erkenntnis und damit Symbol für den Geist, der den menschlichen Verstand erleuchtet. So wie das Auge ohne Licht nichts sehen kann, so kann der menschliche Geist ohne das Licht des Geistes Gottes nichts erkennen. Licht ist direkt auf Jesus Christus bezogen. Licht ist Zeichen für die Gegenwart Christi, der als Licht für die Welt bezeichnet wird: »In ihm war das Leben; und das Leben war das Licht der Menschen, und das Licht leuchtet in der Finsternis.« (Joh 1,4) Die Sonne, schon bei den Ägyptern Symbol für das Göttliche, wird zum Zeichen für Jesus. Daher sind die Kirchen »geostet« (→ Osten), so dass der Gottesdienst in Richtung der aufgehenden Sonne gefeiert wird. Das Matthäusevangelium sieht durch das Auftreten die Prophetie des Jesajas erfüllt: »Das Volk, das im Dunkeln lebte, hat ein helles Licht gesehen; denen, die im Schattenreich des Todes wohnen, ist ein Licht erschienen.« (Mt 4,16 nach Jes 9,1) Das Licht, das durch die Glasfenster (→ Kap. »Gotik«) fällt, vermittelt die dargestellten Geschehnisse aus der Bibel dem inneren Auge des Betrachters. Das Licht wird auch auf Maria gedeutet, die das Wort Gottes leibhaft empfangen hat. Bernhard von Clairvaux sagt: »Das Licht, das das Glas durchdringt, ohne es zu zerbrechen, gleicht dem Wort Gottes, dem Licht des Vaters, das durch den Leib der Jungfrau gegangen ist.«

Um die Gegenwart Jesu in dem gewandelten Brot anzuzeigen, brennt in der Nähe des Tabernakels ein → Ewiges Licht

Lilie

Die Lilie als besonders schöne Blume gilt als Zeichen der Jungfräulichkeit. Sie ist das Wappen der französischen Könige.

Limbus – Totenreich

Nach der Aussage des 1. Petrusbriefes ist Christus »auch zu den Geistern gegangen, die im Gefängnis waren, und hat ihnen gepredigt.« (1 Petr 3,19) Nach dem Glaubensbekenntnis der römischen Kirche, Apostolisches Glaubensbekenntnis genannt, ist Christus nach seinem Tod am Kreuz »hinabgestiegen in das Reich des Todes«, um die Verstorbenen aus dem Wartestand zu befreien und ihnen das Tor zum Himmel zu öffnen. Dieses Motiv des Hinabstiegs wird häufig auf Ikonen dargestellt und gehört zum österlichen Bilderzyklus (→ Höllenfahrt).

Lisene

Andeutung eines Pfeilers, der keine tragende Funktion hat, sondern eine Wand gliedert. Ein Stilmittel der Romanik, leitet es sich von lisière, dem französischen Wort für Kante, ab. Im Unterschied zu einem → Pilaster hat eine Lisene kein Kapitell.

Liturgie

Der Begriff leitet sich aus dem Griechischen von Laos = Volk und Ergon = Handlung ab. Damit wird bereits in der griechischen Kultur ein öffentlicher Dienst bezeichnet. Da die christlichen Gottesdienste nicht im Geheimen gefeiert werden, gilt die Bezeichnung für die Feier aller Gottesdienste, neben der Messe auch das → Stundengebet. Die Liturgie ist von der Kirche geordnet. Die liturgischen Bücher, der Gesang wie auch die Gefäße und Gewänder gehören zur Liturgie. Die Feier der Liturgie gehört neben Caritas und Verkündigung/Unterricht zu den drei Grundfunktionen der Kirche. Die Kirchenräume sind für die Feier der Gottesdienste konzipiert.

Liturgische Gewänder

Das Sich-Verhüllen für das Gebet und den Gottesdienst drückt die Scheu vor dem Heiligen aus. Deshalb soll eigentlich der Chorraum nur mit einem liturgischen Gewand betreten werden. Messdiener und Küster tragen daher einen → Talar. Diakone, Priester und Bischöfe tragen Messgewand, → Schultertuch, → Albe, Stola und → Kasel. Das der Kasel vergleichbare Gewand des Diakons heißt auch → Dalmatik. Außerhalb der Messe wird ein → Rochett über dem Talar mit einer Stola getragen. Feierlicher ist ein → Chormantel, der bei feierlichen Vespern, Andachten und bei Prozessionen und Begräbnissen über einem Talar und auch mit Stola getragen wird. Priester, Bischöfe, Kardinäle tragen außerhalb der Gottesdienste eine → Soutane. Prälaten, Bischöfe und Päpste erkennt man weiter an der → Mozetta, ein Schulterumhang, der über dem Rochett in den entsprechenden Farben getragen wird. Bischöfe und Äbte tragen eine Mitra bei der Predigt. Sie wird zum eucharistischen Gottesdienst abgesetzt und zum Schlusssegen wieder getragen. Die → Tiara des Papstes ist nicht mehr im Gebrauch. Man erkennt auf mittelalterlichen und barocken Darstellungen Päpste an dieser Kopfbedeckung.

Lorbeer

Aus dem griechischen Kulturraum kommend, wird der Lorbeerkranz einem Sieger auf das Haupt gelegt. Da die Glaubenszeugen durch ihren Tod einen Sieg errungen haben, ist das Lorbeerblatt oder der Lorbeerkranz in der frühen Kirche ein Bild für das Glaubenszeugnis.

Löwe

Der Löwe hat eine zweifache symbolische Bedeutung. Er gilt als Feind des Menschen und wird mit dem Bösen identifiziert. Bereits die Reiche, die Israel erobern und vernichten, Assur und Babylon, werden von Jeremias dem Löwen zugeordnet.

»Ein versprengtes Schaf war Israel, von Löwen gehetzt. Zuerst hat es der König von Assur gefressen, zuletzt hat ihm Nebukadnezzar, der König von Babel, die Knochen abgenagt.« (Jer

Löwenfigur am Eingang der Klosterkirche Gerleve im Münsterland.

Tympanon mit Löwen, Gleinstätten, 13. Jhd.

50,17) Im 1. Petrusbrief wird der Böse in der Gestalt des Löwen gesehen: »Seid nüchtern und wachsam! Euer Widersacher, der Teufel, geht wie ein brüllender Löwe umher und sucht, wen er verschlingen kann.« (1 Petr 5,8) Wie der Löwe kann das Böse den Menschen überwältigen. So findet sich der Löwe nicht selten in den Tiergestalten wieder, die in romanischen Kirchen das Böse symbolisieren. Löwenskulpturen unter einem Taufbecken bedeuten, dass mit der Taufe das Böse überwunden ist.

Der Löwe ist jedoch zugleich Symbol für die Auferstehung. Das geht auf den Physiologus zurück, ein Tierbuch der Antike. Hier wird berichtet, dass die Löwin ihr Junges tot gebiert. Am dritten Tag kommt der Vater und erweckt es durch Brüllen zum Leben. Wie beim → Osterhasen wird auch dem Löwen zugeschrieben, dass er mit offenen Augen schläft. Das Bild besagt, dass Jesus zwar gestorben ist, jedoch wieder zum Leben erweckt wurde.

Als Tier ist er dem Stamm Juda zugeordnet. »Ein junger Löwe ist Juda. Vom Raub, mein Sohn, wurdest du groß. Er kauert, liegt da wie ein Löwe, wie eine Löwin. Wer wagt, sie zu scheuchen? Nie weicht von Juda das Zepter, der Herrscherstab von seinen Füßen, bis der kommt, dem er gehört, dem der Gehorsam der Völker gebührt. Er bindet am Weinstock sein Reittier fest, seinen Esel am Rebstock. Er wäscht in Wein sein Kleid, in Traubenblut sein Gewand. Feurig von Wein funkeln die Augen, seine Zähne sind weißer als Milch.«, heißt es im Segen, der Jakob über seine Söhne spricht (Gen 49,9–12).

Jesus kommt als Nachkomme Davids aus dem Stamm Juda, der im Süden angesiedelt war, Betlehem ist die bekannteste Stadt dieses Stammesgebietes.

Dass dem → Evangelisten Markus der Löwe als Tier zugeordnet ist, leitet sich davon ab, dass am Beginn des Evangeliums von Johannes dem Täufer als dem »Rufer aus der Wüste« berichtet wird.

Luzifer

Das Wort kommt vom lateinischen lux = Licht und ferre = tragen. Im römischen Kulturkreis wurde damit der → Morgenstern bezeichnet. In der Bibel ist der Lichtträger der von Gott abgefallene oberste Engel. Zuerst wurden Könige, die sich über den Gott Israels erhoben, indem sie z.B. Jerusalem vernichteten, Lichtträger genannt, denen der Absturz bevorstand. So beschreibt Jesaja den König von Babylon als einen, der sich »über die Sterne erhebt.« (Jes 14,12) Bei Lukas wird ein Wort Jesu überliefert, das sich auf den Erfolg der Predigt bezieht, zu der er 72 Jünger ausgesandt hatte: »Die Zweiundsiebzig kehrten zurück und berichteten voll Freude: Herr, sogar die Dämonen gehorchen uns, wenn wir deinen Namen aussprechen. Da sagte er zu ihnen: Ich sah den Satan wie einen Blitz vom Himmel fallen. Seht, ich habe euch die Vollmacht gegeben, auf Schlangen und Skorpione zu treten und die ganze Macht des Feindes zu überwinden. Nichts wird euch schaden können. Doch freut euch nicht darüber, dass euch die Geister gehorchen, sondern freut euch darüber, dass eure Namen im Himmel verzeichnet sind.« (Lk 10,17–22) Dem Engel, der sich über Gott stellte, tritt → Michael entgegen, dessen Name »Wer ist wie Gott« bedeutet.

Lyra

Zupfinstrument, auch Leier genannt. Die beiden Seitenarme sind nach innen gebogen. Das Instrument wurde auch im Tempelkult verwendet. Es steht für das Lob, das Gott dargebracht wird.

M

Magnifikat

Dieses Lied wird von Lukas überliefert (Lk 1,46–55). Maria hat es gesprochen, als sie ihre Verwandte Elisabet besuchte, die im sechsten Monat schwanger war. Das Magnifikat wird in jeder Vesper nach dem kurzen Lesungstext gebetet. Magnifikat kommt von magnificare = preisen. Der Text beginnt in der lateinischen Bibelübersetzung mit den Worten »Magnificat anima mea Dominum« = »Meine Seele preist den Herrn«.

Mahl

Das Mahl und der Altar gehören in einer Kirche zusammen. Die Mahlfeier ist Zentrum der Messe. Sie geht auf den Auftrag Jesu zurück, das von ihm gestiftete Gedächtnismahl weiter zu feiern. Am Abend vor dem Passahfest hatte Jesus im Bewusstsein seines nahenden Todes die zwölf Apostel zu einem Mahl eingeladen, das die Juden an diesem Abend zum Gedächtnis an den Auszug aus Ägypten feiern. Jesus hat die zentrale Speise, das Lamm, nicht in den Mittelpunkt gestellt, sondern das Brechen des Brotes und das Herumreichen des Bechers mit Wein. Daher sind → Brot und Wein die Elemente des christlichen Abendmahles. Das → Lamm ist nach der Darstellung der Evangelien Jesus selbst. Dieses Mahl erhält einen dramatischen Akzent, weil Jesus darauf hinweist, dass ein Jünger ihn verraten werde. Diese Szene wird auf vielen Bildern des Abendmahls dargestellt.

Majestas Domini

Bezeichnet die endzeitliche Darstellung des thronenden Christus in der → Mandorla, häufig umgeben von → Evangelistensymbolen oder anbetenden → Aposteln oder Engeln. Biblische Grundlage ist die Vision Gottes durch die Propheten Jesaja (vgl. Jes

Christus als Weltenrichter, Florenz, um 1270.

6,1–4) und Ezechiel: »Auf dem, was einem Thron glich, saß eine Gestalt, die wie ein Mensch aussah. Oberhalb von dem, was wie seine Hüften aussah, sah ich etwas wie glänzendes Gold in einem Feuerkranz. Unterhalb von dem, was wie seine Hüften aussah, sah ich etwas wie Feuer und ringsum einen hellen Schein. Wie der Anblick des Regenbogens, der sich an einem Regentag in den Wolken zeigt, so war der helle Schein ringsum. So etwa sah die Herrlichkeit des Herrn aus.« (Ez 1,26–28) Auch die Geheime Offenbarung und Jesaja (vgl. Jes 66,1: »Der Himmel ist mein Stuhl und die Erde meine Fußbank«) verweisen auf die Majestas Christi. Die Symbolik wird verstehbar, wenn man sich die Vorstellung der Antike über das Weltall vor Augen führt: Um die Erde wölbt sich das Firmament. Christus wird sitzend dargestellt, auf dem Regenbogen, auf jeden Fall über dem Himmelsgewölbe. Seine Füße ruhen auf der Erde. Zu dem Motivkreis gehören auch die Sonne und dass Jesus mit der Geste eines Herrschers dargestellt wird.

Christus in einer mandelförmigen Glorie, Mittelteil der Pala d'Oro (goldene Tafel) im Aachener Dom, um 1020.

Mandorla

Inmitten der Gesamtschau der bewegten Himmelskörper und der Bahnen der Planeten thront Christus als Richter beim Jüngsten Gericht. Die Bahnen der Himmelskörper und die Bahnen des kosmischen Geschehens spiegeln sich in der einer mandelähnlichen Form, der Mandorla. Die Christen übernahmen Darstellungen des römischen Kaisers, der sich als Repräsentant des Kosmos auf Erden verstand. Im Kaiser verkörperte sich das ewige Rom. Diese Vorstellung der Repräsentation des Kosmos wurde von den Christen auf ihren Herrn übertragen. → Majestas Domini

Manipel

Ursprünglich das Tuch, das in den Ärmel gesteckt wurde, um den Schweiß abzuwischen, wurde es stilisiert und vom Priester über das linke Handgelenk gezogen. Nach der Liturgiereform 1969 wird es kaum noch getragen. Im tridentinischen Ritus gehört es zu den liturgischen Gewändern

113

und ist wie die Stola farblich an das Messgewand angepasst. Auch der Diakon trug ein Manipel.

Maria

Die Mutter Jesu begleitet den gesamten Lebensweg Jesu, von der durch den Engel → Gabriel verkündeten Empfängnis bis zu dem Zeitpunkt, an dem sie den toten Sohn in ihren Armen hält, und schließlich an Pfingsten im Kreis seiner Jünger den Geist empfängt. Sie ist ganz nahe dem inne-

Madonna mit Kind, ein Werk der venezianischen Frührenaissance von Giovanni Bellini, 1430–1516.

Deckengemälde in St. Maria Neudorf, St. Gallen.

ren Weg der Erlösung und vermittelt dem, der auf sie blickt, diese Nähe. Zugleich kann sich jeder mit seinen Erfahrungen in ihrem Leben wiederfinden, in Glück und Leid. Viele Mütter, die ihren Sohn verloren haben, weil Gewalt ihn genommen hat, fühlen sich bei Maria aufgehoben.

Weil im Christentum Maria der Titel »Königin des Himmels« gegeben wurde, veränderte sie auf besondere Weise die Sicht auf die Stellung der Frau. Die Darstellung Mariens greift oft auf die Symbolik aus dem 12. Kapitel der Offenbarung des Johannes zurück (vgl. → Mond, daher Darstellung als Mondsichelmadonna). Maria wird gedeutet als Typus des gläubigen Gottesvolkes der Kirche wie auch als »neue Eva«.

Wenn in gotischen Kirchen Marien-darstellungen in den Kirchenraum gehängt werden, ist die Dargestellte mit einem Sonnenkranz umgeben. Das geht auf folgenden Text der Geheimen Offenbarung des Johannes zurück. Eine Frau schwebt vom Himmel hernieder: »Dann erschien ein großes Zeichen am Himmel: eine Frau, mit der Sonne bekleidet; der Mond war unter ihren Füßen und ein Kranz von zwölf Sternen auf ihrem Haupt. Sie war schwanger und schrie vor Schmerz in ihren Geburtswehen. Ein anderes Zeichen erschien am Himmel: ein Drache, groß und feuerrot, mit sieben Köpfen und zehn Hörnern und mit sieben Diademen auf seinen Köpfen. Sein Schwanz fegte ein Drittel der Sterne vom Himmel und warf sie auf die Erde herab. Der Drache stand vor der Frau, die gebären sollte; er wollte ihr Kind verschlingen, sobald es geboren war. Und sie gebar ein Kind, einen Sohn, der über alle Völker mit eisernem Zepter herrschen wird. Und ihr Kind wurde zu Gott und zu seinem Thron entrückt. Die Frau aber floh in die Wüste, wo Gott ihr einen Zufluchtsort geschaffen hatte; dort wird man sie mit Nahrung versorgen, zwölfhundertsechzig Tage lang.« (Offb 12,1–6)

Seit dem 4. Jahrhundert werden auf den Namen »Maria« Kirchen geweiht, der Name wird bevorzugter Taufname, zahlreiche Marienfeste werden in das liturgische Jahr aufgenommen; das Lob Mariens wird tägliche Gewohnheit (Engel des Herrn, Marienpsalter). Das II. Vatikanische Konzil

Die Krönung der Maria, Detail des Imhoff-Altars, um 1418/22.

(1962–1965) hat Marias exemplarisches Menschsein vor Gott herausgestellt. Ebenso ist sie Urbild der Kirche: Sie empfängt Christus, gebiert ihn in den Getauften und verkündet ihn der Welt. Dargestellt wird Maria oft mit dem Kind auf dem Schoß. Weiter finden sich in vielen Kirchen Verkündigungsbilder mit dem Engel Gabriel, der ihr »verkündet«, dass sie den Messias zur Welt bringen soll. Das Fest »Maria Verkündigung« wird am 25. März gefeiert. Die »Heimsuchung« bezeichnet den Besuch Marias bei ihrer Verwandten Elisabet. Dieses Fest wird am 2. Juli gefeiert. Darstellungen des Pfingstereignisses zeigen Maria inmitten der Apostel, als der Geist auf die Jünger in Form von Feuerzungen herabkommt. Maria mit dem toten Sohn wird auch → Pietà genannt, das sich von »Verehrung« herleitet. Das Altarmotiv der meisten Barockkirchen und bereits der Gotik ist die Aufnahme Mariens in den Himmel und ihre Krönung als Himmelskönigin. Das Fest Mariä Aufnahme in den Himmel wird am 15. August gefeiert. Die Krone ist Ausdruck dieser Erhöhung.

Vesperbild, 13. Station des Kreuzweges aus dem Kölner Dom im neugotischen Stil, 1893–1898.

Marienleben

Bezeichnet die Folge der im Neuen Testament berichteten Begebenheiten mit Maria. Ein guter Teil der biblischen Szenen, die in Kirchen und in den Glasmalereien dargestellt werden, sind damit bereits aufgezählt. Es werden zuerst die Szenen zusammengestellt, die aus den Evangelien und der Apostelgeschichte entnommen sind: Die Verkündigung des Engels (Lk 1,26–38), der Zweifel Josefs (Mt 1,18–25), der Besuch Marias bei Elisabet (Mariä Heimsuchung, Lk 1,39–56), die Wanderung nach Betlehem, die Geburt Jesu (Lk 2,1–7), die Anbetung der Hirten (Lk 2,8–20), die Beschneidung des Jesusknaben (1. Januar, Lk 2, 21), die Anbetung der Könige (6. Januar, Mt 2,1–12), der Kindermord durch Herodes (28. Dezember, Mt 2,16–18), die Flucht nach Ägypten (Mt 2,13–15), »Darstellung des Herrn«, das bedeutet das Bringen Jesu in den Tempel verbunden mit einem Reinigungsopfer 40 Tage nach der Geburt (Mariä Lichtmess, 2. Februar, Lk 2,22–39), Rückkehr aus Ägypten (Mt 2,19–33), Auffindung des zwölfjährigen Jesus im Tempel (Lk 2,41–52), Szenen aus dem Haus und der Werkstatt der Eltern Jesu in Nazaret, Hochzeit zu Kana (Joh 2,1–12), Maria auf dem Kreuzweg und unter dem Kreuz, der Leichnam Jesu auf dem Schoß seiner Mutter (Pietà), Maria inmitten der Jünger bei der Herabkunft des Geistes am Pfingsttag.

Die Kindheit Mariens wird in dem apokryphen Jakobusevangelium, das von der Kirche nicht in den neutestamentlichen Kanon aufgenommenen wurde, dargestellt: Der Vater Marias wird, wegen Kinderlosigkeit, aus dem Tempeldienst ausgestoßen
Anna, der Mutter Marias, wird ein Kind verheißen, die Geburt Marias. Ein häufigeres Motiv ist die Darbringung des Kindes durch seine Eltern für den Tempeldienst.
Sehr viel häufiger findet sich der Tod Mariens, ihre Aufnahme in den Himmel (→ Barock) und ihre Krönung durch Vater und Sohn.

Märtyrer

Das Wort heißt im Griechischen Zeuge. So werden diejenigen bezeichnet, die für Christus den Tod auf sich nahmen. Als Siegeszeichen über den Tod und die erfahrene Schmach dienten häufig der → Kranz oder der → Palmzweig.
Die Märtyrer werden seit der Gotik mit den Werkzeugen dargestellt, mit denen sie gefoltert und getötet wurden: der römische Diakon Laurentius mit dem Rost, weil er auf einem Feuer verbrannt wurde; Paulus mit dem Schwert, weil er enthauptet wurde; Katharina von Alexandrien mit dem Rad, weil sie, auf ein Rad gefesselt, umgebracht wurde.

Maßwerk

Geometrische Muster, mit denen vor allem in der Gotik Fenster, Balustraden, Fassaden und Turmhelme gegliedert werden.

Meeresstern

Da dem Namen »Maria«, anders als bei den meisten hebräischen Namen, keine eindeutige Bedeutung zugeordnet werden kann, kam man auf die Idee, das lateinische Wort für Meer, mare, für eine Deutung heranzuziehen. Da die Offenbarung des Johannes eine Frau beschreibt, deren Haupt

Maßwerk am Stephansdom in Wien.

mit einem Sternenkranz umgeben ist und diese Frau später mit Maria identifiziert wurde, kommt es zu der Verbindung von Meer und Stern als Titel für → Maria

Menschensohn

Diese Gestalt findet sich im Buch Daniel: »Da kam mit den Wolken des Himmels einer wie ein Menschensohn. Er gelangte bis zu dem Hochbetagten und wurde vor ihn geführt. Ihm wurden Herrschaft, Würde und Königtum gegeben. Alle Völker, Nationen und Sprachen müssen ihm dienen. Seine Herrschaft ist eine ewige, unvergängliche Herrschaft. Sein Reich geht niemals unter.« (Dan 7,13–14) Im Neuen Testament ist dieser endzeitliche Herrscher gegenwärtig, die Christen sehen Jesus den Menschensohn, der am Ende der Zeiten Gericht halten und die endgültige Herrschaft antreten wird. Die Darstellungen des → Weltgerichts zeigen Jesus als den Menschensohn.

Messdiener

Schon in der römischen Kirche des Altertums gab es einen eigenen Dienst, den des → Akolythen, der Lichtträger, für den es in der Vorbereitung auf das Priestertum eine eigene Beauftragung gibt. Messdiener sind heute meist Kinder und Jugendliche, die bereits zur ersten heiligen Kommunion gegangen sind. Aufgaben der Messdiener

sind: beim Ein- und Auszug das Kreuz zu tragen, das Messbuch zu halten (wenn der Priester nicht am Altar oder Ambo steht), mit brennenden Kerzen neben dem Ambo die Lesung des Evangeliums herauszuheben, die Gaben zum Altar zu bringen, das Rauchfass zu tragen und nach der Gabenbereitung den Priester und die Gemeinde mit Weihrauch zu inzensieren sowie bei der Wandlung kniend das Rauchfass entgegen der Hostie und dem Kelch zu schwenken.

Messe, Eucharistie

Ein Kirchenraum ist auf die Feier des Gottesdienstes hin angelegt und erhält von daher seine Struktur. Die zentrale christliche Form des Gottesdienstes ist aus dem jüdischen Synagogen-Gottesdienst und dem Mahl, das Jesus mit seinen Jüngern gefeiert hat, zusammengewachsen. Neben der Eröffnung und der Entlassung hat die Messfeier einen Wort- und einen eucharistischen Teil. Vorbereitet durch Lesungen aus dem Alten Testament, den Briefen und der Apostelgeschichte sowie der Offenbarung des Johannes, wird das Evangelium als Wort und Handeln Jesu gelesen, besungen und ausgelegt.

Der eucharistische Mahlteil der Messe hat als Grundduktus ein großes Dankgebet, das im Namen Jesu an Gott, den Vater gerichtet wird. In diesem Dankgebet wiederholt der Priester die

Worte, die Jesus im Abendmahlssaal über Brot und Wein gesprochen hat. Die gesegneten und gewandelten Gaben werden den Gläubigen zur Kommunion gereicht.

Im Chorraum haben Lesungen, Evangelium und Predigt am → Ambo ihren Platz. Der → Altar ist der Ort für den eucharistischen Teil mit der Bereitung der Gaben, dem Hochgebet, dem Brechen des Brotes und dem heiligen Mahl.

Messgewand

Priester, Diakon und Bischof legen in der → Sakristei nacheinander an: das Schultertuch → Amikt, die → Albe, die mit einem → Zingulum zusammengehalten wird, die → Stola, früher das → Manipel, dann das Messgewand, → Kasel. Es gibt noch weitere → liturgische Gewänder

Michael

»Da entbrannte im Himmel ein Kampf. Michael und seine Engel erhoben sich, um mit dem Drachen zu kämpfen. Der Drache und seine Engel kämpften, aber sie konnten sich nicht halten, und sie verloren ihren Platz im Himmel. Er wurde gestürzt, der große Drache, die alte Schlange, die Teufel oder Satan heißt und die die ganze Welt verführt" (Offb 12,7–8).

Die Verführung durch den → Drachen besteht darin, Gott nicht anzuerkennen und sich selbst für das Licht

Erzengel Michael über dem Portal des »Großen Michel« in Hamburg.

(→ Luzifer heißt Lichtträger) zu halten. Das Programm des Michael ist in seinem Namen abzulesen: »Wer ist wie Gott!« Wie bei Rapha-el (»Gott heilt«) und Gabri-el (»Meine Macht ist Gott«) endet Michaels Name auf »el" d. h. Gott. Die Flügel des Engels sind Zeichen dafür, dass ihm der Bereich der Luft, der als Wirkungsbereich des Satans gilt, zugänglich ist. Auf seine himmlische Herkunft verweist das Blau. Die Farbe → Gold steht für den göttlichen Ursprung des Engels.

Da die Nacht, das Unbekannte, das Bedrohliche vom Westen kommen, steht

119

Michael im Westteil der Kirche, die oft durch ein großes → Westwerk als Bollwerk gegen das Böse ausgestaltet ist, vor allem bei romanischen Kirchen. Daher ist der große Westturm einer romanischen Kirche Symbol für den schützenden Engel, der auch am Rande Europas, auf dem Mont Saint Michel, Wache hält.

Michael ist neben Christophorus die Gestalt, die die Toten in das jenseitige Reich bringt. Daher sind ihm viele Friedhofskapellen geweiht.

Figur des Erzengels an der Kirche St. Michael in Schwäbisch Hall.

Als derjenige, der die Seelen wiegt, ob sie in das Himmelreich aufgenommen werden können, ist er auch ein Symbol für das letzte Gericht. → Endgericht.

Ministrant
→ Messdiener

Misericordien
Damit werden Sitzstützen bezeichnet, die unter den → Chorstühlen angebracht sind. Eigentlich kommt das Wort von dem lateinischen Begriff für Barmherzigkeit, es soll auch Barmherzigkeit für die Seite des Mönchs- oder Stiftschors ausdrücken, die stehen mussten. Denn beim Psalmgebet steht die eine Seite des Chors, während die andere sitzt. Dafür kann die Sitzfläche der Chorbestuhlung hochgeklappt werden, unter die ein Stück Holz angebracht ist, auf der man sich stehend etwas abstützen kann. Die Arme mit dem Psalmbuch kann man dann auf den Seitenlehnen abstützen.

Missale
Das Buch, aus dem die Gebete der Messe gesprochen oder gesungen werden. Im → tridentinischen Ritus enthielt das Missale auch die Lesungen. Da nach dem II. Vatikanischen Konzil sehr viel mehr biblische Texte, über drei Jahre an den Sonntagen, über zwei Jahre an den Werktagen verteilt, gelesen werden, gibt es für

Der Beginn des liturgischen Hochgebets im Missale der St.-Salvator-Kathedrale in Brügge, 15. Jhd.

Mönchs-Chor

In Abteien der Raum mit dem → Chorgestühl, in dem sich die Mönche zum → Stundengebet versammeln.

Mond

Bis zur Kalenderreform Cäsars wurde der Jahresablauf nach den Mondzyklen berechnet. Das spiegelt sich immer noch in dem Wort »Monat« wider. Die Monate waren zum großen Teil durchnumeriert, heute gilt das noch für September als siebter, Oktober als achter, November als neunter und Dezember als zehn-

den katholischen Gottesdienst mehre Bücher für die Lesungen (→ Lektionare). In der evangelischen Kirche heißt das Gottesdienstbuch Agende, in den orthodoxen Kirchen Euchologion oder Leiturgikon.

Mitra

Das Wort leitet sich von griechisch »Stirnbinde« her, ist aber eine hohe Mütze, die Bischöfe und Äbte seit dem 11. Jahrhundert in dieser Form tragen. In der anglikanischen und in einigen lutherischen Kirchen hat sich die Mitra des Bischofs erhalten. Sie wölbt sich mit einer schildähnlichen Vorder- und Rückseite nach oben und hat nach hinten zwei Bänder. Die Mützenform hat sich in den Kirchen des Ostens deutlicher erhalten. Der Papst trägt ebenfalls eine Mitra, nicht die bis zum II. Vatikanischen Konzil übliche → Tiara

Mitra und Stab an der Figur im Kölner Dom weisen den hl. Hubertus als Bischof aus.

ter Monat. Weil Cäsar den Jahresanfang vom 1. März auf den 1. Januar vorzog, bezeichnet der September nun aber nicht mehr den siebten, sondern den neunten Monat.

Der Mond ist ein das Licht empfangendes Gestirn. Da die Mondphasen dem weiblichen Zyklus entsprechen, wird der Mond der Frau zugeordnet und hat in den meisten Sprachen weibliches Geschlecht, während die Sonne, anders als im Deutschen, maskulin ist. Auf vielen Darstellungen steht Maria auf der Mondsichel. Das leitet sich aus der Offenbarung des Johannes her: »Dann erschien ein großes Zeichen am Himmel: eine Frau, mit der Sonne bekleidet; der Mond war unter ihren Füßen und ein Kranz von zwölf Sternen auf ihrem Haupt.« (Offb 12,1) Der Kranz der zwölf Sterne deutet auf die zwölf Stämme Israels.

Monstranz

In der Form eines Sonnenkranzes oder eines gotischen Gehäuses wird in der Monstranz das eucharistische Brot in Form einer großen Hostie gefasst und auf dem Altar zur Verehrung aufgestellt. Monstranz kommt vom lateinischen monstrare = zeigen. Das Sonnenrad weist auf Christus als die Sonne hin. Er ist mit der Auferstehung zum Licht geworden. Die Monstranz hält den Augenblick der Erhebung der Hostie fest, ein Brauch, der in der Zeit der Gotik entstand. Die Menschen wollten

sehen und gingen weniger zum Abendmahl. Deshalb erhob der Priester, der mit dem Rücken zum Volk zelebrierte, die Hostie über seinen Kopf. Im Fronleichnamsfest wird die Hostie in der Monstranz zum Segen für den Ort und die Felder durch die Straßen getragen. Viermal wird entsprechend den vier Himmelsrichtungen mit der Monstranz der Segen gespendet, indem die Monstranz in Form eines Kreuzzeichens bewegt wird.

Monstranz mit charakteristischem Strahlenkranz, Marienfried in Pfaffenhofen / Roth, 2003.

Morgenstern

Mit dem Morgenstern ist der Planet Venus, zugleich auch der → Abendstern gemeint. Er steht für Christus, das aufgehende Licht. Ein bekanntes Kirchenlied von Angelus Silesius beginnt »Morgenstern der finstern Nacht, der die Welt voll Freude macht, Jesu mein ...« Auch dieses Bild geht auf die Geheime Offenbarung zurück. Dort heißt es in Kap. 25,16: »Ich, Jesus, habe meinen Engel gesandt als Zeugen für das, was die Gemeinden betrifft. Ich bin die Wurzel und der Stamm Davids, der strahlende Morgenstern.«

Mose, mit Hörnern dargestellt

Diese alttestamentliche Gestalt wird in der Kunst mit zwei Hörnern dargestellt. Diese leiten sich von den beiden Augenflammen her, die Mose nach der Begegnung mit Gott auf dem Berg Horeb hatte. »Als Mose vom Sinai herunterstieg, hatte er die beiden Tafeln der Bundesurkunde in der Hand. Während Mose vom Berg herunterstieg, wusste er nicht, dass die Haut seines Gesichtes Licht ausstrahlte, weil er mit dem Herrn geredet hatte. Als Aaron und alle Israeliten Mose sahen, strahlte die Haut seines Gesichtes Licht aus und sie fürchteten sich, in seine Nähe zu kommen.« (Ex 34,29)

Mozetta

Ein Umhang, der die Schultern bedeckt. Er wird von Kardinälen und Bischöfen über der → Soutane getragen, aber auch vom höheren Klerus, so den Mitgliedern des Domkapitels und von einigen Orden. Die Mozetta der Kardinäle hat eine kleine Kapuze. Das Wort kommt vom italienischen »abgeschnitten«.

Muschel

Sie ist in der griechisch-römischen Symbolwelt ein Zeichen für die Göttin Aphrodite, der römischen Venus, weil sie die »aus dem Schaum Geborene" ist. Diese Bilderwelt findet sich heute noch in der Werbung. Die Christen haben die Muschel als Symbol aufgegriffen und sie neu gedeutet. Die Perle nämlich, die sich in der Muschel findet, ist ein Bild für die Menschwerdung, so dass Maria die wahre Aphrodite ist, die die Perle in sich trägt.

Jakobsmuschel als Wegweiser für Pilger auf dem Weg nach Santiago de Compostela.

Proportionen der romanischen Basilika
St. Aposteln in Köln.

Die Muschel wird im Mittelalter auch als Form für das Taufbecken übernommen, als die Taufe nicht mehr durch Untertauchen, sondern durch Übergießen gespendet wurde. Die Muschel ist außerdem das Zeichen des Apostels Jakobus und damit auch der Jakobspilger. Das leitet sich wohl daher, dass an der Küste westlich von Santiago de Compostela, wohin die Menschen bis heute weiterpilgern, die Jakobsmuscheln gefunden werden. Nach der Legende ist ein Ritter, der dem Schiff mit dem Leichnam des Apostels entgegenritt, fast ertrunken. Er wurde aber von dem Heiligen gerettet und stieg, mit Muscheln bedeckt, aus dem Wasser.

Musikalität des Raumes
Die Harmonie, die wir in mittelalterlichen Kirchen spüren, wird durch die Längenverhältnisse bestimmt und berührt uns wahrscheinlich auch deshalb, weil sie zugleich die musikalischen Baugesetze widerspiegeln, die wir als besonders harmonisch empfinden. Denn die Verhältnisse 1 : 1, 1 : 2, 2 : 3 und 3 : 4 entsprechen den Tonabständen der Prim, der Oktav, der Quinte und der Quarte. Diese Töne lassen sich durch die entsprechende Unterteilung einer Saite erzeugen. Da die mittelalterliche Architektur dieselben → Größenverhältnisse für die Maße des Raumes zugrunde legt, die auch für die Musik gelten, kommt es zu einer Übereinstimmung von Musik und Architektur. Deshalb spüren wir die Harmonie körperlich. Die Musik des Mittelalters, der → gregorianische Choral, bringt diese Räume in besonderer Weise zum Klingen.

Myrrhe
Das Wort kommt vom semitischen Wortstamm für »bitter«, es ist ein Harz. Neben Gold und Weihrauch war es eines der Geschenke der Weisen aus dem Morgenland, die das Kind in Betlehem besucht haben. Im Matthäusevangelium heißt es: »Sie gingen in das Haus und sahen das Kind und Maria, seine Mutter; da fielen sie nieder und huldigten ihm. Dann holten sie ihre Schätze hervor und brachten ihm Gold, Weihrauch und Myrrhe als Gaben dar.« (Mt 2,11)

N

Nagel

Die Nägel gehören zu den → Leidens-werkzeugen, da mit ihnen Christus ans Kreuz geschlagen wurde. In dem → IHS-Wappen finden sich oft unten drei Nägelköpfe. Sie stehen für die Gelübde Armut, Ehelosigkeit, Gehorsam der Ordensleute.

Narthex

Säulen-Vorhalle einer Kirche. Zuerst für frühchristliche byzantinische Kirchen verwendet. Der Begriff findet als Fachausdruck auch Anwendung auf mittelalterliche Kirchen. Für die abendländische Baukunst ist jedoch eher das → Paradies kennzeichnend. Narthex bezeichnet im Griechischen eine Schilfart, die im Lateinischen Ferula genannt wird. Wenn dem Narthex ein weiterer Raum vorgelagert ist, spricht man von Innerem Narthex. Der vorgelagerte Raum wird Äußerer Narthex genannt.

Der Narthex hat für die Liturgie eine Funktion, weil sich hier der Zelebrant mit den anderen Funktionsträgern versammelt, um dann einzuziehen. Der Narthex wurde zunehmend mit Darstellungen der Heiligen bzw. des Kirchenjahres ausgestaltet.

Das Netzgewölbe des Ulmer Münsters.

Netz

Die christliche Deutung bezieht sich auf Worte Jesu, dass die Apostel Menschenfischer werden sollen. Daher ist das Netz, ähnlich wie das Schiff, ein Bild für die Kirche. In der Antike sind Steine mit einem Netz umspannt, ägyptische Mumien sind netzartig eingebunden. Diese Netze stehen für den Lauf der Sonne und der Gestirne, die sich in der Sonnenuhr, vor allem wenn sie als Hohlkugel ausgeformt ist, netzartig abbilden.

Netzgewölbe

In spätgotischen Hallenkirchen werden die Rippen nicht mehr nur als tragende Elemente für das Gewölbe konstruiert, sondern als Zierform, so dass sehr viele mehr Rippen in einer Art Geflecht ein Netzgewölbe bilden.

Nimbus

Das Wort kommt von lateinisch »Wolke« und wurde erst im Spätlateinischen entwickelt. Gott erscheint in einer Wolke. Eigentlich stellt die runde Scheibe die Sonne dar und ist ein Attribut der griechischen Götter. Deshalb steht der Nimbus eigentlich nur Christus zu. Später erhalten Maria, die Apostel und dann die Heiligen dieses Würdezeichen, den Heiligenschein. In den Nimbus Christi wird das Kreuz eingezeichnet. Da Christus auch durch das → Lamm dargestellt wird, erhält dieses auch einen Nimbus.

»Der wunderbare Fischzug« von Konrad Witz, linker Flügel des Petrusaltars, 1444.

O

Obelisk

Die hoch aufragende Säule steht in unseren Augen für »Sieg«. Schon die Römer richteten Siegessäulen auf, auf denen die Schlachten dargestellt waren. Der aus Ägypten kommende Obelisk begründet diese Vorstellung noch tiefer, denn er bezieht sich auf das Siegeszeichen schlechthin, die Sonne, die immer wieder über das Dunkel den Sieg davonträgt. Der Obelisk ist nämlich der Zeiger, der den Lauf der Sonne abbildet. In einer Zeit ohne Armbanduhr und Turmglocke war die Sonnenuhr das einzige Zeichen, das die Zeit angab. Der Alltag der Menschen war sehr viel enger mit dem Lauf der Sonne verbunden, als das heute in einer Zivilisation mit elektrischem Licht der Fall ist, in der Städter den Nachthimmel kaum sehen können. Wenn die Säule oben einen Kranz trägt, dann deutet das auf den Kreislauf der Gestirne hin.

Die Säule wird auch durch die Büste eines Herrschers oder Christi gekrönt. Im Barock werden der Mutter Jesu Siegessäulen errichtet, als Dank für einen Sieg über die Türken oder die Überwindung einer Seuche.

Der Obelisk ist nicht nur für die Zeitangabe im Alltag hilfreich, sondern er ermöglicht auch, die Sternbilder im Laufe des himmlischen Tierkreises

Mariensäule im nordböhmischen Arnau, 1678 errichtet zum Dank für die Verschonung vor der Pest.

Obergaden in St. Sebald in Nürnberg.

(Zodiak) zu lokalisieren. Die Sonne durchläuft den Tierkreis, d. h. das jeweils aktuelle Sternbild ist nicht sichtbar, weil in ihm die Sonne steht.

Obergaden
Wenn die Seitenschiffe niedriger gebaut sind als das Mittelschiff, können Fenster eingesetzt werden, die das Mittelschiff heller werden lassen.
In Süddeutschland und der Schweiz wird der Holzaufbau von Wohntürmen, der meist über das Mauerwerk hinausragt, auch Obergaden genannt. Das Wort Gaden bezeichnet ursprüng-

lich ein Haus mit einem Raum, oft wurden Vorratshäuser so genannt.

Ochse
Dieses Wort begegnet uns wie Löwe und Adler als Namen von Gastwirtschaften. Es verweist auf den Stier, der dem → Evangelisten Lukas zugeordnet ist. Der → Krippe wurde der Ochse zugeordnet, weil ein Zitat aus dem Propheten Jesaja den Ochsen mit dem Esel erwähnt: »Der Ochse kennt seinen Besitzer und der Esel die Krippe seines Herrn.« (Jes 1,3)

Öl, heilige Öle

Mit Öl hat Samuel zuerst Saul und dann David zum → König gesalbt. David nennt Saul öfter den »Gesalbten des Herrn«. Der Gesalbte ist der Messias, der Christos (von griechisch chrinein = salben). Weil die Getauften zu Brüdern und Schwestern Christi werden, sind sie mit → Chrisam Gesalbte, also Christen. Ergänzt wird die Bedeutung des Öls durch seine heilende Wirkung, die durch die Krankensalbung an Menschen vollzogen wird.

Heilige Öle gehören zu den Urelementen christlicher Liturgie. Für den antiken Menschen waren die Öle Nahrung, Medizin, Kosmetik, Opfergabe und Lichtquelle. Der Jakobusbrief bezeugt die auch medizinisch zu verstehende Krankensalbung. Nach alttestamentlichen Vorbildern finden Salbungen beim Eintritt in die Glaubensgemeinschaft (Taufe und Firmung) und bei der Übertragung apostolischer Leitungsgewalt (Priester- und Bischofsweihe) statt, aber auch, um gottesdienstliche Geräte und Räume zu heiligen.

Christsein heißt vom Wortsinn her Gesalbtsein (jüdisch: Messias: der Gesalbte, lateinisch Christus; vgl. daher → Chrisam). Die heiligen Öle werden in der Chrisammesse am Gründonnerstag durch den Bischof geweiht. In jeder Pfarrkirche finden sich drei Öle: Katechumenenöl und Chrisam zur Salbung vor und nach der Taufe und das Gefäß mit dem Krankenöl.

Opfer

In den christlichen Kirchen werden keine Brandopfer mehr dargebracht, denn für die Christen gibt es ein letztes Opfer. Der Hebräerbrief sagt: »Christus ist nicht in ein von Menschenhand errichtetes Heiligtum hineingegangen, in ein Abbild des wirklichen, sondern in den Himmel selbst, um jetzt für uns vor Gottes Angesicht zu erscheinen; auch nicht, um sich selbst viele Male zu opfern, (denn er ist nicht) wie der Hohepriester, der jedes Jahr mit fremdem Blut in das Heiligtum hineingeht; … Und wie es dem Menschen bestimmt ist, ein einziges Mal zu sterben, worauf dann das Gericht folgt, so wurde auch Christus ein einziges Mal geopfert, um die Sünden vieler hinwegzunehmen; beim zweitenmal wird er nicht wegen der Sünden erscheinen, sondern um die zu retten, die ihn erwarten.« (Hebr 9,24–25.27–28)

Der → Altar in den Kirchen ist daher kein Opferaltar, sondern hat sich aus dem Tisch entwickelt, von dem aus das gewandelte Brot und der gewandelte Wein verteilt werden. Die Messe oder die Abendmahlsfeier erinnern an das letzte Mahl, das Jesus mit den zwölf Aposteln, die stellvertretend für die zwölf Stämme Israels stehen, gefeiert hatte. In diesem Mahl hat er den Aposteln den Auftrag gegeben, dieses Mahl als Gedächtnismahl weiterzuführen. Jesus hat die Darreichung von Brot und Wein als Hinweis auf seinen Tod gedeutet, so dass er in dem Gedächtnismahl mit seinem Tod wie auch in seiner Auferstehung gegenwärtig wird. Es wird im Messopfer also nicht neu ein Opfer gefeiert – im Mittelalter gab es Tendenzen, die Messe so zu verstehen –, sondern nur ein Gedächtnis an das Kreuzesopfer Jesu. (→ Kap. »Die Idee des christlichen Kirchbaus«)

Orantehaltung

Die ausgebreiteten, nach oben gewinkelten Arme sind die Haltung des Priesters bei feierlichen Gebeten. Das Wort kommt vom lat. orare = beten.

Orgel

Dieses Instrument wurde in Ägypten erfunden. Es wurde bei Sportwett-

Barocke Orgel in der Stiftskirche in St. Florian, Österreich.

Orantehaltung beim Schlussgebet in der Augustinerkirche in Wien.

kämpfen und öffentlichen Feiern eingesetzt. Das Wort kommt vom griechischen Organon = Werkzeug. Die sog. Pfeifen der Orgel werden durch einen Luftstrom, vergleichbar einer Blockflöte, zum Klingen gebracht. Die Pfeifen sind, je nach Länge und Breite und damit entsprechend ihrer Klangfarbe, in Registern geordnet, die einzeln angespielt werden können. Der

Orgelklang weckt die Assoziation zum Gottesdienst, dabei kannte der christliche Gottesdienst bis ins Mittelalter nur den einstimmigen → Gregorianischen Gesang ohne instrumentale Begleitung. Die Orgel wurde zuerst am kaiserlichen Hof in Byzanz eingesetzt und gelangte von dort in den Gottesdienst. Im Westen wurden einfache Orgeln zuerst in Bischofskirchen aufgestellt, sie entwickelten sich langsam im Zeitalter der Gotik. Erst die Renaissance und dann der Barock bauten größere Orgeln, die jedoch immer noch von der Betätigung des Blasebalgs abhängig waren. Die Komponisten der deutschen Klassik waren wenig an der Orgel interessiert. Die Wiederbelebung der Orgelmusik ging von Frankreich aus, die Romantik widmete sich der Orgel. Die Orgel dient heute hauptsächlich zur Begleitung des Gemeindegesangs.

Osten

Eigentlich ist die Erde nach Norden, auf den Polarstern hin, orientiert. Denn um die Achse Erde-Polarstern dreht sich nicht nur die Erde, sondern der gesamte Sternhimmel. Auf den Polarstern verweist der → Obelisk. Da das Christentum sich in einer Kultur ausbreitete, die ganz von der Himmelssymbolik, dem Lauf der Sonne durch die Sternkreiszeichen, geprägt war, sind die Kirchen nach Osten ausgerichtet. Im Osten geht die Sonne auf, Sym-

Orgel im Kaiserdom St. Bartholomäus in Frankfurt am Main

bol für die Auferstehung Jesu. Weiter liegt Jerusalem im Osten, dort soll Jesus zum letzten Gericht wieder erscheinen. Origines (185–254) schreibt: »Die Versöhnung kommt aus dem Osten. Denn von dort kommt der Mann, dessen Name ›Anfang‹ ist, der Mittler

131

zwischen Gott und den Menschen. Damit ergeht an dich die Aufforderung, immer nach Osten auszuschauen, wo die Sonne der Gerechtigkeit aufgeht, wo dir immer neu das Licht geboren wird, damit du niemals im Schatten zu gehen brauchst.«

Die neue Osterkerze wird in der Osternacht durch Eintauchen in das Osterwasser geweiht.

Die Bedeutung des Ostens ist bis heute in unserem Sprachgebrauch im Begriff »Orientierung« erhalten

Osterkerze

Eine Kerze, auf der die griechischen Buchstaben Alpha und Omega und die Jahreszahl aufgetragen sind. Die Kerze wird als Symbol für den auferstandenen Christus in der Osternacht mit dem Exsultet besungen.

Osterwasser

In der frühen Kirche wurden die Katechumenen, die Menschen, die Christen werden wollten, in der Fastenzeit auf die Taufe vorbereitet und in der Osternacht getauft. Die Taufe und damit das Wasser prägen die österliche Liturgie. Das Osterwasser wird in der Osternachtfeier durch Eintauchen der Osterkerze geweiht und für die Taufe verwendet. Von den Gläubigen wird es als Segenszeichen mit nach Hause genommen.

Ostiarier

Türwächter, in der alten römischen Kirche eine Stufe zum Weiheamt des Diakons und Priesters.

P

Pallium

Ein Stoffband, das von Erzbischöfen um den Hals über dem Messgewand getragen wird. Die Wolle für die Pallien der neu ernannten Erzbischöfe wird am 21. Januar, am Gedenktag der hl. Agnes, vom Papst gesegnet und am Fest der heiligen Petrus und Paulus am 29. Juni verliehen. Das Pallium war im römischen Reich ein Rangabzeichen. Seine ursprüngliche Form ist ein Stoffstreifen, der um den Hals gelegt wird und dessen Ende an der linken Seite herabhängt. Diese Form ist in der Ostkirche in Gebrauch geblieben, im Mittelalter rückte der herabhängende Stoffstreifen in die Mitte, so dass das Pallium von vorne wie ein Ypsilon aussieht.

Palmzweig

Die Palme hat ihre Wurzeln im lebendigen Wasser. Dort ist auch der Gerechte verwurzelt: »Der Gerechte gedeiht wie die Palme, er wächst wie die Zedern des Libanon.« (Ps 92,13)

Als Sinnbild der Freude und des Jubels dienen Palmwedel beim Laubhüttenfest und auch beim Einzug des »Friedenskönigs« Jesus in → Jeru-salem. Den Kirchenvätern galt die Palme im Einklang mit der Antike als Zeichen der sieghaften Vollendung und des Triumphes, besonders der im Martyrium Vollendeten in Anlehnung an Offb 7,9: »Danach sah ich eine große Schar aus allen Nationen ... Sie standen in weißen Gewändern vor dem Thron und vor dem Lamm und trugen Palmzweige in den Händen.« Viele → Märtyrer werden mit einem Palmzweig in der Hand dargestellt.

Pantokrator

Ein in der frühen Kirche, in der Romanik und im 19. Jahrhundert wieder aufgenommene Tradition des → Christusbildes, Jesus als den Weltenherrscher darzustellen. Sie geht auf

Deckengemälde »Christus Pantokrator« der Himmelfahrtskirche auf dem Ölberg in Jerusalem.

das Bild des → Menschensohnes zurück, das im 7. Kapitel des Buches Daniel für den Weltenrichter zu finden ist. Jesus wurde in den Evangelien mit dem Menschensohn identifiziert. → Majestas Domini.

Das Ulmer Münster mit dem »Paradies« genannten Vorbau.

Paradies

In der mittelalterlichen Architektur bezeichnet »Paradies« den mit Mauern und einem Säulengang umfriedeten Vorhof von Gotteshäusern oder auch die mehrschiffigen Vorhallen zwischen den Westtürmen. Der Vorhof bzw. die Eingangshalle einer Kirche wird deshalb Paradies genannt, weil oft in der Mitte ein Brunnen zu finden und der Platz mit Bäumen und Pflanzen gestaltet ist. Paradies auch deshalb, weil es bereits zum Friedensbereich einer Kirche gehört und die Flüchtigen mit Erreichen des Paradieses Asyl fanden. Das Paradies wurde dann auch zum Begräbnisort. Der Name Paradies kommt im engeren Sinne von dem der Grabeskirche vorgelagerten Eingang, unter dem das Grab von Adam liegt, über dem nach der Überlieferung das Kreuz Jesu aufgerichtet war. Dem Paradies entspricht in der byzantinischen Bautradition der → Narthex: Vielleicht spielte auch die Vorstellung mit, die Vorhalle der Kirche sei als Vorhimmel das ins Jenseits versetzte irdische Paradies.

Das Wort kommt aus dem Persischen und heißt Königsgarten. Es bezeichnet den in der Schöpfung erwähnten Garten Eden, aus dem das Menschenpaar Adam und Eva nach dem Sündenfall vertrieben wurde, und auf den sich die Sehnsucht der Menschen richtet. In der Geheimen Offenbarung heißt es: »Dann sah ich einen neuen Himmel und eine neue Erde.« (Offb 21,1) Wegen der Fruchtbarkeit und Freude wurde das Paradies oft mit Wasser in Verbindung gebracht. Deshalb heißt es in der Geheimen Offenbarung: »Und er zeigte mir einen Strom, das Wasser des Lebens, klar wie Kristall; er geht vom Thron Gottes und des Lammes aus.« An diesem Pardiesesfluss wächst der → Lebensbaum (vgl. Offb 22,2). Das Paradies ist Aufenthaltsort der Gerechten nach dem Jüngsten Gericht.

Parusie

Das Wort kommt vom griechischen »gegenwärtig«, »wirkmächtig« und meint die zweite Ankunft Christi zum Weltgericht. Der endgültige Kampf zwischen Gut und Böse wird in der → Apokalypse beschrieben. Dieser geht dem → Weltgericht voraus.

Eindrucksvoll ist das Paradies der Klosterkirche Maria Laach, 1093–1220.

Passahfest oder Pessach

Das wichtigste Fest der Juden, das nach dem ersten Frühlingsvollmond, am 14. Nisan, gefeiert wird und an die Befreiung aus Ägypten erinnert. Es wird durch das Passahmahl begangen, in dessen Mittelpunkt das → Lamm steht. Jesus hat mit seinen Jüngern das Passahfest gefeiert und ergänzende Riten, das Herumreichen des Brotes und des letzten Weinkelches zur Formung des christlichen Gedächtnismahles, herausgegriffen. Während der jüdische Festtermin auf verschiedene Wochentage fallen kann, haben die Christen das Osterfest jeweils auf den ersten Wochentag der jüdischen Zählung gelegt, weil im Todesjahr Jesu der Auferstehungstag auf den ersten Wochentag nach dem

Seder-Teller mit den symbolischen Speisen für die Passahfeier.

gelesen. Diese Texte sind Grundlage der vertonten Passionen.

Paulus

Der Heidenapostel wird mit einem Schwert dargestellt, weil er mit dem Schwert enthauptet wurde, denn als römischer Bürger durfte er nicht gekreuzigt werden.

Pelikan

Der Pelikan bringt in seinem Kehlsack Fische zu seinen Jungen. Diese presst er aus dem Mund heraus, so dass

Sabbat der jüdischen Woche gefallen ist und sich daraus der Sonntag entwickelt hat. Da Jesus in der Zeit des Passahfestes hingerichtet wurde und nach dem Passahfest als Auferstandener seinen Jüngern erschien, bleibt das zentrale Fest der Christen mit dem jüdischen Hauptfest verbunden.

Passion

Das Wort kommt vom lateinischen Wort für »Leiden« und bezeichnet den Leidensweg → Kreuzweg und das Sterben Jesu. Passion werden die Teile der Evangelien genannt, die die Verurteilung, die Geißelung, den Weg nach Golgata und den Tod Jesu beschreiben. Am Palmsonntag wird jeweils der Passionsbericht eines der Synoptiker, am Karfreitag der des Johannes

Hl. Paulus, um 1420, Marco Zoppo.

Fischblut seine weißen Federn rötet. Das hat zur Fabel geführt, der Pelikan reiße seine Brust auf, um seine Jungen zu füttern. Damit wurde er zum Symbol der sich selbst aufopfernden Elternliebe. Diese Symbolik wurde von den Christen auf Jesus übertragen.

Perle

Die Perle ist wertvoll und muss gefunden werden, deshalb vergleicht Jesus das Reich Gottes mit einer Perle, die eine Frau sucht (Mt 13,45–46). Die Perle gehört zum Symbolkreis der → Muschel. Sie steht für den menschgewordenen Sohn Gottes, den Maria geboren hat. Die Tore des Neuen Jerusalems werden als Perlen beschrieben: »Die zwölf Tore sind zwölf Perlen; jedes der Tore besteht aus einer einzigen Perle. Die Straße der Stadt ist aus reinem Gold, wie aus klarem Glas.« (Offb 21,21)

Pestheiliger

Der Pestheilige, der hl. Rochus, wird oft in Kirchen dargestellt. Er hat eine Wunde am Oberschenkel. Ein Hund ist ihm beigesellt. Dieser hat ihm Brot gebracht, als er auf einer Reise nach Rom selbst von der Krankheit befallen wurde. Er hatte Pestkranke gepflegt. Geheilt wurde er in einer Hütte in der Nähe von Piacenza, in die er sich zurückgezogen hatte. Rochus ist einer der → Vierzehn Nothelfer.

Petrus

Dieser Name bedeutet »Fels«. Er ist das ins Lateinische übernommene griechische Wort Petros. Der Fischer Simon erhielt ihn von Jesus: »Du bist Petrus und auf diesen Felsen werde ich meine Kirche bauen und die Mächte der Unterwelt werden sie nicht überwältigen. Ich werde dir die Schlüssel des Himmelreichs geben; was du auf Erden binden wirst, das

Thronender Petrus, Berlin, um 1340.

wird auch im Himmel gebunden sein, und was du auf Erden lösen wirst, das wird auch im Himmel gelöst sein.« (Mt 16,18–19) Jesus verhieß dem Petrus die »Schlüssel des Himmelreiches«, weshalb sich seine Nachfolger, die Päpste, der zwei gekreuzten Petrusschlüssel als Symbol bedienten. Aufgrund des Glaubens Petri an die Messianität Jesu verhieß ihm Christus die Bindegewalt im Himmel und auf Erden, was durch die zwei Schlüssel bzw. durch einen Schlüssel mit zwei »Bärten« dargestellt wird.

Da Petrus in Rom den Märtyrertod starb, wurde er Bürger des ewigen Roms. Als Bischof und Gemeindeleiter wirkte er vorher in Antiochia. Des-

wegen und wegen seiner Herkunft wird er in der Ikonographie mit dem syrischen Bart dargestellt. Das Patriarchat von Antiochia nennt ihn in seiner Bischofsliste als ersten Gemeindeleiter.

Pfau

Der Pfau in seiner Schönheit ist das Symbol des → Himmels, der Seligkeit, des Glücks. Wir kennen den Pfauenthron des Schahs, des großen Königs aller Perser. In der frühen Kirche war man der festen Überzeugung, das Fleisch des Pfaus verfaule nicht, es sei unverweslich. So wurde der Pfau zum Symbol der Auferstehung und der Unverweslichkeit der Leibseele.

Trinkendes Pfauenpaar am Weinstock, Berlin, um 1100.

Pflanzen

In der späten Gotik findet die Pflanzenwelt Eingang in die Kirchen. Säulen werden als Baumstämme gestaltet, die Gewölbe mit Pflanzenmotiven ausgemalt. Die Kirche gleicht damit einer Gartenlaube und symbolisiert das Paradies (→ Gotik).

Die hl. Mechthild von Magdeburg erklärt die Bedeutung von drei Blumen: »Empfange, Herr, deine Bräute und begegne ihnen mit den Lilien der lauteren Keuschheit alle ihre Tage!

Empfange, Herr, deine Bräute und begegne ihnen mit den Rosen der fleißigen Arbeit für ein gutes Ende!

Empfange, Herr, deine Bräute und begegne ihnen mit den Violen der grundlosen Demut und leite sie in dein Brautbett und umarme sie mit aller Liebe, auf immer ungetrennt! Amen.«

Mit Violen sind die → Veilchen gemeint. (Das Fließende Licht der Gottheit, VII, 30)

Pforte

Um in ein Gebäude eingelassen zu werden, muss die Pforte geöffnet werden. Übertragen wird von den »Pforten des Himmels« gesprochen, durch die man in den Himmel gelangt. Analog gibt es auch den Ausdruck »Pforten der Hölle«. Kirchenräume haben nur für Seiteneingänge und für den Zugang zur Sakristei eine Pforte, sonst → Portale.

Phönix

Ein Vogel der ägyptischen und später griechischen Mythologie, der zur ägyptischen Stadt Heliopolis (Sonnenstadt) fliegt, dort verbrennt und am dritten Tag aus seiner Asche neu ersteht. Die Christen haben diesen Mythos auf die Auferstehung Jesu bezogen, und so finden sich Vogeldarstellungen im Zusammenhang mit Feuer häufig in der Buchmalerei.

Pietà

Maria, die den vom Kreuz abgenommenen Körper auf dem Schoß hält. Das Bild bzw. die Skulptur zieht Beter

Pietà, Neugotisches Vesperbild, St. Johann in Osnabrück, 1885/90.

139

an, die Trost in ihrem Leid suchen. Pietà kommt vom lateinischen Wort für Frömmigkeit. Das Bild wird auch »Vesperbild« genannt, da Jesus zur Zeit der Vesper, zur 6. Stunde, also um 18 Uhr, vom Kreuz abgenommen wurde.

Pilaster

Säulenartiger Vorsprung, der eine Mauer gliedert. Im Unterschied zur Lisene hat ein Pilaster ein Kapitell. Während die → Lisene mehr ein Stilmittel der Romanik ist, werden Pilaster im Barock häufig eingesetzt. Sie geben der Mauer eine Dynamik nach oben, denn sie durchbrechen, auch bei Schlössern, die Waagerechte der Fensterreihen. Das Wort kommt vom lateinischen Wort pila = Pfeiler.

Pileolus

Ein kleines Hütchen, von dem entsprechenden lateinischen Wort für Mütze abgeleitet. Es wird von Bischöfen unter der Mitra getragen. Priester und Mönche tragen es wegen der Kälte in der Kirche auch außerhalb von Gottesdiensten und des Chorgebets. Früher war es als Mütze gestaltet. So kann man es auf Papstporträts des Mittelalters und der Renaissance sehen. Der Barock reduzierte die Größe auf die heutige kleine Form, die gerade den Hinterkopf bedeckt. Es wird von Bischöfen zu ihrer violetten Soutane getragen.

Pilger

Kirchen sind nicht nur Treffpunkte der am Ort wohnenden Christen, sondern auch Wegstationen der Pilger. Im Mittelalter werden Kirchen mit Reliquien zu Zielen von Pilgern. Der Jakobsweg war so angelegt, dass die Pilger auch andere Kirchen mit hoch verehrten Reliquien besuchen konnten. Pilgerwege führten auch dazu, dass Kirchen z.B. am Jakobsweg den hl. Jakobus zum Patron erhielten. So deutet eine dem hl. Jakobus geweihte Kirche nicht selten auf einen Jakobsweg hin, der an ihr vorbeiführt. Im Mittelalter wird der Jakobspilger häufig mit der Muschel auf der Hutkrempe und dem Stab dargestellt.

Pinie, Pinienzapfen

Die Frucht des Baumes gilt als Zeichen der Auferstehung und Unsterblichkeit. Das Symbol entstammt dem ägyptischen Isiskult und war auch in den Kulten des Dionysius und der Kybele in Gebrauch. Die Christen übernahmen das Symbol und deuteten die Pinie als den → Lebensbaum.

Pontifikal, Pontifikale

Das Wort kommt von dem lateinischen Wort pons = Brücke. Pontifex, Brückenbauer, wird vor allem der Papst genannt. Im Sprachgebrauch der katholischen Kirche bezieht sich das Adjektiv »pontifikal« auf liturgische Handlungen, die der Bischof durchführt. Eine Pontifikal-Vesper ist eine mit dem Bischof gefeierte Vesper, ebenso ist ein Ponifikalamt eine Messe, die der Bischof feiert.

Das Pontifikale ist ein liturgisches Buch, das die Texte und Anleitungen (→ Rubriken) für liturgische Handlungen eines Bischofs enthält, so für die Weihe von → Ostiariern, → Akolythen, → Lektoren, → Diakonen, → Priestern, Äbten und Äbtissinnen, Bischöfen, Kirchen- und Altarweihe sowie für liturgische Öle → Chrisam.

Portal

Das Wort wird heute für solche Seiten im Internet gebraucht, die viele Inhalte versammeln. Es kommt von dem lateinischen porta = Tür. Das leitet sich von den großen, herausgehobenen und mit einer Rahmung und Verzierungen versehene Doppeltüren einer Kirche, eines Schlosses her. Portale werden häufig durch Säulen gerahmt. Im Rundbogen über dem Portal, dem → Tympanon, findet sich im Westeingang das Weltgericht dargestellt, unter dem man in den als Abbild des Himmels konzipierten Kirchenraum eintritt. Nach dem Bild, das das 21. Kapitel der Offenbarung des Johannes vom Neuen Jerusa-

Das Portal mit romanischem Tympanon an der Benediktiner-Abtei Ják in Ungarn, 1214 bis 1256.

lem entwirft (→ Kap. »Die Idee des christlichen Kirchbaus«) sollte an den vier Seiten der neuen Stadt ein Portal mit drei Eingängen sein. Die meisten mittelalterlichen Kirchen haben nur drei Portale, weil der Chorraum nur aus dem Kirchenschiff heraus betreten werden soll. Der Kölner Dom hatte allerdings am Chor ein dreitüriges Portal, das 1766 und 1863 abgebrochen wurde.

Presbyterium

Presbyter sind eigentlich die Ältesten, die das Leitungsgremium einer Gemeinde bilden. So wird der Begriff in den protestantischen Gemeinden gebraucht. Die Presbyter versammeln sich um den Bischof im → Chorraum. Dieser heißt daher Presbyterium. Von Presbyter leitet sich das Wort Priester her.

Priester

Für sie ist der Kirchenraum der wichtigste Aktionsraum ihrer Beauftragung, nämlich die Gläubigen zum Gottesdienst zu begrüßen, sich im Namen der Versammelten im Gebet an Gott zu wenden, das Evangelium zu verkünden und auszulegen; das eucharistische Hochgebet zu sprechen und die gewandelten Gaben zu reichen. Als Leiter des Gottesdienstes steht der Priester der Versammlung vor.

Andere Orte priesterlichen Handelns sind das Taufbecken und der Beichtstuhl. Vor dem Priester bzw. Diakon als amtlichem Zeugen der Kirche spenden sich die Brautleute das Sakrament der Ehe.

Im Gottesdienst ist der Priester nicht der einzige Rollenträger: Lektoren tragen die Lesungen aus der Heiligen Schrift vor und Kommunionspender bringen das eucharistische Brot zu den Kranken nach Hause und teilen es in der Kirche aus.

Messdiener und -dienerinnen sind die Nachfolger der Akolythen der frühen Kirche, d. h. sie tragen die Kerzen, halten und schwenken das → Weihrauchfass und bringen Brot, Wein und Wasser zur Bereitung des eucharistischen Mahles zum → Altar.

Prophet

Die Propheten finden sich als Figuren, die sich im Portalbereich und auch im hinteren Teil vieler mittelalterlicher Kirchen finden. Es sind die im Auftrag Gottes Sprechenden und Mahnenden. Ihre Predigt rüttelt das Volk Israel auf, das sich fremden Göttern und fremden kultischen Praktiken, so der Tempelprostitution und dem Kindesopfer zugewandt hat. Sie verheißen aber auch ein neues, rettendes Eingreifen Gottes und den Messias. Die Propheten werden im Figurenprogramm oft den Aposteln zugeordnet, letztere stehen manchmal über und sogar auf den Schultern der Propheten. Auch die Propheten werden ausdrücklich als Säulen der Kirche gesehen. Bei dem Erbauer der ersten gotischen Kirche, Abt Suger von Saint Denis, heißt es: »In der Mitte (des Chorraums) stehen die zwölf Säulen für die Apostel, die anderen Säulen bezeichnen die Propheten, die das Gebäude stützen, das im Sinne der Apostel als geistlicher Bau errichtet ist.« (De consecratione ecclesiae Sancti Dionysii)

Proskynesis

In diesem griechischen Wort ist das Wort Kuss mit dem die Richtung anzeigenden pros-hin verbunden. Es bezeichnet eine Geste der Ehrerbietung, mit einer Kniebeuge. Im liturgischen Sprachgebrauch bezeichnet Proskynese das sich vor Gott auf den Boden Legen. Mit einer Proskynesis der Zelebranten u. a. beginnt der Karfreitagsgottesdienst. Als Zeichen ihrer Hingabe machen die Kandidaten vor ihrer Weihe zum Priester eine Proskynese, während die Allerheiligenlitanei gesungen wird.

Prozessionskirchen

Die Grundidee, Gottesdienst als Prozession zu feiern, ist bis in die heutige Gestalt der Messfeier erhalten geblieben. Der Gottesdienst wird gerahmt durch den großen Einzug, der unter dem Turm im Westen beginnt. Dort endet dann auch der Auszug. Bei den Fernsehübertragungen von Gottesdiensten und in Domen ist das regelmäßig zu beobachten. Innerhalb des Gottesdienstes gibt es dann auch die Prozession, mit der das Evangelienbuch zum Lesepult, dem Ambo getragen wird. Dabei wir das Halleluja ge-

Prozession mit der Marien-Ikone im Stephansdom zu Wien.

sungen. Eine weitere Prozession ist der Gabengang, wenn aus der Mitte der Gemeinde Brot und Wein wie auch die Kollekte zum Altar gebracht werden. Der Gesang zum Gabengang heißt Offertorium, Darbringung. Es gibt dann noch den Gang der Gläubigen nach vorne, um die Kommunion zu empfangen, dabei wird die Communio oder ein Kommunionlied gesungen. Wenn Gregorianischer Choral gesungen wird, gibt es für jeden Sonntag, für die Festtage und die Gedenktage der Heiligen eigene Texte und Melodien für den Eingangsgesang, »Introitus«, für den Hallelujaruf während der Evangelienprozession, für das Offertorium und den Gesang zum Kommuniongang, die »Communio«. Die Messe als Prozession zu feiern ist durch den ersten öffentlichen Gottesdienstraum, die Basilika, inspiriert worden (→ Kap. »Die Basilika und die Prozessionsliturgie«).

Die Prozession als Grundstruktur des Gottesdienstes liegt auch den späteren Stilepochen zugrunde und wird jeweils neu variiert.

Psalter

Das Alte Testament als Sammlung mehrerer Bücher, so der fünf Bücher Mose, der Bücher der Propheten. Es enthält auch das Buch der 150 Psalmen. Diese Gebete sind die Basis des → Stundengebets. Der Psalter oder ein Psalterium, das in der Kirche gebraucht wird, enthält die Psalmen sowie Hymnen und andere Texte entsprechend der Ordnung des Stundengebets.

Purpur

Das aus einer Meeresschnecke gewonnene Rot war von hohem Wert. Da die römischen Patrizier Purpurgewänder trugen, ist Purpur die Farbe der Kardinäle. Da Kardinäle zu ihrer Ernennung das neue Gewand erhalten, bedeutet »den Purpur erhalten«, zum Kardinal ernannt werden.

Q

Quadratischer Grundriss

Im Rückgriff auf die antike Architektur hat die Renaissance die Kugel, den Kreis und den quadratischen Kubus als Grundformen gewählt. Obwohl die Renaissance-Kirchen ganz anders anmuten als die der vorausgegangenen Gotik, haben die mittelalterlichen Architekten auch das Quadrat als Grundform eingesetzt. In Mittel- und Seitenschiffen bilden jeweils vier Säulen ein Quadrat. Das Verhältnis 1 : 1 steht für die Vollkommenheit Gottes. Zudem kannte der Jerusalemer Tempel quadratische Grundrisse. Ezechiel nennt in seiner Vision des neugebauten Tempels folgende Maße: »Dann maß er das Tempelgebäude – hundert Ellen lang – sowie den eingefriedeten Platz, das andere Gebäude und seine Mauern – auch hundert Ellen lang. Die Breite der Vorderseite des Tempels und des eingefriedeten Platzes betrug im Osten zusammen ebenfalls hundert Ellen. Und er maß die Breite des (großen) Gebäudes, das vor dem eingefriedeten Platz lag, auf der Rückseite und (die Länge) der Terrassenbauten auf seinen beiden Seiten – wieder je hundert Ellen.« (Ez 41,13–15)

Von dem Neuen Jerusalem, das in einer Vision im 21. Kapitel der Geheimen Offenbarung beschrieben ist, heißt es in Vers. 16: »Die Stadt war viereckig angelegt und ebenso lang wie breit. Er [der Engel] maß die Stadt mit dem Messstab; ihre Länge, Breite und Höhe sind gleich: zwölftausend Stadien.«

Quelle

Die Quelle hat aus sich eine große symbolische Bedeutung, weil aus ihr das lebensspendende Wasser kommt. Sie ist auch ein Sinnbild für die Zeit, die ständig neu entsteht.

R

Rad

Das Rad bedeutet einmal den Kreislauf und dann auch Wiederbeginn. Wenn der Tod das Rad dreht, so spiegelt das Rad den Lauf des Lebens. Aus der Bibel kommen noch andere Bedeutungen. Das feurige Rad stellt die Sonne dar. So lässt man bei der Sonnenwende vom Johannisfeuer auf dem Berg feurige Räder ins Tal rollen.

Statue des Erzengels Rafael in der Benediktiner-klosterkirche Unser Lieben Frau in Grüssau, 1730.

In mittelalterlichen Kathedralen findet sich die Radsymbolik in der → Rosette, die die Sonne darstellt.

Radleuchter

In der Romanik hat es in mehreren Kirchen Leuchter gegeben. Diese waren auf einem Rad angebracht und in der Vierung aufgehängt. Im Aachener Dom ist ein solcher Radleuchter erhalten, Friedrich Barbarossa hat ihn 1165 gestiftet. Diese Leuchter wollen keine Radsymbolik germanischen Ursprungs weiterführen, sondern sie stellen mit ihren aufgesetzten Türmchen und Engelfiguren das himmlische Jerusalem dar, wie es in der Offenbarung des Johannes im 21. Kapitel beschrieben ist. Der Aachener Leuchter ist nicht einfach rund, sondern hat acht Schwingungen. Damit deutet er die Zahl → Acht als Vollendung. Eine Inschrift lässt keinen Zweifel an seiner Bedeutung: »Hier erscheinst du im Bild, Jerusalem.«

Rafael

Einer der vier → Erzengel. Er kommt in der Bibel als Begleiter des jungen Tobias vor und gibt sich erst am Ende der Reise zu erkennen: In Kap. 12,15 sagt er von sich: »Ich bin Rafael, einer von den sieben heiligen Engeln, die das Gebet der Heiligen emportragen und mit ihm vor die Majestät des heiligen Gottes treten.« Sein Name heißt übersetzt »Gott heilt.«

Rechts-links

Die linke Seite gilt im Gottesdienst als die herausgehobene, weil von dort das Evangelium verlesen wird. Das leitet sich von daher, dass in der frühen Kirche auf der Bank in der → Apsis links neben dem Bischof die Priester saßen. Da der Bischof mit dem Gesicht zur feiernden Gemeinde saß, war der Platz der Priester rechts von ihm, aus dem Kirchenschiff gesehen links. Bei geosteten Kirchen (→ Osten) liegt das nördliche Querschiff auf der Evangelienseite. Seit dem 13. Jahrhundert wurde bis zur Liturgiereform durch das II. Vatikanische Konzil am Ende der Messe das 1. Kapitel des Johannesevangeliums nach Norden hin gelesen. Der Norden als Gegend des Heidentums und der Finsternis sollte das Evangelium hören.

Regenbogen

Durch den Bericht über die Sintflut wird der Regenbogen zum Zeichen eines Bundes, den Gott mit der Noachfamilie schließt. »Dann sprach Gott zu Noach und seinen Söhnen, die bei ihm waren: Hiermit schließe ich meinen Bund mit euch und mit euren Nachkommen und mit allen Lebewesen bei euch, mit den Vögeln, dem Vieh und allen Tieren des Feldes, mit allen Tieren der Erde, die mit euch aus der Arche gekommen sind. Ich habe meinen Bund mit euch geschlossen: Nie wieder sollen alle Wesen aus

Blick von unten in den achtgliedrigen Radleuchter im Dom St. Marien zu Aachen.

Fleisch vom Wasser der Flut ausgerottet werden; nie wieder soll eine Flut kommen und die Erde verderben. Und Gott sprach: Das ist das Zeichen des Bundes, den ich stifte zwischen mir und euch und den lebendigen Wesen bei euch für alle kommenden Generationen: Meinen Bogen setze ich in die Wolken; er soll das Bundeszeichen sein zwischen mir und der Erde.« (Gen 9,8–13) Auch in anderen Kulturen gilt der Regenbogen als Zeichen der Verbindung zwischen Menschen und

Gott. Jesu wird als der in den Himmel Erhobene auf einem Regenbogen sitzend dargestellt. → Majestas Domini

Reliquiare

Kästen, oft kunstvoll gestaltet, zur Aufbewahrung von Reliquien. Später wurden sie wie eine Monstranz gestaltet. Diese Reliquiare werden heute nur noch selten auf den Seitenaltären der Kirchen ausgestellt, sondern meist in der Sakristei aufbewahrt.

Reliquien

Schon früh wurden Kirchen über den Gräbern von Märtyrern gebaut, so Sankt Peter in Rom oder in Deutschland das Bonner Münster, das sich über einem alten Soldatenfriedhof erhebt. In der Krypta kann man sich noch ein Bild von der ersten kleinen Kapelle machen, die über den Gräbern der Märtyrer Cassius und Florentius aus der Thebaischen Legion errichtet worden war. Im Mittelalter

Reliquiar mit einem Partikel der Leinenbinden aus dem Felsengrab Christi, Hildesheim, 1985.

Reliquiar des Heiligen Kreuzes, Veurne, 16. Jhd.

übten die sterblichen Überreste von heiligen Menschen eine große Anziehungskraft aus. Es kam zu großen Wallfahrtsbewegungen zu den Gräbern von Petrus und Paulus in Rom, nach Santiago (heiliger Jakobus) de Compostela, wo nach der Legende die Gebeine des Apostels Jakobus, des älteren Bruders des Johannes, gelangt sind; ab dem 12. Jahrhundert nach Köln, weil Erzbischof Rainald von Dassel 1158 aus Mailand die Gebeine der Drei Könige, die der Stern zur Krippe in Betlehem geführt hatte, nach Köln gebracht hatte. Im Barock wurden die Knochen der Heiligen in Glassärgen ausgestellt. Was erhofften sich die Menschen, wenn sie den Sarg berühren oder sehen konnten?

Reliquie kommt von »Zurücklassen«, Knochen, aber auch Kleidungsstücke sind das, was die Heiligen zurückgelassen haben. Beim Reliquienkult werden aber nicht die Überreste verehrt, sondern der Heilige. Die Heiligen, die bereits im Himmel sind, haben etwas zurückgelassen. Bei der Auferstehung aller Toten beim letzten Gericht werden sich die Reliquien, die zurückgelassenen Knochen, mit den himmlischen Leibern der Heiligen wieder vereinigen. Schon die ersten christlichen Generationen haben ihre Heiligen dort beerdigt, wo sie Gottesdienst gefeiert haben, in den Katakomben und später in den ersten Basiliken. In den romanischen Kirchen wurden die Gebeine der Heiligen in der → Krypta beigesetzt. Der Altar wurde dann sozusagen über den Gräbern der Heiligen errichtet. Wenn die Mittel für den Bau einer Krypta fehlten, spricht man von einer → Confessio, »Bekenntnis«, denn die Kirche baut auf dem Bekenntnis der Glaubenszeugen auf.

In der Gotik bricht sich eine andere Frömmigkeit Bahn. Die Menschen wollten sehen. So erhob der Priester die gewandelte Hostie über seinen Kopf, denn er stand vor dem Altar mit dem Rücken zur Gottesdienstgemeinde. Die Wallfahrten nahmen zu, so dass man die Pilger nicht mehr durch die Krypta schleusen konnte. In der ersten gotischen Kirche, Saint-Denis, heute ein nördlicher Vorort von Paris, wurden die Gebeine des hl. Dionysius, des ersten Pariser Bischofs, auf den Altar gestellt. Gleiches kann man heute noch im Kölner Dom sehen. Der goldene Schrein mit den Gebeinen der Heiligen Drei Könige steht auf dem Hauptaltar.

Reliquien-Schreine

Als man in der Gotik die Reliquien auf den Altar stellte, wurden kunstvolle Reliquiare aus Gold und Silber getrieben. Auf diesen ist meist Jesus in einer thronenden Haltung zu erkennen sowie andere Heilige, denn der Verehrte gehört zur Gemeinschaft der Heiligen. Weiter finden sich Darstellungen aus dem Leben des Heiligen. Die Schreine sind oft Kirchen nachgebildet. Statt der Fenster dienen die Bögen als Podest für die meist sitzenden Figuren. Das Gold verweist auf den Himmel, die Edelsteine erinnern an die Beschreibung des himmlischen Jerusalem, dessen Mauern nach Offenbarung 21,18–21 aus Edelsteinen bestehen.

Ring

Dieses Schmuckstück wird von Bischöfen und Äbten getragen. Der Ring wird auch als Instrument für die Siegelung verwendet.

Rippe

Wenn Steine in einen Bogen so gefügt werden, dass dieser sich selbst trägt, können Gewölbe viel leichter gebaut und für das Auge ansprechender gegliedert werden. Werden zwei Rippen diagonal zwischen vier Säulen geschwungen, entsteht die leichte Bauweise des → Kreuzrippengewölbes. Im Spätmittelalter haben Hallenkirchen eine große Zahl von Rippen, die jedoch nicht mehr tragend sind, sondern nur der Verzierung dienen. Die Gewölbe sind als Halbtonne oder in einer anderen tragenden Form gebaut.

Rochett

Das Wort kommt eigentlich von Rock, bezeichnet aber ein meist mit Stickereien verziertes Hemd das über dem → Talar getragen wird. Prälaten, Bi-

Blick in das Kreuzrippengewölbe des Bamberger Kaiserdoms St. Peter und St. Georg.

schöfe und Kardinäle tragen auch außerhalb liturgischer Vollzüge ein Rochett über der → Soutane.

Rose

Diese Blume steht für Schönheit und Liebe. Im Mittelalter wurde sie Jungfrauen zugeordnet. Wenn eine fünfblättrige Rose über einem Beichtstuhl gemalt oder geschnitzt ist, steht die Blüte für Verschwiegenheit.

Rosen wurden auch die Speisen für die Armen genannt. Darauf geht die Legende zurück, Elisabeth von Thüringen habe in ihrer Schürze Rosen getragen, als sie von ihrem Mann angesprochen wurde, was sie in die Stadt trage. Die Rose ist auch ein Geschenk. So war es Brauch, dass der Papst einer Persönlichkeit, die er ehren wollte, am vierten Fastensonntag eine Rose überreichte. Der → Rosenkranz war, ehe er zum Fürbittgebet wurde, ursprünglich als Geschenk an Maria gedacht.

Rosenkranz

So nennt man eine in der westlichen (lateinischen) Kirche entstandene und gepflegte Gebetsreihung. Solche gibt es auch in anderen Hochreligionen (Buddhismus, Hinduismus, Islam). Diese Form des Gebetes wird geschätzt, weil sie die innere Ruhe und Sammlung beim Gebet fördert. Wie es Gebetsreihen für das Vaterunser gab, so gibt es solche auch für Grußgebete an

Maria. Der Rosenkranz umfasst als Einleitung das Apostolische Glaubensbekenntnis, ein »Vater unser« und drei »Gegrüßet seist du, Maria", in die je ein Gebet um die göttlichen Tugenden Glaube, Hoffnung und Liebe eingefügt ist. Es gibt drei heilsgeschichtliche Themenkreise, von denen einer dem Weihnachtsgeschehen entstammt (freudenreicher Rosenkranz), einer der Passion (schmerzhafter Rosenkranz)

Maria als Königin in einem Kranz von Rosen, Erlingshofen, um 1670/80.

und einer den Osterereignissen (glorreicher Rosenkranz). Jedes heilsgeschichtliche Thema wird in fünf Ereignissen entfaltet; diese Ereignisse werden in jeweils zehn »Gegrüßet seist du, Maria« eingefügt. Somit besteht ein Rosenkranz aus 5 mal 10 »Gegrüßet seist du, Maria«. Für jedes dieser »Gegrüßet seist du, Maria« befindet sich eine Perle an einer Schnur, an der auch ein Kreuz befestigt ist. Diese Gebetsschnüre werden Rosenkranz genannt. Die Zahl 150 leitet sich von den 150 Psalmen her. Es gab auch andere Zählungen, so 33 Perlen entsprechend den Lebensjahren Jesu oder 63 nach

dem angenommenen Alter von Maria. Im Oktober 2002 hat Papst Johannes Paul II. den Rosenkranz um fünf »lichtreiche Geheimnisse« erweitert, die Ereignisse aus dem Leben Jesu meditieren. Ursprünglich war der Rosenkranz kein Fürbittgebet, sondern die Rosen galten als Geschenk an Maria. Am 7. Oktober wird das Rosenkranzfest im Gedenken an die Schlacht bei Lepanto gefeiert. Der Sieg über die Türken wurde dem Rosenkranzgebet zugeschrieben. Da früher in Kirchen in lateinischer Sprache gebetet wurde, findet sich öfters das Wort »Ave« bzw. »Ave Maria«, das übersetzt »Gegrüßet seist du, Maria” heißt. Das Ave-Maria-Gebet lautet: »Gegrüßet seist du, Maria, voll der Gnade, der Herr ist mit dir. Du bist gebenedeit unter den Frauen, und gebenedeit ist die Frucht deines Leibes, Jesus. Heilige Maria, Mutter Gottes, bitte für uns Sünder jetzt und in der Stunde unseres Todes. Amen.« In Kirchen der Barockzeit sind häufig Rosenkranzaltäre zu finden.

Rosette, Radfenster
In den meisten mittelalterlichen Kirchen finden sich Rosetten, ein großes Radfenster über den Portalen der beiden Seitenschiffe und des Westwerks. Die Kathedrale in Laon hat ein Radfenster im Chor. Die Symbolik leitet sich vom Sonnenrad her. Deshalb ist eine Christusdarstellung meist im Zentrum der Rosette zu finden, denn

59 Perlen, von denen jede für ein Gebet steht, bilden den Rosenkranz.

die Sonne steht für den auferstandenen Christus. Oft ist auch Maria im Zentrum der Rosette dargestellt. In den Seitenarmen findet sich meist die Zwölfzahl, die für die zwölf Apostel steht, die wiederum die zwölf Stämme Israels vertreten. Die Zwölfzahl deutet, im Zusammenhang mit der Sonnensymbolik, auch auf die zwölf Sternzeichen hin, durch die die Sonne im Laufe eines Jahres geht.

Rubriken

Das Wort kommt vom lateinischen Wort ruber = rot. In Rot sind die Anweisungen für den Zelebranten gedruckt, die im Messbuch konkrete Hinweise für die jeweilige Handlung geben.

Rosette in der Marienbasilika in Kevelaer.

S

Saalkirche

Einschiffige Kirche, die aus einem einzigen, saalartigen Raum besteht. Sie wurden im Mittelalter nördlich der Alpen meist als Dorfkirchen errichtet. Da zunächst nur kleinere Räume ohne tragende Säulen überspannt werden konnten, waren der Größe historischer Saalkirchen Grenzen gesetzt. Mittelalterliche Saalkirchen wurden deshalb oft im Laufe der Jahrhunderte durch den Anbau von Seitenschiffen zu Hallenkirchen, bei denen die Seitenschiffe die gleiche Höhe haben wie das Hauptschiff, oder Basiliken, deren Seitenschiffe niedriger sind, erweitert. Mithilfe neuer Techniken und besserer Baustoffe konnten ab der Renaissance auch größere Räume überspannt werden. Aufgrund der guten Akustik waren die Saalkirchen gut als Predigtkirchen geeignet und waren daher bevorzugter Kirchenbau des Protestantismus.

Im konsekrierten Brot empfangen die Christen den Leib Jesu.

Sakramentar

Die ersten Sammlungen von Gebetstexten für Gottesdienste und die Spendung der Sakramente wurden Sakramentare genannt. Sie sind wegen ihrer Bildgestaltung kunstgeschichtlich von hohem Wert.

Sakramente

Die Kirche ist Ort der Spendung der Sakramente. Der Altar weist auf die Eucharistie hin, das Taufbecken auf die Taufe, der Beichtstuhl auf die Lossprechung von den Sünden. Andere Sakramente wie Firmung, Diakon-, Priester- und Bischofsweihe werden vor dem Altar vollzogen. Die Struktur des Symbols findet sich auch in den christlichen Sakramenten. Dieses lateinische Wort bezeichnet ursprünglich die Weihe zum Kriegsdienst, es kommt von »sacer«, das für den abgegrenzten heiligen Bezirk steht. Die Sakramente der christlichen Kirche haben die Doppelheit des Symbols, ein sichtbares Zeichen wie z.B. Wasser, Öl, Brot, deutet auf einen religiösen Gehalt. Mittels des äußeren Zeichens handelt Gott, schenkt in der Taufe die himmlische Wiedergeburt, lässt im eucharistischen Brot den Menschen an dem himmlischen Mahl teilnehmen, salbt ihn mit Öl für eine besondere Aufgabe in der Kirche.

Sakramente sind heilige Handlungen, die von Amtsträgern der Kirche vollzogen werden und sich individuell auf das Heil des Einzelnen beziehen. In dem Amtsträger handelt Gott und spricht dem Einzelnen Erlösung und Heil zu. Nur beim Ehesakrament ist der Amtsträger nicht Spender des Sakramentes. Da spenden sich die Brautleute selbst das Sakrament, der Amtsträger ist Zeuge des Eheversprechens.

In der Taufe erhält der Einzelne die Gnade der Erlösung, die Vergebung seiner Sünden und wird in die Kirche aufgenommen.

In der Firmung wird das Pfingstereignis, dass nämlich die Christen Geistträger sind, dem Einzelnen zugesprochen.

Nur die Eucharistiefeier ist ein Sakrament der versammelten Gemeinde insgesamt. In der → Messe feiert die Gemeinde die Gegenwart Jesu Christi in seinem Tod und seiner Auferstehung. Jeder Einzelne wird in das neue Leben verwandelt. Deshalb ist die Kommunion die Wegzehrung auch für die Sterbenden in ihrem Übergang in das neue, vollendete Leben.

In der Beichte erhält der Einzelne die Lossprechung von Sünden und Verfehlungen, die er nach seiner Taufe begangen hat.

In der Diakonen-, Priester- und Bischofsweihe wird dem Einzelnen seine Beauftragung und die Gnade für sein Amt zugesprochen.

Sakramentshäuschen

Zuerst wurden die Brotreste des eucharistischen Mahles in einem Seitenraum der Kirche aufbewahrt. Als im Mittelalter die Hostie verehrt wurde, rückte man den Aufbewahrungsort für das eucharistische Brot in den Chorraum. Der verschließbare Kasten steht auf einer Säule und ist oben in gotischer Weise mit einer Haube abgeschlossen. Von daher erklärt sich die Bezeichnung »Häuschen«. Während im Mittelalter das Sakramentshäuschen noch an der Seite steht, stellt der → Barock den Kasten, in dem das Brot verschlossen wurde, auf den Altar (→ Tabernakel), um den im eucharistischen Brot verehrten Christus als Herrscher im barocken Festsaal darzustellen.

Gotisches Sakramentshäuschen im niederösterreichischen Guntersdorf.

Sakristei

Nebenraum der Kirche, in dem die Messgewänder und Kultgeräte aufbewahrt werden. In der Sakristei kleiden sich Zelebrant und Messdiener an. In dem Wort klingt das Wort sacer = heilig an.

Salbung

Mit geweihten Ölen werden der Täufling, der Firmling, der für ein Amt zu Weihende wie auch der Altar und die Glocken gesalbt. → Chrisam

Salz

Das Salz ist nach einem Wort Jesu ein Bild für die Glaubensüberzeugung, die seine Jünger haben. »Ihr seid das Salz der Erde. Wenn das Salz seinen Geschmack verliert, womit kann man es wieder salzig machen? Es taugt zu nichts mehr; es wird weggeworfen und von den Leuten zertreten.« (Mt 5,13) Salz gehört daher zur Weihe des Taufwassers.

Sanktuarium

Das Wort leitet sich von sanctus = heilig her und bezeichnet Räume, in denen Heiliges aufbewahrt wurde. Da früher die nicht verzehrten Hostien aus der Messe in einem Nebenraum aufbewahrt wurden, heißt heute die Sakristei manchmal noch Heiligtum. Ein Sanktuarium ist auch der Aufbewahrungsort für Reliquien.

Säule

Die Säule trägt wie die Mauer das Gewölbe. Sie entfaltet eine größere Symbolkraft als die Mauer, denn sie betont den Zusammenhang von Oben und Unten. Die Säule verbindet Himmel und Erde. So liegt das Himmelsgewölbe nicht auf einer Mauer auf, sondern auf den »Säulen des Herakles«, dem Felsen von Gibraltar und dem Berg Abila gegenüber von Gibraltar.

Die Säule sehen Theologen der alten Kirche in der Feuersäule vorgebildet. In der Feuersäule geht Gott seinem Volk auf der Wanderung durch die Wüste voraus. »Sie brachen von Sukkot auf und schlugen ihr Lager in Etam am Rand der Wüste auf. Der Herr zog vor ihnen her, bei Tag in einer Wolkensäule, um ihnen den Weg zu zeigen, bei Nacht in einer Feuersäule, um ihnen zu leuchten. So konnten sie Tag und Nacht unterwegs sein.« (Ex 13,20–21)

Die Säule findet sich auch in der traditionell überlieferten Leidensgeschichte Jesu. An eine Säule gefesselt, wird er von den römischen Soldaten gegeißelt.

In der Siebenzahl ist die Säule Symbol für die Gaben des Heiligen Geistes.

Säulen im Dom St. Blasius, einer der größten Kuppelkirchen Europas.

157

Die Mariensäule auf dem Residenzplatz in Eichstätt, im Hintergrund der Dom.

»Die Weisheit hat ihr Haus gebaut, ihre sieben Säulen behauen«, heißt es im Buch der Sprüche 9,1.
Die einzeln stehende Säule hat eine besondere Beziehung zur Sonne → Obelisk
Die → Apostel werden Säulen genannt: »Das Fundament der Säule kann als die beiden Testamente (Altes und Neues Testament) verstanden werden, von der alle Lehre der heiligen Prediger ausgeht. Die Säulen sind die Apostel sowie die Lehrer des Evangeliums.« (Hrabanus Maurus, De universo, 14,23)

Schädel

In der Hand von Heiligen stellt der Schädel den Tod und damit die Vergänglichkeit dar. Liegt unter dem Kreuz ein Schädel, dann weist dieser auf das Grab Adams hin, denn nach der Überlieferung ist das Kreuz über dem Grab Adams errichtet (→ Paradies). Es soll auf die enge Beziehung der Erlösungstat Jesu zu den Stammeltern hingewiesen werden.

Schädel im Beinhaus des Oratorio Sant'Anna in Poschiavo in Graubünden (Schweiz).

Schallarkaden

Öffnungen in Türmen, um den Klang der Glocken besser hörbar zu machen.

Der Sturm auf dem See, Miniatur aus dem Evangeliar der Äbtissin Hitda von Meschede.

Schiff

Die Berichte vom Sturm auf dem See »Er stieg in das Boot, und seine Jünger folgten ihm." (Mt 8,23) und vom Gang Jesu über dem Wasser: »Als sie in das Boot gestiegen waren, legte sich der Wind." (Mt 14,32) wurden häufig auf die Kirche gedeutet: Der Mast ist das Kreuz, die Ruderer sind die Apostel. Nach dem Vorbild der Arche Noachs galt das Schiff auch als Raum der Rettung und des Heils für die Gläubigen. Mit »Schiff« werden das Langhaus und die »Seitenschiffe« bezeichnet (→ Kirchenschiff). Auch im Griechischen wird das gleiche Wort »naus« benutzt.

Schlagen, an die Brust schlagen

Dieser Gestus wird in der Messe beim Sündenbekenntnis und beim Agnus Dei geübt. Es ist ein Verweis auf die eigene Person.

Schlange

In der Bibel wird die Schlange negativ dargestellt. Sie hat Eva verführt, der Messias wird der Schlange den Kopf zertreten. Schlangen und Nattergezücht nennt Jesus seine Gegner. »Ihr Nattern, ihr Schlangenbrut! Wie wollt ihr dem Strafgericht der Hölle entrinnen?« (Mt 23,33) Vom gleichen Evangelisten wird Johannes der Täufer mit

Die Schlange im Gemälde »Adam und Eva« von Lucas Cranach d. Ä. (1526).

demselben Verdikt gegen die damaligen tonangebenden Gruppen zitiert: »Als Johannes sah, dass viele Pharisäer und Sadduzäer zur Taufe kamen, sagte er zu ihnen: Ihr Schlangenbrut, wer hat euch denn gelehrt, dass ihr dem kommenden Gericht entrinnen könnt?« (Mt 3,7) In der Geheimen Offenbarung steht die Schlange für die Macht des Bösen und wird in einem mit dem Drachen genannt: »Dann sah ich einen Engel vom Himmel herabsteigen; auf seiner Hand trug er den Schlüssel zum Abgrund und eine schwere Kette. Er überwältigte den Drachen, die alte Schlange – das ist der Teufel oder der Satan –, und er fesselte ihn für tausend Jahre.« (Offb 20,1–2)

Der → Drache als geflügelte Schlange findet sich vor allem in romanischen Kirchen. → Michael ist der Drachentöter.

Schlüssel

Jesus hat Petrus die Schlüssel des Himmelreiches übertragen. Diese werden oft als Doppelschlüssel gezeigt, denn Jesus hat den Aposteln die Macht zu binden und zu lösen gegeben. Das findet in der altkirchlichen Bußpraxis ihren Ausdruck. Der Büßende wird in seine Sünden »gebunden«, indem er während der vierzig Tage der Fastenzeit aus der Gemeinschaft der Glaubenden ausgeschlossen bleibt. Am Gründonnerstag wird der Büßende aus seinen Sünden gelöst.

Die Himmelsschlüssel zum Binden und Lösen, Detail der Petrusfigur am Salzburger Dom.

Schlusssteine der Gewölbe

In vielen Kirchen ist der Schlussstein des Gewölbes besonders gestaltet. Er hält, bildhaft gesprochen, »das Ganze zusammen«. Christus ist der Schlussstein, der Punkt, wo der Himmel nochmals den von unten errichteten Bau berührt. Im Epheserbrief heißt es: »Ihr seid auf das Fundament der Apostel und Propheten gebaut; der Schlussstein ist Christus Jesus selbst. Durch ihn wird der ganze Bau zusammengehalten und wächst zu einem heiligen Tempel im Herrn. Durch ihn werdet auch ihr im Geist zu einer Wohnung Gottes erbaut.« (Eph 2,20–22) Deshalb ist der zentrale Stein in einem Kreuzrippengewölbe häufig als Kopf oder Büste Jesu gestaltet.

Es gibt jedoch auch Gewölbe, wo gerade anstelle des Schlusssteines eine Öffnung freigehalten ist. An Pfingsten wird durch diese Öffnung die Taube heruntergelassen oder die Feuerzungen fallen in Form von Blütenblättern auf die Gemeinde herab. Auch für die symbolische Darstellung der Himmelfahrt sind diese Öffnungen genutzt worden.

Schmerzensmutter
→ Vesperbild

Schola
Vorsängergruppe im → Gregorianischen Choral. Das Wort kommt von Schola Cantorum = Singschule. Die Mitglieder der Schola tragen beim Gottesdienst einen → Talar mit → Rochett.

Schlussstein im Deckengewölbe der Marienkirche in Lübeck.

Schutzengel
Wenn ein Engel mit einem Menschen dargestellt wird, dann ist es der dem Menschen als Schutzmacht zugeteilte Engel. In der Bibel schildert das Buch Tobit die Geschichte, wie der Engel Rafael den jungen Tobias begleitet, seine zukünftige Frau von einem Dämon befreit und den jungen Mann wieder sicher zu seinen Eltern zurückbringt. In den Evangelien wird mehrfach von Engeln berichtet. Jesus sagt: »Hütet euch davor, einen von diesen Kleinen zu verachten! Denn ich sage euch: Ihre Engel im Himmel sehen stets das Angesicht meines himmlischen Vaters.« (Mt 18,10) Ein

161

Engel stärkt Jesus bei seinem Gebet am Ölberg.

In der Offenbarung des Johannes ist den in den ersten Kapiteln genannten Gemeinden Kleinasiens jeweils ein Engel zugeordnet.

Schutzengel an der Kirche von Zwettl.

Schutzmantelmadonna

Wer seinen Mantel über jemanden anderen ausbreitet, nimmt ihn unter seinen Schutz. Die Verehrung Marias führte ab dem 13. Jahrhundert zu Darstellungen, die Menschen unter dem weit ausgebreiteten Mantel Mariens zeigen.

Schutzmantel-madonna im Dom zu Fulda, 1489.

Schweißtuch

In der christlichen Tradition wird von einer Frau, Veronika, berichtet, die Jesus ein Tuch reicht, das Schweißtuch der Veronika, in dem sich sein Gesicht abgebildet findet. → Christusbild

Schwelle

Die Schwelle trennt mit der Tür Räume. Wem sich die Tür öffnet, der muss selbst die Schwelle überschreiten, um in den kultischen Raum zu gelangen, der in den christlichen Kir-

Schwelle am Eingang der Kirche St. Stephanus in Swantow auf Rügen.

chen als Abbild des Himmels gebaut ist. Mit dem »über die Schwelle gehen« begibt sich der Einzelne bereits in den Raum des Gottesdienstes. Wenn der Christ sich mit dem Weihwasser aus dem neben der Tür angebrachten Becken bekreuzigt, erinnert er sich an die Taufe, durch die er Mitglied der Gottesdienstgemeinde geworden ist.

Schwert
→ Paulus

Segen

Der Segen wird im Namen Gottes einem Menschen zugesprochen, einmal durch Handauflegung und im christlichen Gottesdienst durch den Priester, indem dieser das Kreuzzeichen mit der Hand nicht auf sich, sondern zu den Gläubigen hin gerichtet spricht: »Es segne euch der allmächtige Gott, der Vater, der Sohn und der Heilige Geist.«

Sense

Ein Attribut des Todes, welches neben der »Ernte, die der Tod einfährt« auch darauf hinweist, dass der Tod Leib und Seele trennt.

Engel mit Sense auf einem Grabstein in Mailand.

Sibylle

Diese Frauen der Mythologie haben insofern Eingang in die christliche Kunst gewonnen, als sie auf eine kommende Erlösergestalt hinweisen. Sie finden sich meist im Figurenprogramm der Außenseite oder der Portale. Es gibt die Sibylle von Delphi, eine persische, eine ägyptische, eine phrygische u. a.

Siegel

Wappenzeichen, das zur Bestätigung unter einen Vertrag, ein Gesetz gedrückt wird. Es besagt eine hohe Verbindlichkeit aus. Das Siegel wird oft

Mit dem Siegelstempel wird das heiße Wachs geprägt.

als Ring getragen, der, wie der Ring des Bischofs, Ausdruck der Amtsgewalt ist.

Simson oder Samson

Dieser als Held verehrte Mann war ein Anführer der Juden im Krieg gegen die Philister. Ihm wurden außergewöhnliche Körperkräfte zugeschrieben, die er aber verlieren würde, wenn sein Haar geschoren wird. Seine Geliebte Delia, eine Philisterin, entlockte ihm das Geheimnis, so dass er seine Kraft verlor. Im Buch der Richter ist in den Kapiteln 13–16 sein wechselvolles Leben beschrieben. Weil er einen → Löwen besiegt hat, wird er zum Symbol für Christus, der durch seine Auferstehung den Tod überwunden hat. Auch hat Simson die Tore der Philisterstadt Gaza zum Einsturz gebracht (Ri 16,3), was darauf hindeuten könnte, dass Christus die Pforten der Hölle zerstört hat.

Sitzen

In der Liturgie entspricht das Sitzen dem Zuhören der Lesungen und der Predigt. Aus Ehrfurcht vor den Worten und Taten Jesu wird das Evangelium stehend gehört. In der frühen Kirche predigten die Bischöfe von ihrem Platz in der Apsis sitzend. Die der Liturgie entsprechende Haltung ist das → Stehen, das gilt auch für das Chorgebet. Zum Ausruhen gibt es im Chorgestühl die → Misericordien.

Skapulier

Ein schmales Tuch mit einer Öffnung für den Kopf, das jeweils bis zum Gewandsaum reicht. Es wird von verschiedenen Orden, so den Benediktinern, den Karmeliten u. a. getragen. Der Name leitet sich von dem lateinischen Wort für Schulterkleid her. Es ist Ausdruck religiöser Weihe und wird in diesem Sinne auch in kleineren Formaten von Laien unter der Kleidung getragen. Dann hat es meist eine quadratische Form, die jeweils über Rücken und Brust fällt.

Sonntag/Sabbat

Der Sonntag ist nach dem jüdischen Kalender der erste Tag der Woche, an dem die Christen die Auferstehung Jesu Christi feiern, indem sie sein Gedächtnismahl begehen, das Jesus mit dem Auftrag verbunden hat: »Tut dies zu meinen Gedächtnis.« (Lk 22,19)

In die christliche Sonntagspraxis ist die jüdische Sabbat-Tradition eingeflossen. Der Sabbat, der jeweils samstags von den Juden gefeiert wird, bezieht sich auf den siebten Tag der Schöpfung, an dem Gott ruhte. Im Buch Genesis heißt es: »Und Gott segnete den siebten Tag und erklärte ihn für heilig; denn an ihm ruhte Gott, nachdem er das ganze Werk der Schöpfung vollendet hatte.« (Gen 2,3) Der Sonntag ist entsprechend diesem Wochenrhythmus der → achte Tag, an dem die neue Schöpfung beginnt. Die Vollendung, die Freude an allem, was Gott geschaffen hat, und der Dank für die Taten seiner Erlösung gehören zum Sonntag.

Diese Straßenschilder laden vielerorts zur sonntäglichen Feier des Gottesdienstes ein.

Soutane

Vom französischen »sous« bezeichnet es eigentlich ein Untergewand, es ist aber das typische Gewand, mit dem Priester in südlichen Ländern wie auch in Filmen sofort erkennbar sind. Die Soutane wird mit einem → Zingulum zusammengehalten. Die Farbe der Soutane zeigt den Rang eines Klerikers. Der Papst trägt eine weiße, Kardinäle eine rote, Bischöfe eine violette, Priester, aber auch Diakone und Priesteramtskandidaten eine schwarze Soutane. Für Priester werden Soutanen mit 33 Knöpfen angefertigt, die auf die 33 Jahre hinweisen, die Jesus gelebt hat. Die Ordensmitglieder, nicht nur die Priester, die nicht wie die Benediktiner oder Franziskaner ein eigenes Ordensgewand haben, tragen auch eine Soutane. In warmen Gebieten wird eine weiße Soutane getragen. Die Soutane wird, wenn sie bei liturgischen Anlässen getragen wird, → Talar genannt. Dann trägt der Kleriker kein Zingulum.

Spitzbogen

Gegenüber dem romanischen Rundbogen ist der Spitzbogen sowohl eine technische wie eine stilistische Fortentwicklung. Geometrisch wird die obere Bogenhälfte durch Teile eines Kreises, die sich im spitzen Winkel schneiden, gebildet. Technisch ist der Spitzbogen variabler einzusetzen, denn die Grundlinie des Bogens ist nicht mehr bestimmend für die Höhe. Unterhalb des Scheitels ist das Maßwerk kreisförmig gestaltet. Dieser obere Teil des Maßwerkes wird durch kleine Säulen getragen. Durch das Maßwerk ermöglicht der Spitzbogen eine größere Formenvielfalt. Da die Baumeister das → Maßwerk mit unterschiedlichen Formen gestalteten, gibt es in der Fensterarchitektur gotischer Kirchen eine große Variabilität.

Spitzbogenfenster am Dom St. Peter zu Regensburg.

Stab

Bischöfe und Äbte tragen als Zeichen ihrer Amtsvollmacht einen dem Hirtenstab nachbildeten Bischofs- oder Abtsstab. Mose trug auch einen Stab, mit dem er das Rote Meer teilte, damit die Israeliten so dem nachrückenden Heer des Pharao entkommen konnten (vgl. Ex 4,1–5; 14,16.) Mit seinem Stab schlug Mose Wasser aus dem Felsen (vgl. Num 20,7–11). Für Jakobspilger und andere Wallfahrer gehört der Stab zur Ausrüstung.

Stehen

Die angemessene Körperhaltung bei der Feier der Liturgie ist das Stehen. Auch wenn in katholischen Gottesdiensten viel gekniet wird, ist doch das Stehen bei herausgehobenen Gebeten, vor allem wenn diese von der Gemeinde gemeinsam gebetet oder gesungen werden, die typische Haltung. Das gilt für die Gebete, mit denen der Priester die Eröffnung, die Gabenbereitung und die Kommunion abschließen. Stehend werden die meisten Hymnen und Lieder gesungen, so das Eingangslied, Kyrie, Gloria, Sanctus, Agnus Dei und Schlusslied. Ebenso wird das Glaubensbekenntnis stehend gesungen oder gesprochen. Früher stand die Gemeinde auch beim zentralen Hochgebet, heute wird dabei gekniet. Lesungen und Predigt werden sitzend verfolgt.

Bischofsfigur mit Bischofsstab im Altenberger Dom im Bergischen Land.

Das Sitzen während des Betens entwickelte sich früh im Zusammenhang mit dem Chorgebet. Das Chorgestühl ist für einen Wechsel von Sitzen und Stehen ausgelegt. Für die Gläubigen im Kirchenschiff wurden erst seit dem 15. Jahrhundert Stühle bereitgestellt.

167

Mit Sternen ausgemaltes Gewölbe der Onze-Lieve-Vrouwekathedraal in Antwerpen.

Stern

Vor der Erfindung mechanischer Uhren und des künstlichen Lichtes war das Leben tagsüber am Lauf der Sonne orientiert, das der Nacht an Mond und Sternen. Die Tierkreisbilder zeigen in Verbindung mit der Sonne den Monat an. Am Polarstern können sich Schiffe und Karawanen in der Nacht orientieren. Da die Gewölbe der mittelalterlichen Kirchen den Himmel abbilden, waren und sind einige bis heute mit Sternen ausgemalt. In der Bibel ist der Stern, der die Weisen aus dem Morgenland zu dem Stall in Betlehem führt, von großer Bedeutung. Die Zahl der Sterne deutet, wenn es sieben Sterne sind, auf die Planeten, wenn es 12 sind, auf die 12 Stämme Israels. Maria wird auch Stern genannt. Der → Morgenstern wird Christus zugeordnet.

Sternsinger

Aus dem Besuch der »drei Weisen« aus dem Morgenland bei der Krippe in Betlehem entwickelte sich der Brauch, dass Kinder die Weihnachtsbotschaft in die Häuser bringen und dafür eine Gabe erhalten.

Dieser Brauch entwickelte sich im späten Mittelalter. Nach dem Krieg wurde dieser Brauch in Österreich neu belebt. Kinder sammeln nicht mehr nur für sich, sondern für Kinder in der Dritten Welt. Sie verkleiden sich als die Heiligen Drei Könige, besuchen, meist durch einen Erwachse-

Die Sternsingeraktion ist die weltweit größte organisierte Hilfsaktion von Kindern für Kinder.

nen begleitet, die Wohnungen. Sie singen und schreiben über die Türpfosten die Buchstaben C, M, B, die von der Jahreszahl eingerahmt werden. Die drei Buchstaben können als **C**hristus **M**ansionem **B**enedicat, »Christus segne dieses Haus«, gedeutet werden oder als Initialen der Drei Könige: Caspar, Melchior, Balthasar.

Stier

Während die Kulte im Umkreis von Israel oft den Stier in den Mittelpunkt stellen, ist bei den Juden das Lamm das Tier, das beim Passahmahl verzehrt wird. Der Stier ist im Mittelmeerraum bis heute ein besonderes Tier und steht bei der Namensgebung von Europa Pate. Zeus erscheint als Stier und trägt auf seinem Rücken die schöne Europa. Auf der iberischen Halbinsel und in Südfrankreich fin-

den weiterhin rituelle Stierkämpfe statt, in denen sich der Mensch stärker als der Stier erweisen soll. Der Stier steht nicht nur für Kraft, sondern auch für Fruchtbarkeit. Fruchtbarkeit ist nicht zuerst als sexuelle Kraft des Stieres zu verstehen, sondern als Beginn des Frühjahres. Im Sternbild des Tieres beginnt das Wachstum. Warum der Stier getötet werden muss, ob im Mithraskult oder in der Stierkampfarena, ist schwer zu erschließen und durch die Altertumswissenschaften noch wenig erhellt.

Der Stier ist dem Evangelisten Lukas zugeordnet. Das ist eher zufällig, weil man die vier Figuren Löwe, Stier, Adler, Mensch einem der vier → Evangelisten zuordnen wollte. Lukas erhielt

Ein goldener Stier am Hotel-Gasthof Ochsen in Kißlegg (Allgäu) weist auf den hl. Lukas hin.

den Stier, da sein Evangelium mit dem Opfer des Zacharias, des Vaters Johannes' des Täufers, beginnt. Als Gasthausnamen Ochs, Löwe und Adler sind die vier Evangelisten in das Stadtbild gekommen.

Deutlich sichtbar sind die Strebebögen an der Kathedrale Notre-Dame in Paris.

Stola

Dieses Stoffband, das meist durch Stickereien ausgestaltet ist, leitet sich von einem um den Hals gelegten Tuch her. In der orthodoxen und der katholischen Kirche wird es vom Priester und Bischof als Ausdruck ihrer Amtsautorität getragen. Es wird unter dem Messgewand überkreuzt getragen, jedoch auch frei herabhängend über einem → Rochett bei Prozessionen und Begräbnisfeiern. In den protestantischen Kirchen wird die Stola vermehrt wieder getragen.

Strebebogen

Diese von außen an das Dach herangeführte Konstruktion fängt den Seitendruck der Gewölbe ab. Strebebögen wurden am Beginn der Gotik eingesetzt. Mit dem Fortschritt der Baukunst entfallen die Strebebögen. Spätgotische Kirchen setzen anstelle eines Strebebogens einen Pfeiler vor die Außenwand, um den Gewölbedruck aufzufangen.

Stundengebet, Stundenbuch

Im Chor von Abteien und Stiften wird zu bestimmten Zeiten gemeinsam gebetet. Im Rhythmus des Tagesablaufs sind der Morgen, der Mittag, der Abend Gebetszeiten. In seinem Buch über das Gebet schlägt der Theologe Origines (185–254), der in Alexandrien lehrte, das dreimalige Gebet vor. Diese Ordnung des Stundengebets ist seit der Liturgiereform nach dem II. Vatikanischen Konzil wieder üblich. Über Jahrhunderte leitete sich die Ordnung des Stundengebets vom Vers 164 des 119. Psalms ab: »Siebenmal am Tag singe ich dein Lob wegen deiner gerechten Entscheide.« Die Gebetszeiten sind lateinisch benannt:

3 Uhr   Laudes, Loblieder
6 Uhr   Prim von lateinisch »eins« für die erste Stunde, diese Zeit ist seit der Liturgiereform nach dem II. Vatikanum abgeschafft
9 Uhr   Terz, 3. Stunde

12 Uhr   Sext, 6. Stunde
15 Uhr   Non, 9. Stunde
18 Uhr   Vesper – Abendgebet
21 Uhr   Komplet – Nachtgebet, in der Nacht die Matutin, heute Lesehore genannt

Das Stundengebet stützt sich auf die 150 Psalmen des Alten Testaments, hat weiter Hymnen, kurze Lesungen, Fürbitten. In jeder Laudes hat das → Benedictus, das Gebet, das Zacharias, der Vater Johannes' des Täufers, bei dessen Geburt betete, seinen Platz. In jeder Vesper wird das → Magnifikat gebetet, das Maria bei Ihrem Besuch bei Elisa-

Das Chorgestühl, hier im Erfurter Dom, dient den Stiftsherren und Mönchen für das Stundengebet.

171

bet, der Mutter des Johannes, betete.

Hymnen, Psalmen wie auch Benedictus und Magnifikat werden im Wechsel von zwei Gruppen, »Chören«, gebetet. Daher ist das → Chorgestühl nicht in Richtung Altar aufgestellt, sondern, meist in zwei Reihen, entlang den Seitenwänden des Chorraums.

Damit die beiden Chöre jeweils »mit einer Stimme« beten, wird das Chorgebet nach Möglichkeit gesungen. Dafür gibt es einfache Tonfolgen, die eine Art Sprechgesang ermöglichen. Schwierige Melodien werden von einer → Schola vorgetragen.

Subdiakon

Bis zum II. Vatikanischen Konzil eine eigene Weihestufe, die sich bereits im 3. Jahrhundert entwickelt hatte. Der Subdiakon las die Lesung vor, daher wurde er auch Epistolar genannt, hergeleitet von Epistola=Brief, denn aus den Briefen des Neuen Testaments sind die meisten Lesungen entnommen. Ansonsten sollte er den Diakon bei den liturgischen Handlungen unterstützen. In der → tridentinischen Messe gibt es feierliche Hochämter mit einem Zelebranten, einem Diakon und Subdiakon. Sie stehen nicht nebeneinander, sondern hintereinander auf den Altarstufen. Der Subdiakon trägt die gleichen Messgewänder wie der → Diakon.

T

Tabernakel

Ein durch zwei Türchen verschlossener Kasten, der ab dem → Barock auf
dem Altar zur Aufbewahrung konsekrierter Hostien stand. Seit der Liturgiereform wird der Tabernakel bei
neuen bzw. neugestalteten Kirchen
räumlich vom Altar getrennt und am
Rande des Altarraums oder in einer
Seitenkapelle aufgestellt.
Das Wort kommt aus dem Lateinischen und heißt Zelt, Hütte. Das spielt
auf die → Bundeslade an. Daher sind
die Tabernakeltürchen auch mit zwei
→ Cheruben ausgestaltet, weil diese
neben der Bundeslade angebracht waren.

Talar

Ein meist schwarzes Gewand, das bis
zu den Knöcheln reicht. Es hat sich
mit der Gründung der mittelalterlichen Universitäten entwickelt und
gilt auch als Amtskleidung von Rich-
tern. Der Talar der lutherischen Geistlichen leitet sich von den Universitäten her. Der Talar wird ohne Zingulum
getragen und hat meistens eine Rü-
ckenfalte.
Priester tragen bei liturgischen Feiern, die keine Messe sind, z.B. bei Be-
erdigungen oder Andachten und Prozessionen, einen Talar, darüber ein
weißes → Rochett mit → Stola. Der
Talar, den Priester in romanischen
Ländern als Straßenkleidung tragen,
wird → Soutane genannt. Jedoch ist
der Talar nicht den Priestern vorbehalten, er soll eigentlich von allen getragen werden, die im Chorraum liturgische Dienste tun. So tragen die
Messdiener einen Talar, auch viel Küster und in manchen Gemeinden Lektoren und Kommunionhelfer.

Tambour

Zylindrische Mauer zwischen Kuppel
und Pendentif, so dass die Pendentif-
kuppel nicht auf den → Trompen auf-
liegt, sondern auf dem Tambour.

Taube

Vögel stehen für die Beziehung zu einer anderen Welt. Oft symbolisiert ein
Vogel auch die menschliche Seele.
Wenn ein Vogel einen Kranz im Schna-
bel trägt, steht er für die Seele eines
Märtyrers, der im Himmel die »Krone
des Martyriums« erhält. Unter den Vögeln hat in der christlichen Symbolik
die Taube eine besondere Bedeutung,
denn sie ist Zeichen des Geistes. Wie
die Taube immer zum Ursprung zu-
rückfindet, so bringt uns der Geist Gottes zu unserem Ursprung zurück, aus
dem wir hervorgegangen sind. Die
Taube kennt durch ihren Flug die Welt
in ihrer Vielfältigkeit. Diese Vielfalt
auch unseres Lebens wird durch den
Geist zur Einheit, in die Wirklichkeit
des Ursprungs, zurückgeführt, so dass

wir dort Heimat finden. Der Heilige Geist bewirkt eine neue Ordnung, in der jeder seinen Platz hat, ohne dass er deshalb einem anderen diesen Platz streitig machen muss.

Ausdrücklich wird der Heilige Geist in Beziehung zu einer Taube in dem Bericht über die Taufe Jesu gesetzt. »Kaum war Jesus getauft und aus dem Wasser gestiegen, da öffnete sich der Himmel und er sah den Geist Gottes wie eine Taube auf sich herabkommen.« (Mt 3,16) Eine einzelne Taube als Symbol für den Heiligen Geist findet sich im Deckel der Kanzel, direkt über dem Prediger. Im Hebräischen heißt Taube Jona (vgl. Jonas). Petrus wird Bar Jona, d. h. aramäisch »Sohn der Taube« genannt.

Da man annahm, dass die Taube keine Galle hat, ist das Wort Jesu verständlich »Seid ohne Falsch wie die Tauben.«

Die Taube als Symbol für den Heiligen Geist in einem Fresko im Dom von Amalfi (Süditalien).

Taufkapelle mit achteckigem Taufstein in der Kathedrale San Giovanni in Verona (Italien).

Taufe, Taufbecken, Taufkapelle

In der frühen Kirche wurde die Taufe im Vergleich zum Mittelalter und der Neuzeit als sehr viel bedeutsamer erlebt. Das war nicht zuletzt durch die häufigeren Erwachsenentaufen bestimmt. In Südfrankreich und Italien kann man noch von der Hauptkirche getrennte Taufkirchen und -kapellen besichtigen. Zudem ist die Taufe dem Osterfest zugeordnet, denn in der Osternacht wurden die Katechumenen getauft, die sich in der Fastenzeit auf den Eintritt in die Kirche vorbereitet hatten. Die Taufe bedeutet, in das neue, von Christus geschenkte himmlische Leben einzutreten. Taufbecken verweisen durch die Achtzahl ihrer Ecken auf Ostern, denn der achte Tag ist der Tag der Auferstehung. In den Kirchen gibt es für das Taufbecken keinen festen Platz, es kann in der Sei-

die Zahlenverhältnisse, die das Alte Testament vom jüdischen Tempel überliefert, galten den christlichen Baumeistern als Orientierung. Der Tempel war selbst nicht Ort des Opfers, vielmehr stand der Altar vor dem Tempel. Im Tempel selbst war die Kultstatue der Gottheit aufgestellt. Die Säue als gestaltendes Element wurde in der Renaissance und im Barock aus der römischen Tempelarchitektur übernommen.

Die 1152 erbaute Taufkirche des Doms zu Pisa ist die größte ihrer Art.

tenkapelle oder in der Nähe des Altars stehen. Johannes, der am Jordan eine Bußtaufe spendete, der sich auch Jesus unterzog, ist Patron der Taufe. Wenn eine alte Kirche seinen Namen trägt, kann auf eine besondere Beziehung zur Taufe geschlossen werden. Die Taufe Jesu ist häufiges Motiv von Kunstwerken.

Tempel
Der Tempel als Verehrungsort einer Gottheit wurde von den Christen nicht als Bauform übernommen. Nur

In Italien und Südfrankreich wurden häufig an die Stelle von Tempeln Kirchen gebaut, sogar unter Einbeziehung der Säulen des römischen Tempels.

Tetramorph – Viergestalt

Die in einer Gestalt zusammengeführten Löwe, Stier, Adler, Mensch, die im Orient häufig vor den Tempeln standen, symbolisieren Mut, Kraft, Geist. Den vier → Evangelisten ist jeweils eine Gestalt zugeordnet.

Teufel

Die Teufelsdarstellungen sind von der Tiersymbolik gekennzeichnet. Die Hörner und die Füße, als Hufe gestaltet, weisen auf den Ziegenbock hin. Dieser ist einmal Opfertier, zum anderen steht er für Ausschweifungen und Schamlosigkeit.

Tetramorph; Miniatur aus einem Evangeliar, um 775.

Detail des Antichristfensters von St. Marien in Frankfurt an der Oder.

Thronender Christus in der Mandorla, Koptische Kirche in Wien.

Thron

Wer auf einem herausgehobenen Platz sitzt, hat besondere Funktionen. Wird dieser Platz besonders ausgestaltet und gegenüber anderen Plätzen erhöht, sprechen wir von einem Thron. Dieser kommt dem zu, der die Vollmacht hat, zu regieren. Damit konnte der Thron auch zum Zeichen für die Macht werden, die Gott zukommt. Jesus sitzt deshalb auf einem Thron (→ Mandorla), weil er nicht nur von den Toten auferstanden ist, sondern »zur Rechten Gottes thront«. Das wird nicht nur von dem Sohne Gottes ausgesagt, sondern von dem Menschen Jesus, der am Ende der Zeiten alles seiner Herrschaft unterwerfen wird, um dann das Reich Gott, seinem Vater, zu übergeben.

»Nun aber ist Christus von den Toten auferweckt worden als der Erste der Entschlafenen. Da nämlich durch einen Menschen der Tod gekommen ist, kommt durch einen Menschen auch die Auferstehung der Toten. Denn wie in Adam alle sterben, so werden in Christus alle lebendig gemacht werden. Es gibt aber eine bestimmte Reihenfolge: Erster ist Christus; dann folgen, wenn Christus kommt, alle, die zu ihm gehören. Danach kommt das Ende, wenn er jede Macht, Gewalt und Kraft vernichtet hat und seine Herrschaft Gott, dem Vater, übergibt. Denn er muss herrschen, bis Gott ihm alle Feinde unter die Füße gelegt hat. Der letzte Feind, der entmachtet wird, ist der Tod. Sonst hätte er ihm nicht alles zu Füßen gelegt. Wenn es aber heißt, alles sei unterworfen, ist offenbar der ausgenommen, der ihm alles unterwirft. Wenn ihm dann alles unterworfen ist, wird auch er, der Sohn, sich dem unterwerfen, der ihm alles unterworfen hat, damit Gott herrscht über alles und in allem.« (1 Kor 15,20–28)

Tiara

Die mittelalterliche Geschichte des Papsttums ist durch den Versuch gekennzeichnet, aus der kirchlichen Vorrangstellung eine weltliche Machtposition zu entwickeln. Das zeigt sich in der Tiara, der dreifachen Krone des Papstes (abgeleitet von lateinisch triregnum = drei Königreiche). Vorbild waren die persische Krone und die phrygische Zipfelmütze, mit entsprechenden Kopfbinden und den hinten herabhängenden Enden. Die Dreizahl steht für die drei Ämter des Papstes, die von den Ämtern Christi hergeleitet werden. Auch der Stellvertreter Christi übt ein Hirten- bzw. Königs-, ein Priester- und ein Propheten- oder Lehramt aus. Heute wird die Tiara nicht mehr vom Papst benutzt. Wenn ein Heiliger mit einer Tiara dargestellt wird, handelt es sich um einen heiligen Papst. Eine Tiara ist in vielen Kirchen, die dem hl. Petrus geweiht sind, zu sehen.

Papst Silvester I. mit der Tiara, München um 1700.

179

Die astronomische Uhr am Heilbronner Rathaus zeigt außen die zwölf Tierkreiszeichen und innen die durch Sonne, Mond, Mars, Merkur, Jupiter, Venus und Saturn repräsentierten Wochentage.

Tiere

In der Bibel treten Tiere als symbolische Größen auf, so der → Löwe. Sie stehen teilweise für Reiche, so der → Bär für das Persische Reich. Furchterregende Tiergestalten, → Bestiarien und → Drachen finden sich vor allem in romanischen Kirchen.

Tierkreiszeichen

Der Jahreskreis mit seinen zwölf Monaten wird durch jeweils ein Sternbild dargestellt, in dem die Sonne aufgeht. Es gibt einen festen Punkt, nämlich der Polarstern, auf den die Erdachse zeigt. Um diesen scheint sich aus der Sicht des Erdenbewohners der Himmel zu drehen. Die Ausrichtung der Erde auf den Polarstern wird in der frei stehenden Säule bzw. dem Stab der Sonnenuhr symbolisiert. Der Stab oder → Obelisk ermöglicht es dem Beobachter, den Lauf der Sonne im Jahreskreislauf zu verfolgen. Im Jahresablauf gibt es wichtige Punkte, nämlich wenn der in den Himmel ausgedehnte Äquator und der Tierkreis sich schneiden. Das sind die beiden Daten der Tagundnachtgleiche, abhängig vom Kalenderjahr zwischen dem 19. und 21. März sowie am 22. oder 23. September. Für die Nordhalbkugel ist der Märztermin wichtig, weil dieser Tag den Frühlingsanfang bezeichnet. Die Sonne kommt zurück. Das geschieht im Sternzeichen des Widders. Von daher hat der Widder in den antiken Kulturen große Bedeu-

Sonnenuhr an der Michaelkirche in Schwäbisch Hall.

tung, bei den Ägyptern formt ein widerköpfiger Gott den Menschen und gibt ihm sein Ka, sein Leben. Die Juden feiern am ersten Frühlingsvollmond das Passahfest, bei dem ein einjähriges Lamm verzehrt wird. Die Christen begehen am Sonntag nach dem 1. Frühlingsvollmond Ostern. Das griechische X → Chi bildet diesen Tag, den Beginn des Lebens überhaupt und des jährlichen Neuanfangs ab, nämlich den Winkel zwischen dem Himmelsäquator und dem Tierkreis, Zodiakus, genannt. Weihnachten liegt am tiefsten Punkt der Sonnenbahn auf der Nordhalbkugel, dann werden die Tage wieder länger. Den höchsten Punkt erreicht die Sonne am Fest des Johannes des Täufers. Die Tierkreiszeichen fin-

Der Tod legt die Axt an den Baum des Lebens, Relief in der Schlosskirche Stainz in der Steiermark.

den sich manchmal in Kirchen, bedeutsamer ist jedoch die Lichtführung, z.B. sind Fenster so angebracht, dass zur Tagundnachtgleiche das Licht eine Christusfigur beleuchtet. Vor allem der Barock hat diese Lichtsymbolik entfaltet.

Tod
Zu den Elementen einer christlichen Spiritualität gehört die Vorbereitung auf den Tod, der als Skelett mit einer Sense dargestellt wird. Der Tod erscheint, anders als der Teufel, nicht als Verderber des Menschen, sondern als der, der »seine Ernte einfährt«. Das Wort »Ernte« bezieht sich allerdings auf die Sünde, deren Ernte der Tod ist. Denn mit der Sünde handelt der Mensch sich die Notwendigkeit des Sterbens ein. Eine andere Deutung für die Sense ist, dass der Tod die Seele vom Körper trennt.

Tonnengewölbe
Romanische Kirchen wurden nicht mehr wie die Basilika mit einer flachen Decke abgeschlossen, sondern, um die Dimension des Himmels deutlich zu machen, mit einem Gewölbe. Dabei wurde das ganze Längsschiff wie auch die Seitenschiffe überwölbt, wie eine aufgeschnittene Tonne. Da diese Gewölbe aus Steinen gefügt sind, ist ein Tonnengewölbe sehr viel schwerer als das → Kreuzrippengewölbe, das aus diagonal angebrachten Gewölbe-

steinen besteht, die jeweils auf einer Säule aufruhen. Zwischen diese Kreuzrippen, die jeweils im Quadrat von vier Säulen einen Spitzbogen bilden, sind nur leichtere Ziegelsteine eingehängt. In Deutschland findet man auch in den romanischen Kirchen Kreuzrippengewölbe, in Mittel- und Südfrankreich haben viele romanische Kirchen noch das schwere Tonnengewölbe.

Tor, Pforte

Die → Schwelle als Übergang in das Haus und damit in einen neuen Bereich verlangt ein offenes Tor, damit die Menschen eintreten können. Deshalb ist der Eingangsbereich von großer symbolischer Bedeutung. Er wird durch Bildmotive aus dem Alten Testament ausgestaltet, die auf das Kommen des Messias hinweisen. Außen an den Türen wird durch Bildmotive angekündigt, was den Eintretenden innen erwartet. Meist sind die Eingangstüren mit biblischen Motiven gestaltet. In der Romanik bewachen Löwen den Eingang. Weiter ist hinter der Kirchentür das → Weihwasserbecken angebracht. Es steht einmal für Reinigung, aber auch für die Erinnerung an die Taufe, die den Menschen zum Bürger des Reiches Gottes

gemacht hat. Die Pforte ist auch ein Symbol für Maria, denn sie ist die Pforte, durch die der Sohn Gottes in die Welt getreten ist. Die Himmelstür öffnet der Schlüsselträger → Petrus.

Tridentinischer Ritus

Nach dem Konzil von Trient gab Papst Pius V. 1570 ein nach den Maßgaben des Konzils von Trient (1545–1563 mit

Die Galluspforte am Basler Münster zeigt u.a. die vier Evangelisten, das Jüngste Gericht und Christus als Weltenrichter.

Unterbrechungen) zusammengestell-
tes → Messbuch heraus. Es blieb bis
1969 gültig. Seitdem gilt das von Papst
Paul VI. herausgegebene Messbuch,
welches das Dekret des II. Vatikanischen Konzils über die Liturgie um-
setzt. Dieses Dekret wird nach seinen
Anfangsbuchstaben »Sarcosanctum
Concilium« genannt.

Die tridentinische Liturgie ist keine
Neuschöpfung, sondern lehnt sich an
die alte, in Rom gefeierte und von
Papst Gregor um 600 neu geordnete
Liturgie an. Da die nach dem II. Vatikanischen Konzil neu konzipierte Liturgie das sinnfälligste Ergebnis dieses Konzils war, wurde die Feier der
tridentinischen Messe zum Ausdruck
des Protestes gegen die Neuerungen
des Konzils. Papst Benedikt XVI. hat
2007 die Feier der tridentinischen
Messe wieder zugelassen, weil nach
seiner Auffassung ein Ritus, der über
Jahrhunderte verbindlich war, nicht
einfach außer Kraft gesetzt werden
kann.

Irrtümlich wird der tridentinische
Ritus oft mit der lateinisch gefeier-
ten Messe verwechselt. Zwar ist der
tridentinische Ritus eng mit der lateinischen Sprache verbunden, denn
bis zum II. Vatikanischen Konzil wurde die Messe nur lateinisch gefeiert,
der nach dem II. Vatikanischen Konzil ausgearbeitete Ritus wird aber in
der Regel in der Landesprache gefeiert. Das für alle Übersetzungen gültige Messbuch des neuen Ritus ist auch
in Latein verfasst, und man kann in
jedem Land die Messe nach dem neu-
en Ritus in lateinischer Sprache feiern.

Triforium

Umgang um das Mittelschiff einer romanischen oder gotischen Kirche, der
durch die Dachschräge über den Seitenschiffen ermöglicht wird, die den
Raum zwischen der Unterkante der
oberen Fensterreihe und der Oberkan-
te der Säulen offen lässt. Wenn das
Dach des Seitenschiffs nicht als »Pult«,
sondern mit einem eigenen Giebel
konstruiert ist, können hinter den
Triforien Fenster gesetzt werden, wo-
durch der Raum heller wird. Triforien
finden sich auch bei romanischen Kirchen an dem Übergang von der Mauer zum Dach. Der Name enthält das
lateinische Wort für »drei«, weil meist
drei Bögen zwischen zwei Säulen zu
finden sind. Foris steht für das lateinische Wort foris = Öffnung.

Treppe

Der Chorraum ist in der Regel gegenüber dem Kirchenschiff erhöht, so
dass Treppen zum Lesepult, dem
Ambo führen. Auf einer der Treppen-
stufen stand der Vorsänger für die Gesänge zwischen den Lesungen. → Graduale. Treppen als Zeichen für den
Aufstieg finden sich in den barocken
Deckengemälden.

Triforium im Essener Dom, in Essen eher als Münsterkirche bekannt.

Triumphbogen

Basiliken und romanische Kirchen stellen vor den Chorraum einen großen Bogen. Damit wird der Chorraum besonders herausgehoben. Da die Basilika auch ein Abbild der römischen Stadt ist, übernimmt sie den Bogen, der in das Innere der Stadt führt. Triumphbögen aus neurer Zeit finden sich in Paris und München.

Trompe

Um von einem aus Säulen gebildeten Quadrat in eine Kuppel überzuleiten, braucht man → Zwickel, die die Form eines Hohlkegels oder Halbkegels haben, wobei diese nach unten geöffnet sind. Diese Zwickel werden Trompen genannt.

Trompen bilden den Übergang aus einem Quadrat in die Kuppel; Kathedrale in Midna (Malta).

Tugenden

Wie für die → Laster gibt es auch Bildsymbole für die Tugenden, und ähnlich wie bei den Lastern gibt es für fast jede Tugend mehrere Zeichen.

Die → Leiter, die zum Himmel führt, ist Symbol für tugendhaftes Leben.

Für den Glauben stehen das Kreuz, der Kelch, der Leuchter, Buch und Buchrolle. Die Hoffnung kann mit einem → Anker, einer von einem Engel entgegengehaltenen Krone, einem Kompass dargestellt werden. Die Farbe Grün gehört zur Hoffnung.

Die Liebe hat das flammende Herz, den → Pelikan. Wenn das Herz durch ein Schwert durchbohrt wird, deutet das auf in Liebe getragenes Leid. Die Farbe Rot gehört zur Liebe.

Die Klugheit ist schwer darzustellen. Wegen des biblischen Wortes, dass die Schlange klug ist, steht auch dieses an sich negative gesehene Tier für diese Tugend, außerdem der Spiegel.

Gerechtigkeit ist meist durch die Waage gekennzeichnet.

Die Tapferkeit wird durch den Ritter, das Löwenfell, ein Schild bezeichnet.

Die Mäßigkeit reitet auf einem Löwen, Kamel oder Elefanten. Wenn Wein

Personifikationen der Tugenden, Kukus, um 1719.

mit Wasser gemischt wird, kann das auch auf diese Tugend hindeuten.

Das Lamm steht für Demut und Sanftmut. Die Keuschheit hat die Lilie und auch die Palme als Pflanze, weiter das → Einhorn als Tier.

Turm: Der große Turm im Westen und die vielen Türme

Viele Kirchen des frühen Mittelalters zeichnen sich durch ein → Westwerk aus, das baulich die Abwehr des Dunkeln, des Bösen symbolisiert. Im Westwerk hat der Erzengel → Michael seinen Platz, der himmlische Schutzherr gegenüber den Mächten des Bösen. Eine romanische Kirche hat jedoch nicht nur den großen Westturm, sondern ist wie eine Burg mit vielen Türmen versehen. Das leitet sich daher, dass zu dieser Zeit kaum Städte gebaut waren und man sich, um die Stadt Gottes zu bauen, an den Burgen orientierte. Die beiden Türme, die den Chor einrahmen, stehen symbolisch für die beiden Cherubim, die die Lade mit den Gebotstafeln im Zelt und später im Tempel von Jerusalem einrahmten.

Tympanon

Der kreuzförmige Grundriss einer mittelalterlichen Kirche wird als hingestreckter Leib gesehen. Der Chorraum entspricht dem Haupt, das Querhaus den ausgestreckten Armen und der Eingangsbereich den Füßen. In den Körper hinein wird die Weltordnung abgebildet. Trudperter Holeto um 1160 deutet den Körperaufbau so, dass das Haupt die Trinität symbolisiert, der Leib die Kirche der Gegenwart, die Beine und Füße die Zeit bis zum Auftreten des Antichristen und bis zum Jüngsten Gericht. Nach dieser symbolischen Vorstellung hat das Jüngste Gericht am »Fußende« der Kirche, im Tympanon, dem Feld über dem Portal, seinen Platz.

Die Dorfkirche von Rohrberg bei Salzwedel, 12. Jhd., mit mächtigem Westturm.

187

V

Veilchen

Schon im Namen trägt diese Blume die Verkleinerungsform, sie steht für die Tugend der Demut. Die Blume, zu deren Familie auch das Stiefmütterchen gehört, heißen auch Violen. → Pflanzen

Vierzehn Nothelfer

Schon in mittelalterlichen Kirchen und später im Barock findet sich eine Gruppe von 14 heiligen Männern und Frauen, die in bestimmten Anliegen angerufen werden. Diese Heiligen, die meist in den ersten Jahrhunderten den Martyrertod erlitten, wurden schon vorher verehrt. Ende des Mittelalters entwickelte sich dann in Süddeutschland die Verehrung der 14 als Gruppe. Viele Kirchen, so die Barockkirche Vierzehnheiligen, sind den Nothelfern geweiht.

Achatius wird in Todesangst angerufen;

Ägidius hilft bei der Beichte und stillenden Müttern;

Barbara hilft in der Todesstunde, bei Blitz und Sturm, Patronin der Bergleute, Architekten und Kanoniere;

Blasius hilft bei Halsleiden;

Christophorus Helfer gegen überraschenden Tod;

Cyriacus hilft gegen Versuchungen in der Todesstunde;

Der hl. Christophorus wird oft als Hüne dargestellt, der das Jesuskind auf der Schulter durch einen Fluss trägt.

Dionysius hilft gegen Kopfschmerzen;

Erasmus hilft gegen Bauchschmerzen;

Eustachius hilft in schwierigen Lebenslagen;

Georg hilft bei Krankheiten der Haustiere;

Katharina hilft gegen Zungenleiden und Sprachschwierigkeiten;

Margareta hilft Gebärenden;

Pantaleon Patron der Ärzte;

Vitus hilft bei Geisteskrankheiten.

Vögel

Dieses Motiv haben die Christen der Antike von gängigen Vorstellungen über die Seele übernommen. Ein Vogel, der aus einem Körper fliegt, stellt die Seele des Verstorbenen dar. Vögel gehören auch zu Paradiesesdarstellungen.

Der Vogel ist auch die gerettete Seele: »Unsere Seele ist wie ein Vogel, dem Netz des Jägers entkommen; das Netz ist zerrissen und wir sind frei«, heißt es in Psalm 124,7.

Vögel haben jedoch nicht nur eine positive Bedeutung. Raubvögel bewohnen Ruinen und fressen das Fleisch der erschlagenen Menschen: »Danach sah ich einen anderen Engel aus dem Himmel herabsteigen; er hatte große Macht und die Erde leuchtete auf von seiner Herrlichkeit. Und er rief mit gewaltiger Stimme: Gefallen, gefallen ist Babylon, die Große! Zur Wohnung

Die hl. Barbara war in einem Turm gefangen; Figur an der Beichtkapelle in Kevelaer.

189

von Dämonen ist sie geworden, zur Behausung aller unreinen Geister und zum Schlupfwinkel aller unreinen und abscheulichen Vögel.« (Offb 18,1–2; vgl. auch 19,17–21)

Voluten

Schneckenförmige Verzierung, charakteristisch für die jonischen Säulenkapitelle. Der Barock verwendet diese Zierform wieder intensiv.

Schneckenförmige Verzierungen an der Barockkirche in Gerlachsheim.

Votiv- und Weihegaben

Dies sind zumeist von Pilgern an (Wallfahrts-)Kirchen aufgehängte Gaben zur Erflehung von Hilfe oder als Dank für eine Gebetserhörung. Diese Formen gab es schon in den ältesten Kulten, die vom Christentum übernommen wurden. Der Brauch blieb durch alle Jahrhunderte lebendig. Besondere Ausgestaltung erlangte er zur Barockzeit, wo oft kranke und geheilte Körperteile nachgebildet wurden. Berühmte Wallfahrtsorte besitzen ganze Sammlungen von Votivbildern. Es werden auch einzelne Körperteile in Wachs oder Metall aufbewahrt. In Saint Nicolas de Port in Lothringen wurde für die Befreiung von ungerecht Verurteilten gebetet. Bis zur französischen Revolution hingen dort viele Ketten als Votivgaben. Auch Krücken von Geheilten finden sich in Wallfahrtskirchen.

Waage

Die Waage steht für die Gerechtigkeit. Allerdings nicht in dem Sinne, dass die Waage im Gleichgewicht bleiben soll, sondern dass die guten und bösen Taten eines Menschen abgewogen werden. Je nachdem senkt sich die rechte oder die linke Waagschale tiefer.

Wange

Die Seitenwand zwischen zwei Sitzen des → Chorgestühls. Der untere Teil ist ein als Viertelkreis abgerundetes Brett, das oben oft eine Skulptur trägt. Die Wange gibt den Armen eine Stütze, um das Stundenbuch zu halten. Die Wangen, vor allem die am Beginn einer Sitzreihe, sind mit Skulpturen gestaltet.

Wasser

Im Alltag dient das Wasser der Reinigung. Es ist mit der Kultform der rituellen Waschung verbunden. Beim Eintreten in die Kirche bekreuzigen sich die Gläubigen mit geweihtem Wasser. Das rituelle Händewaschen des Priesters vor Beginn des Hochgebetes soll

Chorgestühl mit Wangen in der Klosterkirche des 1151 gegründeten Zisterzienserklosters Bronnbach bei Wertheim in Baden-Württemberg.

191

seine Hände von den Vorbereitungen reinigen, wird aber durch das Gebet, das der Priester während der Händewaschung leise betet, ausdrücklich als Reinigung von Schuld verstanden.

Eine Darstellung der Taufe Jesu an der Kathedrale Notre-Dame in Chartres.

Wasser ist wie Blut ein zentrales Symbol für das Leben und so auch für den Eintritt in die christliche Gemeinschaft. In der Taufe, früher durch Untertauchen wie heute noch bei den Baptisten üblich, bewirken Wasser und Geist neues Leben. Zugleich geschieht die Reinigung von Sünde und Schuld. Im Akt der Taufe wird der Getaufte so in das Wasser, das Symbol der Vergänglichkeit, hineingenommen, dass er gleichsam symbolisch stirbt, aber auch wieder in das Licht und das Leben aufgerichtet wird. Dieses Sakrament steht für den Glauben: Sind wir mit Christus gestorben, werden wir auch zum Leben auferstehen. Durch das Hinzufügen des Wassers zum Wein, im Mittelmeerraum ein üblicher Umgang mit dem Getränk, wird auf das Einswerden von Gottheit und Menschheit in Jesus Christus hingewiesen. Bei der Bereitung des eucharistischen Mahles betet der Priester: »Wie das Wasser sich mit dem Wein verbindet zum heiligen Zeichen, so lasse uns dieser Kelch teilhaben an der Gottheit Christi, der unsere Menschennatur angenommen hat.«

Wasser ist jedoch, wie alle Symbole, ambivalent: Als aufgewühltes Meer oder als Unwetter ist es bedrohlich und kann den Menschen schwer schaden. Die Wellenlinien, die das Wasser kräuseln, sind Zeichen der Vergänglichkeit und so Ausdruck der menschlichen Existenz. Siehe auch → Weihwasser.

Weihrauch

Den Weihrauch hat die christliche Liturgie aus anderen Kulten übernommen. Er hatte schon im griechisch-römischen Kult eine religiöse Bedeutung. Indem Weihrauch verbrannt wird und den Raum erfüllt, wird er zum Zeichen für das nach oben steigende Gebet und die Verehrung. Im Römischen Reich wurde dem als göttlich verehrten Kaiser Weihrauch geopfert. Von den Christen wird Weihrauch dem wahren Herrn, dem Kyrios Jesus Christus, dargebracht, aber auch den Gläubigen. Diese werden in festlichen Gottesdiensten von den Messdienern mit dem Weihrauchfass inzensiert (»beweihräuchert«).

Weihrauch ist das Harz einer arabischen Staude (Boswellia), zuweilen auch mit einheimischen pflanzlichen Duftstoffen vermischt. Durch das Verdampfen auf glühender Kohle entstehen duftende Rauchwolken. Die Weihrauchkörner werden seit dem Spätmittelalter in einem Gefäß in Schiffchenform aufbewahrt. Von den im Altertum üblichen Weihrauchpfannen ging man zu dem an Ketten getragenen, schwungvoller zu handhabenden Weihrauchfass über.

Weihrauch war in den antiken Mittelmeerkulturen ein sehr begehrter, kostbarer Artikel. Dies galt auch im religiös-kultischen Bereich, daher brachten die drei Weisen auch Weih-rauch zur Krippe des Neugeborenen. Auch der jüdische Tempel kannte einen Rauchopferaltar. Der Psalm 141 vergleicht den aufsteigenden Rauch mit dem Aufsteigen des Gebetes, ebenso im Neuen Testament das Buch der Offenbarung (Offb 5,8; 8,2–4). Zum Ärgernis wurde der Weihrauch durch den staatlichen Zwang, ein Weihrauchopfer vor dem Bild des »vergött-

Weihrauchfass mit aufsteigendem Rauch.

lichten« Kaisers darzubringen. Die Weigerung der Christen führte nicht selten zum Tode. Nach der Konstantinischen Wende (313) erhielten die Bischöfe Ehrenrechte des staatlichen Protokolls. So wurde ihnen auch Weihrauch vorangetragen. Daraus und aus dem Bestreben, Parallelen aus dem alttestamentlichen Kult in der christlichen Liturgie zu finden, entwickelte sich der liturgische Weihrauchgebrauch – als Zeichen der Anbetung, Ehrung und Begrüßung Christi, als Segnung der Gläubigen und zuweilen auch zur Abwehr unheilvoller Mächte. Diese Inzens gebührt den Gläubigen, denn nach dem Nicäno-Konstantinopolitanischen Glaubensbekenntnis ist die Kirche die »eine, heilige, katholische und apostolische«. Der Weihrauch zeigt an, dass die Gläubigen schon in die Sphäre des Heiligen, in die Sphäre Gottes, hineingenommen sind.

Weihwasser

Das stehende, leicht verderbliche Wasser galt früher als der Sitz dämonischer Kräfte. Deshalb wurde es vor dem Gebrauch exorziert (durch wirkkräftige Spruchformeln von den Dämonen befreit) und gesegnet und gesalzen. Dies geschieht besonders in der Osternacht. Im Weihwasserbecken an den Türen jeder Kirche werden so die Eintretenden an ihre Taufe erinnert, indem sie sich mit dem Weihwasser bekreuzigen, so wie Wasser in Kreuzesform über das Haupt des Täuflings gegossen wird. Ebenso wurden früher vor dem Hochamt am Sonntag die Gemeinde und der Altar mit geweihtem Wasser besprengt. Dieser Ritus wurde nach der dabei (außerhalb der österlichen Zeit) gesungenen Antiphon als → Asperges bezeichnet. Weihwasser und Weihwasserbecken finden sich auch auf Gräbern und in Haushalten.

Das Weihwasserbecken am Kircheneingang dient dem Benetzen der Finger für das Kreuzzeichen.

Wein, Weinstock

Wein steht für die Fülle des Lebens. Seine goldene Farbe gibt ihm einen besonderen Charakter. Während das Wasser mit seinen sich kräuselnden Wellen die Vergänglichkeit bezeichnet, steht der Wein für das Himmlische. Wein und Weintraube sind zudem eucharistische Zeichen, denn in der Nacht vor seinem Tod hat Jesus einen Becher Wein mit den Worten herumgereicht: »Dieser Kelch ist der Neue Bund in meinem Blute, das für euch vergossen wird.« Diesen Satz

Brot und Wein setzen in der Eucharistiefeier Leib und Blut Christi gegenwärtig.

wiederholt der Priester im Gedächtnis an den Auftrag Jesu.

Der Weinstock, an dem Trauben hängen, ist ein Bild für die Eucharistie und auch für Jesus selbst, der das Bild des Weinstockes für sich gebraucht: »Ich bin der Weinstock, ihr seid die Reben«, sagt er zu seinen Jüngern (Joh 15,1).

Weltgericht

Darstellungen vom letzten Gericht finden sich nicht in der Kirche, sondern über den Portalen. Wer durch das Portal schreitet, geht unter dem Weltgericht durch und gelangt damit in den Himmel, als den die Kirchen konzipiert sind (→ Kap. »Die Idee des christlichen Kirchbaus«). Für diese Darstellung gibt es einmal das Gleichnis, das

»Ich bin der Weinstock, ihr seid die Reben«, sagte Jesus zu den Jüngern (Joh 15,1).

Jesus in Matthäus, Kap. 25, wählt, dass beim Endgericht die Guten von den Bösen (Schafe und Böcke) nach dem Kriterium geschieden werden, ob sie in ihrem Leben Barmherzigkeit geübt haben. Im letzten Buch der Bibel wird das Endgericht dramatisch ausgemalt: »Dann sah ich einen großen weißen Thron und den, der auf ihm saß; vor seinem Anblick flohen Erde und Himmel und es gab keinen Platz mehr für sie. Ich sah die Toten vor dem Thron stehen, die Großen und die Kleinen. Und Bücher wurden aufgeschlagen; auch das Buch des Lebens wurde aufgeschlagen. Die Toten wurden nach ihren Werken gerichtet, nach dem, was in den Büchern aufgeschrieben war. Und das Meer gab die Toten heraus, die in ihm waren; und der Tod und die Unterwelt gaben ihre Toten heraus, die in ihnen waren. Sie wurden gerichtet, jeder nach seinen Werken. Der Tod und die Unterwelt aber wurden in den Feuersee geworfen. Das ist der zweite Tod: der Feuersee. Wer nicht im Buch des Lebens verzeichnet war, wurde in den Feuersee geworfen.« (Offb 10,11–15)

Darstellung des Endgerichts mit Christus als Weltenrichter am Portal der Lorenzkirche in Nürnberg.

Gerichtsdarstellungen finden sich auch über dem Kirchenportal, unter dem Gericht gehalten wurde oder über Gerichtssälen in Rathäusern.

Westwerk

Vor allem karolingische und romanische Bauwerke haben an der Westseite eine burgähnliche, trutzige Front aus Türmen und hohem Mauerwerk. Das Westwerk bildet einen quadratischen Gebäudeteil, der durch einen Turm oder eine Kuppel abgeschlossen wird. Das Westwerk ist sowohl Durchgang in die Kirche wie im Oberstock Aufenthaltsort des Königs, der dort auch Regierungsgeschäfte tätigte und durch einen offenen Bogen am Gottesdienst teilnehmen konnte. Das Westwerk hat selten militärische, jedoch immer symbolische Bedeutung. Es hält die vom Sonnenuntergang her kommenden Dämonen ab; der König bleibt auch, wenn er nicht anwesend ist, als Beschützer präsent. Während im Osten, im Chor, die Heiligen begraben sind, finden sich die Gräber der Stifterfamilie im Westwerk.

Im Westwerk steht oft einen Altar des Erzengels → Michael, des Drachentöters. In den romanischen Kirchen mit Doppelchor spiegelt sich das Verhältnis von Kaiser und Kirche (→ Kap. »Romanik«).

In der Vorbereitung auf die Taufe wird den Täuflingen schon in der alten Kirche erklärt: »Zuerst ... musstet ihr stehend gegen Westen gewendet, die Hand erheben. Ihr habt dem Satan abgeschworen, als stünde er vor euch, und spracht: Ich widersage dir, Satan, und all deinem Pomp und Kult. Da der Westen die Region der sichtbaren Finsternis ist und Satan, dessen Anteil die Finsternis ist, darin auch sein

Das Westwerk der ehem. Benediktinerinnen-Klosterkirche St. Veit in Drübeck, um 1170.

Reich hat, so habt ihr durch die symbolische Hinwendung nach Westen diesem finsteren und dunklen Tyrannen abgeschworen«. (Bischof Cyrill von Jerusalem in seinen Taufkatechesen)

Widder

Christus wird nicht mit einem Widder, sondern als → Lamm dargestellt, so durchgängig in der Apokalypse, dem letzten Buch der Bibel. Der Widder ist ambivalent zu sehen. Er ist das Sternbild, das zum jüdischen Passahfest und damit auch zum christlichen Osterfest gehört. Im Buch Daniel heißt es: »Danach sah ich in meinen nächtlichen Visionen ein viertes Tier; es war furchtbar und schrecklich anzusehen und sehr stark; es hatte große Zähne aus Eisen. Es fraß und zermalmte alles, und was übrig blieb, zertrat es mit den Füßen. Von den anderen Tieren war es völlig verschieden. Auch hatte es zehn Hörner.« (Dan 7,7) Es steht wohl für das Reich, das Alexander erobert hat und das dann an die Römer überging. Darauf deutet Vers 40 im 2. Kapitel hin: »Ein viertes endlich wird hart wie Eisen sein; Eisen zerschlägt und zermalmt ja alles;

Widderkopf am Klarissenklosters von Carrión de los Condes am spanischen Jakobspilgerweg

und wie Eisen alles zerschmettert, so wird dieses Reich alle anderen zerschlagen und zerschmettern.« Nach der Herrschaft Babylons (dargestellt im Bild des Löwen, Dan 7,4) der Perser und Meder, symbolisiert durch den Bär (Dan 7,5) und dem griechischen Reich Alexanders (im Bild des Panthers, Dan 7,6) zeigt sich Rom allen anderen überlegen, so wie das Eisen härter ist als die anderen Metalle.

Auch in der Apokalypse wird ein Tier mit zwei Hörnern erwähnt, das in einer neuen Gestalt das Böse repräsentiert: »Und ich sah: Ein anderes Tier stieg aus der Erde herauf. Es hatte zwei Hörner wie ein Lamm, aber es redete wie ein Drache.« (Offb 13,11) Dass das gehörnte Schaf eher das Böse repräsentiert, findet sich auch in der Darstellung des Gerichts bei Matthäus (25,32). Diejenigen, die in ihrem Leben Barmherzigkeit geübt haben, werden den Schafen zugeordnet. Die Unbarmherzigen kommen auf die linke Seite zu den Böcken (Vers 41).

Wimperg

Als Wint-Berga werden die Mauerteile bezeichnet, die vor dem Wind schützen. In der Gotik werden sie als Ziergiebel gebaut. Diese sind mit Maßwerk durchbrochen. Sie werden oft durch eine Kreuzblume gekrönt, die aufsteigenden seitlichen Linien sind mit Krabben, Blumen oder Laubmotiven verziert.

Auf Stadt- und Burgmauern bezeichnen Wimperge die durchbrochenen Mauerstücke, die die Verteidiger vor Geschossen schützten.

Wurzel Jesse

Der Stammbaum Jesu wird »Wurzel Jesse« genannt. In dem Wurzelwerk sitzt Jesse, der Vater Davids. Entsprechend der alttestamentlichen Vision des Jesaja (Jes 11,1–10) wird aus dem Reis, das aus der Wurzel Isais = Jesse aufgehen wird, der Messias erwachsen. Das Lied »Es ist ein Ros entsprungen ...« leitet sich von diesem prophetischen Bild her. Im letzten Buch der Bibel wird diese Tradition aufgegriffen: »Ich, Jesus, habe meinen Engel gesandt als Zeugen für das, was die Gemeinden betrifft. Ich bin die Wurzel und der Stamm Davids, der strahlende Morgenstern.« (Offb 22,16) Meist wird Jesse liegend und sogar schlafend dargestellt. Gekrönt wird der sich entfaltende Baum, in dessen Ästen die biblischen Könige und die Propheten untergebracht sind, durch Christus, manchmal auch durch Maria mit dem Christuskind.

Der Wimperg über dem Portal des Meißner Doms wird bildnerisch gestaltet; Maria mit dem Kind, umgeben von Stifterfiguren und Heiligen.

Y

Ysop

In der Bibel ist damit ein Stab gemeint, auf den die Soldaten einen Schwamm mit Essig steckten. Sie reichten ihn Jesus an den Mund, damit er etwas Entlastung von den Schmerzen haben sollte. Bei Johannes heißt es: »Danach, als Jesus wusste, dass nun alles vollbracht war, sagte er, damit sich die Schrift erfüllte: Mich dürstet. Ein Gefäß mit Essig stand da. Sie steckten einen Schwamm mit Essig auf einen Ysopzweig und hielten ihn an seinen Mund.« (Joh 19,28–29)

Die Ysoppflanze ist ein Lippenblütler, der auf trockenen Böden wächst und etwa 60 Zentimeter hoch wird.

Z

Zahlen

Wir ordnen Zahlen oft schon spontan einen Sinn zu: die zehn Finger unserer Hände, die zwei Geschlechter von männlich und weiblich, die Zahl zwölf, die den Tag in Stunden bzw. das Jahr in Monate strukturiert. Die sieben Wochentage prägen unser Empfinden. Die Zahl 13 gilt als Unglückszahl.

In früheren Jahrhunderten war die symbolische Bedeutung der Zahlen viel mehr im Bewusstsein. Zahlen bedeuten auch Ordnung. Bereits in ihren astronomischen Beobachtungen suchten die Babylonier und Ägypter in den Zahlen die Ordnung des Kosmos. Das Wissen ging an die Griechen über. Plato schreibt im Timaios: »Der Bau (des Kosmos) entsteht durch Festsetzung der Quantitäten gemäß den vollkommenen geometrischen Proportionen, denselben Proportionen, die auch die Zusammensetzung der Weltseele bestimmen. Infolge dieser Zusammensetzung ist der Körper der Welt, der aus den vier Urstoffen besteht und deren Mengen nach den vollkommen Verhältnissen bemessen und miteinander verbunden, in Harmonie und Einklang mit sich selbst und wird daher niemals von Auflösung durch eine innere Disharmonie seiner Teile bedroht. Das Bindemittel sind die geometrischen Proportionen.« Diese Vorstellung vom Bau des Kosmos ist auch in die späten Schriften des Alten Testaments übergegangen. Im Buch der Weisheit heißt es in Kap. 11,20: »Du hast alles nach Maß, Zahl und Gewicht geordnet.« Über die Schule von Chartres haben diese geometrischen Zahlenverhältnisse den Kirchbau des Mittelalters in seinen Maßverhältnissen bestimmt. Die bereits von Pythagoras genannten Zahlenverhältnisse 1:1, 1:2, 2:3 und 3:4 liegen den Abmessungen von Höhen und Breiten zu Grunde (→ Kap. »Romanik«) und zugleich der Musik des einstimmigen Choralgesangs: 1:1 die Prim, 1:2 die Oktav, 2:3 die Quint und 3:4 die Quart. Die Terz (4:5) wird in der Gregorianik nicht eingesetzt. → Größenverhältnisse

In der christlichen Ikonographie kommen der Drei, der Acht und der Zwölf eine besondere Bedeutung zu.

Eins: Sie steht für Ungeteiltheit, ist Wurzel aller anderen Zahlen und steht damit für Gott.

Zwei: Die Zwei steht einmal für Paare, Adam und Eva, Kain und Abel, und, ein häufiges Motiv des Mittelalters,

Das erste Paar: Adam und Eva im Garten Eden, Gemälde von Luca Cranach d. Ä. (1530)

für die mit verbundenen Augen dargestellte Synagoge, der die Kirche, → Ekklesia, die den Messias erkannt hat, gegenübergestellt wird. Häufig wird eine neutestamentliche Person mit einer alttestamentlichen in Beziehung gesetzt. Jesus ist der neue Moses, Maria die neue Eva. An den Portalen von Kathedralen stehen Apostel auf den Schultern alttestamentlicher Propheten.

Der eine Gott in drei Personen: Vater, Sohn und – in Form einer Taube – Heiliger Geist.

Drei: Das Dreieck galt schon bei den Griechen als Symbol für die Gottheit. Im Barock wird das Dreieck Symbol für den dreifaltigen Gott. Augustinus ordnet die Drei der Seele, die Vier dem Leib zu. Die Drei wird auch auf die drei Tage bezogen, die Jesus im Grab und, als alttestamentliche Analogie, Jona im Bauch des Fisches waren. Es gibt weiter drei theologische Tugenden: Glaube, Hoffnung und Liebe.

Vier: Diese Zahl symbolisiert die Welt, die vier Himmelsrichtungen, die vier Jahreszeiten. Dass die Menschen einem von vier Charaktertypen (Sanguiniker, Phlegmatiker, Choleriker, Melancholiker) zugeordnet werden können, ist wohl in ähnlicher Weise von der Zahl Vier hergeleitet wie die vier Elemente Wasser, Feuer, Erde, Luft. So wurde dann auch der Name Adam gedeutet, der aus vier Buchstaben besteht. Es gibt vier Evangelisten und vier große Propheten, deren Schriften bis heute tradiert werden: Jesaja, Jeremias, Ezechiel, Daniel.

Fünf: Die Zahl Fünf, sternförmig gebildet aus fünf Dreiecken, findet sich in mittelalterlichen Kathedralen. Nach Pythagoras steht die Fünf für den Mikrokosmos. Der Mensch verfügt über fünf Sinne. Es gibt die fünf

Die vier Elemente: Feuer, Wasser, Erde, Luft.

Bücher des Moses: Genesis, Exodus, Levitikus, Numeri und Deuteronomium. Es gibt fünf kluge und fünf törichte Jungfrauen (Mt 25,1–13). Jesus trägt fünf Wundmale, die im Wappen von Portugal mit fünf Schilden und fünf Tropfen Blut aufgenommen werden. Es gibt ein fünftes Element, die Quintessenz (quinta, lat.= fünf).

Sechs: An sechs Tagen hat Gott die Welt geschaffen, am siebten ruhte er. Die Sechs ist die Summe der drei ersten Zahlen.

Sieben: Sie bildet sich aus der Drei und der Vier. Wenn die Drei für das Göttliche steht und die Vier für die Welt, vereint die Sieben Himmel und Erde. Dem entspricht im Judentum der siebenarmige Leuchter. Am siebten Tag ist das Werk der Schöpfung abgeschlossen, indem Gott es mit dem Menschen betrachtet. So gibt es die sieben Wochentage, die im Schöpfungsbericht grundgelegt sind. Das deuteronomistische Geschichtswerk, das die Bücher Deuteronomium, Samuel und die der Könige umfasst, ist durch die Zahl Sieben gegliedert. Die Weisheit hat sieben

Der sechszackige Davidsstern ist Symbol des Judentums und des Volkes Israel.

Ein siebenarmiger Leuchter, hier im Würzburger Dom.

→ Säulen errichtet. Es gibt sieben Gaben des Heiligen Geistes, sieben Bitten im Vaterunser, sieben Sakramente, sieben Todsünden, denen die drei theologischen und die vier Kardinaltugenden gegenüberstehen. Auch dem → Stundengebet liegt die Siebenzahl zugrunde. Es gibt sieben Werke der Barmherzigkeit: Hungernde speisen, Durstigen zu Trinken geben, Fremde aufnehmen, Nackte kleiden, Kranke pflegen, Gefangene besuchen und Tote bestatten.

In der Offenbarung des Johannes werden im ersten Teil Briefe an sieben Gemeinden Kleinasiens wiedergegeben.

Acht: Diese Zahl bekommt im Christentum eine besondere Bedeutung, weil Jesus einen Tag nach dem Sabbat, dem siebten Tag der Woche, von den Toten auferstanden ist. Der → achte Tag ist damit der Beginn der neuen Schöpfung. Während die Sieben die gesamte menschliche Existenz umfasst, wird sie durch die Acht überboten. Acht ist im Oktogon oder im achteckigen Taufbecken Ausdruck der Vollendung. Am achten Tag nach Ostern erschien Jesus Thomas (die Juden zählen das erste Glied einer Reihe mit). Es gibt die acht Töne des gregorianischen Chorals, man findet häufig Blumen mit acht Blütenblättern dargestellt, einen Stern mit acht Strahlen.

Neun: Es gibt neun Engelchöre; durch neun Sphären gelangt nach Vorstellung der Griechen die Seele in den Himmel.

Zehn: Die Zahl wird als X, das dem griechischen Chi entspricht, gezeichnet. Die Zehn findet sich nicht nur bei den zehn Fingern, sondern auch bei den Zehn Geboten. Da sie aus 1+2+3+4 gebildet wird, steht die Zehn für Vollkommenheit, sie stellt eine Grenze dar, weil sie die Eins enthält und die Null, damit Anfang und Ende markiert. Die Harfe Davids hatte zehn Saiten.

Elf: Diese Zahl steht für die Sünde, denn sie liegt jenseits der 10 Gebote. Nach dem Verrat des Judas gibt es nur 11 Apostel.

Zwölf: Die Zahl steht für die Monate und wohl daraus abgeleitet für die zwölf Stämme Israels, die im Neuen Bund durch die zwölf Apostel repräsentiert werden. Zwölf. → Säulen finden sich daher oft im Chor gotischer Kathedralen und stehen für die Apostel, auf denen das Gebäude, d.h. die Überlieferung von Jesus Christus, ruht. → Apostelleuchter.

Achteckige Türme der evangelischen Hauptkirche Rheydt in Mönchengladbach (NRW).

Die Bildnisse der zwölf Apostel zieren das Portal der Basilika St. Stefan in Budapest (Ungarn).

Zwölf mal Zwölftausend bedeutet »riesengroß« und ist die Zahl der in den Himmel Aufgenommenen. Die Zahl Zwölf bestimmt die himmlische Stadt: Sie hat zwölf Tore, die Länge einer Seite des Quadrats beträgt 12.000 Stadien, 12x12 Ellen sind die Mauern hoch. In den Mauern finden sich zwölf Edelsteine, die in den gotischen Glasfenstern wieder aufscheinen (Offb 21).

Dreizehn: Im Judentum hat die Zahl 13 eine besondere Bedeutung, denn im persischen Reich wurde am 13. des 12. Monats unter dem König Xerxes

207

ein Judenprogrom durchgeführt, das in seiner Schärfe durch die Jüdin Ester aufgehalten wurde (Buch Ester).

Vierundzwanzig ist die Überhöhung der Zwölf, 24 Älteste werden in der Geheimen Offenbarung erwähnt.

Fünfzig: Die Zahl steht für Pfingsten, Pentacoste, der 50. Tag nach Ostern. Wenn man den Ostertag in der Zählung mitrechnet, sind es sieben Wochen, das sog. Siebenwochenfest der Juden, ursprünglich ein Erntefest.

144: Aus 12 x 12 gebildet, bedeutet sie größte Fülle und Vollendung.

Zepter
Das Wort kommt von Skeptrum, dem griechischen Wort für Stab. Es ist als kurzer Stab zum Zeichen für weltliche Herrschaft geworden. Im kirchlichen Bereich entspricht es dem Hirtenstab des Bischofs.

Ziborium → **Ciborium**

Zingulum
Das Wort bedeutet »Gürtel«, heute eher einem Strick vergleichbar, mit dem die → Albe zusammengehalten wird. Auch Messdiener und Messdienerinnen binden sich ein Zingulum um ihr Gewand. Der → Gürtel, den

In 24 Stunden teilt die Uhr den Tag, hier die Uhr mit Glockenspiel an der Frauenkirche auf dem Nürnberger Hauptmarkt.

Genau 144 Meter misst das Hauptschiff des
Kölner Doms.

Mönche tragen, wird auch Zingulum
genannt.

Zodiakus
Der Winkel zwischen dem Himmel-
äquator und dem → Tierkreis.

Zwerggalerien
Äußere Umgänge um den Chor und
manchmal um das ganze Kirchen-
schiff bei romanischen Kirchen, so in
Schwarzrheindorf bei Bonn und den
Kaiserdomen Worms und Speyer.

Zwickel
Dreiecke, die durch Gewölberippen
entstehen. In viele Zwickel wurden
im Mittelalter Bilder gemalt.

Zwickel, ausgemalt bzw. mit Stuckaturen, in der
Basilika St. Martin in Weingarten.

Die Idee des christlichen Kirchbaus

Kirchenräume sind als Symbolräume komponiert. Um sie zu verstehen, ist ein zweiter Aspekt wichtig. Die Kirchen sind nicht als Räume zur Ausstellung mittelalterlicher und barocker Kunstgegenstände konzipiert, sondern für die Feier des Gottesdienstes. Daher muss das Verständnis, in dem die Christen Gottesdienst feiern, auch in der Idee des Kirchbaus mit angelegt sein. Wie auch bei der leitenden Idee der Bibelauslegung stoßen wir im Zusammenhang mit dem Gottesdienst auf die Himmelsvorstellung als durchgehendes Motiv. Allerdings gab es für die ersten christlichen Generationen noch keinen Anlass, sich Gedanken über die Konstruktionsprinzipien christlicher Gottesdiensträume zu machen.

Die Gottesdienste der ersten christlichen Generationen

Die Christen haben sich erst einmal als eine Gruppe im Judentum verstanden. Sie bezeichneten ihren Glauben an den am Kreuz hingerichteten und von den Toten auferstandenen Jesus als »Neuen Weg«. Sie identifizierten Jesus mit dem von den Juden erwarteten Messias, den Gesalbten. Das griechische Wort »Christos« ist auch die Wurzel für die Bezeichnung des sakramentalen Öls, des Chrisams. Die Anhänger des Neuen Weges besuchten die jüdischen Wortgottesdienste in den Synagogen und trafen sich zu den jüdischen Festen in Jerusalem. Ihre Missionspredigt begannen sie, auch wenn sie wie Paulus in Kleinasien und Griechenland unterwegs waren, in der Synagoge, gewannen aber auch Heiden für den Neuen Weg. Als Heiden werden in der Apostelgeschichte noch nicht die Nicht-Christen bezeichnet, sondern die Christen, die nicht zum jüdischen Glauben konvertiert waren. In eigenen Räumen feierten die Christen nur das von Jesus gestiftete Gedächtnismahl. An den Bau eigener Gottesdiensträume dachte noch niemand. Das hatte auch darin seinen Grund, dass die erste Generation mit dem baldigen Wiederkommen Jesu als Menschensohn rechnete, der die menschliche Geschichte ihrer Vollendung zuführen würde. Wer mit dem Ende der Welt rechnet, investiert nicht in Versammlungsräume, sondern wartet. Als die Wiederkunft ausblieb, die sogenannte Naherwartung enttäuscht wurde, mussten die Christen umdenken und sich in der jüdischen Gesellschaft wie im Römischen Reich einrichten.

Wie die Juden waren sie von der Zerstörung Jerusalems durch die Römer betroffen. Mit den Juden verließen auch viele jüdische Christen das Ursprungsland ihres Glaubens. Im Römischen Reich waren schon vor der Zerstörung Jerusalems christliche Gemeinden entstanden. Davon berichtet die Apostelgeschichte. Das Christentum breitete sich weiter aus, konnte sich aber im römischen Staat nicht einrichten. Die Christen wurden immer wieder durch Verfolgungswellen bedrängt. Dem römischen Staat war sehr daran gelegen, die Gläubigen dazu zu bringen, ihrer Überzeugung abzuschwören. Das lag daran, dass die Christen die göttliche Autorität des Kaisers infrage stellten. Sie brachten weder der Siegesgöttin noch der Kaiserstatue Weihrauchopfer dar, so dass man an ihrer Loyalität zum römischen Kaiser zweifelte. Das wurde deshalb als bedrohlich empfunden, weil die Basis des römischen Staates immer brüchiger geworden war. Sie schien nur noch religiös befestigt werden zu können. Genau dieses Bestreben verurteilten die Christen als Götzendienst. Ein Nachklang dieser Auseinandersetzung ist der Termin unseres Weihnachtsfestes. Er wurde etwa um 350 von der römischen Kirche auf den Tag gelegt, an dem 287 Kaiser Valerian in einem letzten Versuch, dem Staat eine gemeinsame Basis zu geben, das Fest des »Unbesiegbaren Sonnengottes« eingeführt hatte. Die Christen widmeten, nachdem sie 313 unter Kaiser Konstantin die Religionsfreiheit erhalten hatten, das Fest um. Es eignete sich als Termin für das Geburtsfest Jesu, weil es auf dem Tag der Wintersonnenwende liegt. Die Sonne ist ein Symbol für Christus; sie beginnt mitten im Winter wieder zu »wachsen«. Johannes der Täufer hatte von Jesus gesagt: »Er muss wachsen, ich muss abnehmen.« Deshalb liegt das Fest des Täufers auf dem Tag der Sommersonnenwende, wenn die Sonne beginnt »abzunehmen«.

Bis die Christen Religionsfreiheit erhielten, waren sie in den Untergrund verbannt. Die Katakomben sind bis heute Zeugen dieser Verfolgung durch den römischen Staat.

Die himmlische Liturgie

Auch wenn die Verfolgung die Christen nicht in den Untergrund gedrängt hätte, mussten sie ihren Zeithorizont neu ausrichten, wenn das Erscheinen Jesu, die »Parusie«, noch nicht so bald zu erwarten war. Bereits im Neuen

Testament ist diese Neuausrichtung geleistet. Hier soll vor allem die kultische Konzeption des Hebräerbriefs sowie die Sicht der Offenbarung des Johannes vorgestellt werden.

Der Hebräerbrief ist wohl in Rom entstanden. Sein Autor kann bei seinen Lesern die Kenntnis des Alten Testaments voraussetzen. Er lenkt ihren Blick auf den Himmel. Dort lebt Jesus als Hoherpriester. Er ist also ein Priester, der ein Opfer darbringt, damit die Menschen in Beziehung zu Gott treten können.

Die neue Bedeutung Jesu und seines Priesteramtes entwickelt der Autor am Gegenbild des jüdischen Tempelkultes. Im Unterschied zum jüdischen Tempelkult ist Jesus nämlich nicht in das Abbild des Himmels, als das der jüdische Tempel zu verstehen ist, sondern in das wirkliche Heiligtum eingetreten. Das wird an dem Zelt verdeutlicht, denn der Vorläufer des Tempels ist das sogenannte Offenbarungszelt, das die Juden auf dem Weg durch die Wüste und noch viele Jahrzehnte begleitete, bis Salomo den Tempel bauen konnte. Dieses Zelt hat Mose nach dem Vorbild gefertigt, das

ihm in einer Vision auf dem Berg Sinai gezeigt wurde. Das himmlische Zelt ist also das Urbild, in das Jesus durch seinen Tod eingetreten ist.

»Christus aber ist gekommen als Hoherpriester der künftigen Güter; und durch das erhabenere und vollkommenere Zelt, das nicht von Menschenhand gemacht, das heißt nicht von dieser Welt ist, ist er ein für allemal in das Heiligtum hineingegangen, nicht mit dem Blut von Böcken und jungen Stieren, sondern mit seinem eigenen Blut, und so hat er eine ewige Erlösung bewirkt. Denn wenn schon das Blut von Böcken und Stieren und die Asche einer Kuh die Unreinen, die damit besprengt werden, so heiligt, dass sie leiblich rein werden, wie viel mehr wird das Blut Christi, der sich selbst kraft ewigen Geistes Gott als makelloses Opfer dargebracht hat, unser Gewissen von toten Werken reinigen, damit wir dem lebendigen Gott dienen. ... Christus ist nicht in ein von Menschenhand errichtetes Heiligtum hineingegangen, in ein Abbild des Wirklichen, sondern in den Himmel selbst, um jetzt für uns vor Gottes Angesicht zu erscheinen; auch nicht, um sich selbst viele Male zu opfern, (denn er ist nicht) wie der Hohepriester, der jedes Jahr mit fremdem Blut in das Heiligtum hineingeht; sonst hätte er viele Male seit der Erschaffung der Welt leiden müssen. Jetzt aber ist er am Ende der Zeiten ein einziges Mal erschienen, um durch sein Opfer die Sünde zu tilgen. Und wie es dem Menschen bestimmt ist, ein einziges Mal zu sterben, worauf dann das

Gericht folgt, so wurde auch Christus ein einziges Mal geopfert, um die Sünden vieler hinwegzunehmen; beim zweiten Mal wird er nicht wegen der Sünde erscheinen, sondern um die zu retten, die ihn erwarten.« (Hebr 9,11–14.24–28)

Entscheidend für die Grundlegung des christlichen Gottesdienstes als himmlische Liturgie ist die Aussage, dass es nicht wie in dem irdischen Zelt immer wieder neue Gottesdienste geben muss, sondern dass Jesus ein für alle Mal ein Opfer dargebracht hat und keine weiteren Opfer für die Sündenvergebung notwendig sind. Deshalb ist es Grundlage der christlichen Lehre von der Messfeier, dass diese kein neues Opfer darstellt, sondern nur die Teilnahme an der himmlischen Liturgie ermöglicht.

Das letzte Buch der Bibel, die Offenbarung des Johannes, schildert die himmlische Liturgie und bezieht auch die irdische Welt ein: »Und alle Geschöpfe im Himmel und auf der Erde, unter der Erde und auf dem Meer, alles, was in der Welt ist, hörte ich sprechen: Ihm, der auf dem Thron sitzt, und dem Lamm gebühren Lob und Ehre und Herrlichkeit und Kraft in alle Ewigkeit.« (Offb 5,13)

Der Himmel kommt auf die Erde

Im letzten Buch der neutestamentlichen Bibel wird die himmlische Liturgie in verschiedenen Kapiteln beschrie-

ben. Aus diesem Buch sind auch viele Bilder übernommen, die wir in den Kirchen finden, so das Lamm, das Alpha und das Omega, die Engel, die Heiligen in weißen Gewändern, der Drache, die Person des Erzengels Michael, der den Drachen besiegt, und eine reiche Lichtsymbolik. In einer Vision am Ende des Buches wird die neue Stadt Gottes unter den Menschen gezeigt:

»Dann sah ich einen neuen Himmel und eine neue Erde; denn der erste Himmel und die erste Erde sind vergangen, auch das Meer ist nicht mehr. Ich sah die heilige Stadt, das neue Jerusalem, von Gott her aus dem Himmel herabkommen; sie war bereit wie eine Braut, die sich für ihren Mann geschmückt hat. ....
Und es kam einer von den sieben Engeln, die die sieben Schalen mit den sieben letzten Plagen getragen hatten. Er sagte zu mir: Komm, ich will dir die Braut zeigen, die Frau des Lammes. Da entrückte er mich in der Verzückung auf einen großen, hohen Berg und zeigte mir die heilige Stadt Jerusalem, wie sie von Gott her aus dem Himmel herabkam, erfüllt von der Herrlichkeit Gottes. Sie glänzte wie ein kostbarer Edelstein, wie ein kristallklarer Jaspis. Die Stadt hat eine große und hohe Mauer mit zwölf Toren und zwölf Engeln darauf. Auf die Tore sind Namen geschrieben: die Namen der zwölf Stämme der Söhne Israels. Im Osten hat die Stadt drei Tore und im Norden drei Tore und im Süden drei Tore und im Wes-

ten drei Tore. Die Mauer der Stadt hat zwölf Grundsteine; auf ihnen stehen die zwölf Namen der zwölf Apostel des Lammes. Und der Engel, der zu mir sprach, hatte einen goldenen Messstab, mit dem die Stadt, ihre Tore und ihre Mauer gemessen wurden. Die Stadt war viereckig angelegt und ebenso lang wie breit. Er maß die Stadt mit dem Messstab; ihre Länge, Breite und Höhe sind gleich: zwölftausend Stadien. Und er maß ihre Mauer; sie ist hundertvierundvierzig Ellen hoch nach Menschenmaß, das der Engel benutzt hatte. Ihre Mauer ist aus Jaspis gebaut und die Stadt ist aus reinem Gold, wie aus reinem Glas. Die Grundsteine der Stadtmauer sind mit edlen Steinen aller Art geschmückt; der erste Grundstein ist ein Jaspis, der zweite ein Saphir, der dritte ein Chalzedon, der vierte ein Smaragd, der fünfte ein Sardonyx, der sechste ein Sardion, der siebte ein Chrysolith, der achte ein Beryll, der neunte ein Topas, der zehnte ein Chrysopras, der elfte ein Hyazinth, der zwölfte ein Amethyst. Die zwölf Tore sind zwölf Perlen; jedes der Tore besteht aus einer einzigen Perle. Die Straße der Stadt ist aus reinem Gold, wie aus klarem Glas. Einen Tempel sah ich nicht in der Stadt. Denn der Herr, ihr Gott, der Herrscher über die ganze Schöpfung, ist ihr Tempel, er und das Lamm. Die Stadt braucht weder Sonne noch Mond, die ihr leuchten. Denn die Herrlichkeit Gottes erleuchtet sie und ihre Leuchte ist das Lamm.« (Offb 1–2,9–24)

In dem Text sind bereits die farbigen Fenster der Gotik entworfen. Ebenso findet sich die Dreizahl der Portale, die die mittelalterlichen Kathedralen aufweisen. Auch die Lichtsymbolik, die die Gotik zum zentralen Stilelement gewählt hat, ist hier vorgegeben. Diese Vision des Offenbarungsbuches wurde auch sehr früh umgesetzt. Neben der Lateranbasilika, also einem Langhaus, baute Kaiser Konstantin eine zweite Kirche in Rom, San Stefano in Rotondo, die zum Vorbild für die Hagia Sophia, die Kirche der göttlichen Weisheit in Konstantinopel (heute eine Moschee), wurde. Dieser Typ des Kirchbaus wurde für die östliche Christenheit prägend. Von der byzantinischen Baukunst wurde dann wiederum der Aachener Dom inspiriert. Im Westen setzte sich jedoch der andere Bautyp, die Basilika, durch und prägte zugleich die abendländische Liturgie. Dieser Bautyp wurde eher zufällig übernommen.

Himmelssymbolik

In der Zeit der Verfolgung trafen sich die Christen in Privathäusern. Dann wählten sie die städtische Versammlungshalle, die Basilika, zu ihrem Treffpunkt. Kaiser Konstantin baute ihnen die Lateranbasilika, eine der Papstkirchen Roms. Eine theologisch begründete Idee für den Kirchbau wurde anfangs nicht für notwendig gehalten, denn die Kirche war die Versammlung der Gläubigen. »Ekklesia«, das griechische Wort für Kirche, bedeutet »die Herausgerufenen«. So beginnt der 1. Korintherbrief: »Paulus, durch Gottes Willen berufener Apostel Jesu Christi, und der Bruder Sosthenes an die Kirche Gottes, die in Korinth ist, an die Geheiligten in Christus Jesus, berufen als Heilige mit allen, die den Namen Jesu Christi, unseres Herrn, überall anrufen.« Eine Besonderheit hat die Basilika. Während die Decke flach ist, wird die Apsis überwölbt. Wer unter der Wölbung sitzt, hat eine vom Himmel gegebene Autorität. Je mehr das Christentum zu einer tragenden gesellschaftlichen Kraft wurde, desto bedeutsamer wurden seine Bauten. Vorbild für den Kuppelbau war das Pantheon in Rom, ein Verehrungsort für »alle Götter« vom griechischen »pan« für »alle« und »Theos« für »Gott«. Hier war bereits die Himmelssymbolik in der Kuppel das vorherrschende Motiv für ein religiöses Bauwerk.

Das Gewölbe wird zur Himmelssymbolik. Wie die Kirchen im oströmischen Reich variieren die Romanik, die Gotik und der Barock dieses Thema. Die Romanik baut über der Vierung eine Kuppel. Gotik und Romanik malen die Gewölbe blau aus und setzen Sterne in den gemalten Himmel. Der Barock gewährt einen Blick in die himmlische Welt.

Die Vorbauten geleiten den Eintretenden von der irdischen Welt in die himmlische. In romanischen und gotischen Kirchen ist im Tympanon über dem Westportal oft das Letzte Gericht dargestellt, d. h. wer in die Kirche eintritt, ist bereits durch das Gericht gegangen und damit im Himmel.

Wer sich unter dem Himmel versammelt, ist im Raum Gottes angekommen und gewinnt Zugang zu Gott. Dabei bleibt der Beter noch auf der Erde, während die Heiligen erhöht sind, sie stehen in halber Höhe an den Säulen oder werden auf barocken Deckengemälden bei ihrem Einzug in den Himmel gezeigt.

Diese Himmelsymbolik lag für die Christen auch deshalb auf der Hand, weil ihr Kult nicht nur auf die himmlische Welt, sondern auf das ewige Leben ausgerichtet war. Augustinus charakterisiert in seinem Gottesstaat, in dem er in vielen Kapiteln mit der römischen Götterverehrung abrechnet, die Göttertempel im Zusammenhang mit der Eroberung durch die Westgoten 410 folgendermaßen:

»Wenn nun aber die Heiligtümer das Feuer nicht einmal von sich selbst fernhielten, was hätten sie dann der

In dieser neugotischen Kirche in Kevelaer sind die Gewölbe wie im Mittelalter blau und mit Sternen ausgemalt.

216

Stadt, deren Wohlfahrt sie vermeintlich schützten, gegen diese Wasser- und Feuersnot helfen können? ... Wir würden den Gegnern (des Christentums) diese Ohnmacht ihrer Heiligtümer sicher nicht vor Augen halten, wenn sie sagen würden, die Heiligtümer wären nicht zum Schutz der zeitlichen Güter eingerichtet worden, sondern als Hinweis auf die ewigen Güter. Sollten sie (die Tempel) als körperliche und sichtbare Dinge zugrunde gehen, so geschehe dadurch dem Gegenstand ihrer Beziehung kein Schaden und sie könnten zu dem gleichen Zweck wieder hergestellt werden. So aber meinen sie in seltsamer Verblendung, es habe sich durch Heiligtümer, die untergehen konnten, die irdische Wohlfahrt und das zeitliche Glück des Staates vor dem Untergang bewahren lassen.« (Buch III, 18)

Das Christentum stieß auf religiöse Kulte, deren Opfer dem irdischen Wohlergehen nutzen sollten. Da die Heiden die Eroberung Roms im Jahr 410 durch die Westgoten dadurch erklärten, dass durch die Einführung des christlichen Glaubens der Staat die Hilfe der Götter verloren habe, zeigt Augustinus an der römischen Geschichte, wie wirkungslos dieser Kult der Götter gewesen ist. Er unterscheidet den christlichen Kult, der nicht auf die Verbesserung der irdischen Verhältnisse zielt, sondern den Christen auf das himmlische Ziel aus-

richtet. Diese Perspektive hatte der Hebräerbrief bereits vorgezeichnet: »Lasst uns also zu ihm vor das Lager hinausziehen und seine Schmach auf uns nehmen. Denn wir haben hier keine Stadt, die bestehen bleibt, sondern wir suchen die künftige. Durch ihn also lasst uns Gott allezeit das Opfer des Lobes darbringen, nämlich die Frucht der Lippen, die seinen Namen preisen. Vergesst nicht, Gutes zu tun und mit anderen zu teilen; denn an solchen Opfern hat Gott Gefallen.« (Hebr 13,12–16)

Die Gegenwart der ganzen Geschichte im Kirchenraum

Die Evangelisten Matthäus und Lukas haben bereits die Geschichte in eine Geschlechterfolge gebracht, die auf das neugeborene Kind in der Krippe in Betlehem hinläuft. Während Matthäus die Liste der Vorfahren bei Abraham, dem Urvater des jüdischen Volkes, beginnen lässt (Mt 1,1–23), verfolgt Lukas die Existenz Jesu bis zu den Stammeltern Adam und Eva zurück. »Von Adam heißt es: Der stammte von Gott.« (Lk 3,38) Matthäus strukturiert die Generationenfolge in dreimal 14 Namen, von Abraham bis David, von David bis zur Babylonischen Gefangenschaft, von der Babylonischen Gefangenschaft bis zu Christus. Darin ist die Zahl sieben enthalten. Die Zahl sieben organisiert also wie die Woche auch die Zeitalter.

Für das mittelalterliche Weltbild war der Zeitenlauf in eine Struktur gebracht. Er beginnt mit der Schöpfung und ist bereits auf sein Ende, die Wiederkunft Christi, hin ausgerichtet. Die Zeit verschwindet aber nicht, sondern wird im Himmel und damit auch im Kirchenraum erhalten bleiben. Wer eine Kathedrale betritt, befindet sich in Gegenwärtigkeit mit allen Epochen der Geschichte. Hugo von Sankt Viktor beschreibt das in seiner Interpretation der Arche Noach: In ihr »wird das Verborgene ... leuchtend sichtbar, das Schwere erscheint dort leicht, und was für sich betrachtet weniger einleuchtend schien, erweist, in seiner Zuordnung gesehen, sich als sinnvoll. Das Ganze stellt sich dort als Körper dar, und der Einklang des Einzelnen wird darin deutlich. Da wird dieser vorübergehenden und vergänglichen gleichsam eine zweite Welt entgegengestellt, weil, was in dieser Welt in Zeitaltern vorübergeht, in jener Welt wie in einem Stand der Ewigkeit zu gleicher Zeit besteht. Dort folgt dem Vergangenen nicht das Gegenwärtige, löst nicht das Kommende das Gegenwärtige ab, sondern was immer dort ist, ist gegenwärtig. So bleiben die Menschen auch dort und werden immer dauern und sich immer freuen, ohne Schmerz über das Vergangene, ohne Fürchten vor der Zukunft, sie haben, was sie lieben, sehen, was sie begehren. Und in diesem Sinne hat der Apostel (Paulus) vielleicht gesprochen: ,Das Wesen dieser Welt vergeht‘ (1 Kor 7,31), das Aussehen dieser Welt, die Erscheinung dieser Welt, die Schönheit dieser Welt, da eine zweite Welt ist, deren Gestalt nicht verwelkt, deren Schönheit niemals endet. Jene Welt ist in dieser Welt, und diese Welt ist kleiner als jene Welt, weil jene fasst, den diese nicht zu fassen imstande ist (gemeint ist Gott). Diese Welt sehen des Fleisches Augen, jene Welt schauen im Inneren die Augen des Herzens. In dieser Welt haben die Menschen ihre Befriedigung, in jener Welt sind die Freuden unaussprechbar. In dieser Welt laufen die Menschen und spenden den Schauspielern der Eitelkeit ihren Beifall, in jener Welt werden sie durch ewiges Schweigen geübt und sie haben reinen Herzens Freude in der Schau der Wahrheit.« (De arca Noe morali)[1]

Diese Gegenwärtigkeit aller Zeiten wird symbolisch im Ablauf des Stundengebets an jedem Tag vor Augen gestellt.

---

1 Die Texte des Theologen Hugo, er lebte in der ersten Hälfte des 11. Jahrhunderts, sind bisher nicht zugänglich. Sie werden vom »Hugo von Sankt Viktor Institut« in Frankfurt ediert. Die Anwesenheit aller Zeitalter in der himmlischen Arche und damit in der als Abbild des Himmels gebauten Kathedrale hat Friedrich Ohly am Dom von Siena überzeugend anhand der Schriften Hugos dargestellt. (Friedrich Ohly, »Die Kathedrale als Zeitenraum, zum Dom von Siena«; a.a.O.)

Sicardus von Cremona hat in seiner Erklärung der Liturgie Folgendes aufgezeichnet:

»Und schließlich ist beim Offizium dieses nicht zu übersehen, dass, wie manche sagen, das Nachtoffizium die Zeit von Adam bis Noach noch einmal vergegenwärtigt, die Matutin die Zeit von Noach bis zu Abraham, die Prim von Abraham bis zu Mose, die Terz von Mose bis zu David, die Sext von David bis zur Ankunft Christi, die Non von der ersten bis zu seiner zweiten Ankunft, wenn der Herr kommen wird zu richten. In der Vesper verstehen sie den Seelensabbat, an dem sie von ihren Mühen ruhen werden, in der Komplet jene Zeit der großen Feier, zu der die Erwählten kommen werden, das Reich zu empfangen, wo sich die Freude der Heiligen vollenden, der Kampf ein Ende nehmen und der ewige Friede kommen wird.« (Mitrale seu de officiis ecclesiasticis IV, 9)

Das, was die Theologen und Liturgiker des 11. Jahrhunderts beschrieben haben, wurde von den Baumeistern umgesetzt und findet in den reichen Bildprogrammen der gotischen Kathedralen seine Vollendung.

Die himmlische Liturgie ist bestimmend für den Gottesdienstraum Kirche. Dass der Raum, in dem die Gläubigen sich versammeln, den gleichen Namen hat wie die Gemeinschaft der Christen, ist eine dritte Wurzel zum Verständnis der theologisch konzipierten Architektur.

Die Kuppel des Doms St. Salvator in Fulda symbolisiert den Himmel. Die Taube, die den Heiligen Geist darstellt, deutet die Kirche als geisterfüllten Raum.

Kirchen und Kirche

Wie kommt es, dass die Christen ihre Gottesdiensträume mit dem gleichen Wort bezeichnen wie ihre Gemeinschaft? Es ist ein Bild, das im 1. Petrusbrief verwendet wird, das den Kirchenraum zum Symbol für die Kirche macht. Dieser Text erklärt auch, wie Jesus Christus mit dem Gottesdienstraum in Verbindung gesetzt wird.

»Ihr habt erfahren, wie gütig der Herr ist. Kommt zu ihm, dem lebendigen Stein, der von den Menschen verworfen, aber von Gott auserwählt und geehrt worden ist. Lasst euch als lebendige Steine zu einem geistigen Haus aufbauen, zu einer heiligen Priesterschaft, um durch Jesus Christus geistige Opfer darzubringen, die Gott gefallen. Denn es heißt in der Schrift: Seht her, ich lege in Zion einen auserwählten Stein, einen Eckstein, den ich in Ehren halte; wer an ihn glaubt, der geht nicht zugrunde. Euch, die ihr glaubt, gilt diese Ehre. Für jene aber, die nicht glauben, ist dieser Stein, den die Bauleute verworfen haben, zum Eckstein geworden, zum Stein, an den man anstößt, und zum Felsen, an dem man zu Fall kommt. Sie stoßen sich an ihm, weil sie dem Wort nicht gehorchen; doch dazu sind sie bestimmt. Ihr aber seid ein auserwähltes Geschlecht, eine königliche Priesterschaft, ein heiliger Stamm, ein Volk, das sein besonderes Eigentum wurde, damit ihr die großen Taten dessen verkündet, der euch aus der Finsternis in sein wunderbares Licht gerufen hat. Einst wart ihr nicht sein Volk, jetzt aber seid ihr Gottes Volk; einst gab es für euch kein Erbarmen, jetzt aber habt ihr Erbarmen gefunden.« (1 Petr 2,3–10)

Der Autor hat noch keine christliche Architektur entwerfen wollen, vielmehr nutzt er ein Zitat aus der jüdischen Bibel »der Stein, den die Bauleute verworfen haben, ist zum Eckstein geworden.« (Ps 118,22) Die beiden folgenden Verse sind in die Osterliturgie aufgenommen: »Das hat der Herr vollbracht, vor unseren Augen geschah dieses Wunder. Dies ist der Tag, den der Herr gemacht hat;

wir wollen jubeln und uns an ihm freuen.«

Wenn die Theologen bei der Konzeption einer Kirche in der Bibel nachschauten, ob es Bauanweisungen gibt, dann stießen sie auf diesen Briefabschnitt und den Psalm, der dort zitiert wird. Bei Kirchweihliturgien wird dann, ausgehend von diesem Text, das Gebäude »allegorisch« gedeutet. Die Steine stehen für die Gläubigen. Der Gedanke, dass der Eckstein, das Fundament Christus symbolisiert, wird nicht weiter verfolgt. Als Fundament gilt der Glaube der → Apostel und der Glaubenszeugen, der Märtyrer, die in der → Krypta oder der → Confessio ihren Platz erhalten. Da Christus in den Himmel aufgenommen ist, wird er als → Schlussstein gesehen, vor allem in gotischen Kirchen mit ihrem → Kreuzrippengewölbe. Dafür gibt es ein im Neuen Testament bereits entworfenes Bild. Der Epheserbrief richtet sich an Christen, die nicht vorher Juden waren, und weist ihnen einen gleichberechtigten Platz in der Kirche zu. Hier findet sich das Bild von den → Aposteln als Fundament:

»Erinnert euch also, dass ihr einst Heiden wart und von denen, die äußerlich beschnitten sind, Unbeschnittene genannt wurdet. Damals wart ihr von Christus getrennt, der Gemeinde Israels fremd und von dem Bund der Verheißung ausgeschlossen; ihr hattet keine Hoffnung und lebtet ohne Gott in der Welt. Jetzt aber seid ihr, die ihr einst in der Ferne wart, durch Christus Jesus, nämlich durch sein Blut, in die Nähe gekommen. Denn er ist unser Friede. Er vereinigte die beiden Teile (Juden und Heiden) und riss durch sein Sterben die trennende Wand der Feindschaft nieder. Er hob das Gesetz samt seinen Geboten und Forderungen auf, um die zwei in seiner Person zu dem einen neuen Menschen zu machen. Er stiftete Frieden und versöhnte die beiden durch das Kreuz mit Gott in einem einzigen Leib. Er hat in seiner Person die Feindschaft getötet. Er kam und verkündete den Frieden: euch, den Fernen, und uns, den Nahen. Durch ihn haben wir beide in dem einen Geist Zugang zum Vater. Ihr seid also jetzt nicht mehr Fremde ohne Bürgerrecht, sondern Mitbürger der Heiligen und Hausgenossen Gottes. Ihr seid auf das Fundament der Apostel und Propheten gebaut; der Schlussstein ist Christus Jesus selbst. Durch ihn wird der ganze Bau zusammengehalten und wächst zu einem heiligen Tempel im Herrn. Durch ihn werdet auch ihr im Geist zu einer Wohnung Gottes erbaut.« (Eph 2,11–22)

Deshalb finden sich in der Spitze der Kreuzrippengewölbe Steinskulpturen, die Christus darstellen. Ein Gesamtbild des Kirchenraums, in dem die Gläubigen mit der himmlischen Welt verbunden sind, malt Albert d. Gr. im Bild des Kreuzes aus:

»Das Vorbild für den Kirchbau ist das Kreuz Christi. Deshalb ist jede Basilika zuerst einmal dem Kreuz geweiht. ... Das Haupt des Kreuzes liegt über dem Allerheiligsten (dem Chorraum), die Arme erstrecken sich über die Breite des Kreuzes, die Länge des Kreuzes über das Heiligtum, den Leib der Kirche, den Ort für das Volk Gottes. So ist Christus über das Haus ausgestreckt, mit seinem Antlitz den Altar betrachtend und mit seinen ausgebreiteten Armen das Allerheiligste umfangend und mit der Länge seines Leibes das Heilige bedeckend.« (Super Lucam)

Die theologische Konzeption für die Architektur von Gottesdiensträumen kann so zusammengefasst werden: Das Gebäude steht symbolisch für die Gemeinschaft der Christen. Es ist ein Abbild des Himmels, damit die auf Erden versammelte Gemeinde in die himmlische Liturgie einstimmen kann. Diese Grundkonzeption wurde bis zum Barock in unterschiedliche Kompositionsideen umgesetzt. Es begann allerdings erst einmal eher pragmatisch mit der Übernahme der römischen Versammlungshalle, der Basilika, als Kirchenraum. Diese Wahl bestimmte die westliche Liturgie bis heute nachhaltig.

Die Säulen symbolisieren die Apostel. Im späten Mittelalter wurden die Apostel als Skulpturen dargestellt.

Die Basilika und die Prozessionsliturgie

Gottesdienste konnten erst dann in Kirchen gefeiert werden, als die christliche Religion nicht mehr verfolgt wurde. Um den christlichen Kult öffentlich zu begehen, konnten die Christen allerdings nicht die Tempelarchitektur der Römer und Griechen übernehmen, denn dann hätten sie öffentlich demonstriert, dass ihr Gott nur ein neuer Gott innerhalb des römischen Götterhimmels wäre. Zudem waren die Tempel keine Versammlungsräume, wie sie der christliche Gottesdienst mit seinen Lesungen und der Predigt erforderte. Die Tempel waren auch nicht direkt die Opferstätten, sondern die Opfer wurden vor den Tempeln dargebracht. Im Tempel befand sich nur die Kultstatue der verehrten Gottheit.

Die Christen wählten für ihre Kirchenarchitektur ein nicht religiös besetztes Modell, die Königshalle, die Basilika (von »Basileus«, dem griechischen Wort für »König«). Am Kopfende der Basilika saß der Amtsträger, um Petitionen entgegenzunehmen, Erlaubnisse zu erteilen, Recht zu sprechen. Über dem Sitze des Amtsträgers wölbt sich die Decke zur Apsis, während die Basilika sonst flach eingedeckt ist. Erst die Romanik wölbt den ganzen Kirchenraum ein. Aber schon in der Basilika symbolisiert die Wölbung den Himmel. In den Himmel ist die Autorität, meist der Kaiser, gemalt bzw. als Mosaik sichtbar, die die Entscheidungen des Amtsträgers wirksam werden lässt. Diese Konzeption ließ sich leicht für das christliche Grundverständnis umsetzen. In der Ausbuchtung am Kopfende der Basilika sitzt der Bischof, mit dem Gesicht zur versammelten Gemeinde gewandt. Über ihm befindet sich eine Christusdarstellung, oft als Guter Hirte mit Schafen, die die Gläubigen repräsentieren. Da der Kirchenraum vorrangig für die Feier der Eucharistie konzipiert wurde, denn für den Taufritus wurden eigene Taufkapellen gebaut, musste nur noch ein Altar im vorderen Teil der Halle aufgestellt werden. Da die Bischöfe, nachdem

Konstantin die christliche Religion zur Reichsreligion erhoben hatte, den Status hoher Beamter hatten, entsprach die Königshalle wohl der Vorstellung der damaligen Zeit, wie ein Gottesdienstraum aussehen sollte.

Die Basilika hat für die ganze abendländische Kirchbaugeschichte den Grundriss vorgegeben. Die Romanik entwickelt die Basilika weiter, indem sie ein Querschiff hinzufügt, das in seinem Schnittpunkt eine Kuppel ermöglicht. Die Gotik entwickelt den kreuzförmigen Grundriss der Romanik eher stilistisch weiter. Sie löst die Wände in große Fensterflächen auf. Der Barock hält, auch wenn Kirchen den Grundriss einer Ellipse haben, an der Längsausrichtung des Gebäudes fest. Nur die Renaissance konzipiert sogenannte Zentralbauten, die aber nicht stilbildend wurden. Das hat darin seinen Grund, dass ein Altar im Zentrum des Raumes nicht der Dynamik der abendländischen Liturgie entspricht, denn die Basilika als Grundmodell eines christlichen Gottesdienstraumes hatte zur Ausbildung einer Prozessionsliturgie geführt.

Die abendländische Liturgie in der Raumkonzeption der Basilika

Die als Rechteck gebaute Halle gibt, anders als der Rundbau, der Feier eine Richtung vor. Alles ist nach vorn ausgerichtet. Wer eine Kirche betritt, »weiß« durch die Raumkonzeption, dass er sich nach vorn orientieren muss; dort wird das Wichtige stattfinden.

Da man eine Basilika nicht vorn betreten kann – dort befindet sich der Sitz des Amtsträgers –, betreten die Gläubigen den Raum von hinten. Das gilt auch für den Zelebranten und die Altargruppe, die mit ihm vorne Platz nehmen wird. Der Einzug der Altargruppe markiert den Beginn des Gottesdienstes, der Auszug ihren Abschluss. Durch Einzug und Auszug ist ein Zeremoniell entstanden, das es so weder im Synagogengottesdienst noch in den christlichen Hausgottesdiensten während der Verfolgungszeit gab. Durch den feierlich gestalteten Einzug wie den Auszug wurde ein Ritual zur Grundgestalt der abendländischen Liturgie, das es in vielen Religionen, auch im jüdischen Tempelkult, bereits gab: die »Prozession«. Dieses Element entfaltete sich noch weiter, um bestimmte Teile des Gottesdienstes herauszuheben. Die Evangeliumsprozession unterscheidet die Lesung aus einem der vier Evangelien von den anderen Lesungen. Denn das durch den Altarraum getragene Evangeliar symbolisiert Christus. Weiter entstand organisch die Gabenprozession, bei der Brot und Wein für die Eucharistiefeier zum Altar gebracht werden. Wenn die Gläubigen dann zum Empfang des eucharistischen Brotes und Weines nach vorn gehen, ist diese Prozession der Höhepunkt, denn nach vorn zu gelangen und etwas empfangen, darauf ist die Raumkomposition der Basilika angelegt. Sie entspricht damit der Dramaturgie der Eucharistiefeier, denn diese zielt auf den Verzehr des gewandelten Brotes und Weines. Der Auszug der Altargruppe leitet den Auszug der Gläubigen ein, denn diese wurden mit den letzten Sätzen der Liturgie in ihre Welt zurückgesandt: »Ite, missa est«, »Geht, es ist Sendung«. Dieser Satz hat im Abendland der Eucharistiefeier den Namen »Messe« gegeben.

Wie auch in anderen Religionen werden die Prozessionen durch Gesänge begleitet. Der Einzugsgesang war in früher Zeit der Kyriegesang, später wurde ein eigener Introitus, ein Eingangslied, entwickelt. Die Evangeliumsprozession wird durch den Hallelujaruf und einen Psalmvers herausgehoben, zum Gabengang gibt es in der lateinischen Liturgie das Offertorium, der Kommuniongesang begleitet den Gang nach vorn zum Empfang des gewandelten Brotes.

Diese fünf Prozessionen sind in der nach dem Konzil von Trient gestrafften abendländischen Liturgie erhalten geblieben. In den mittelalterlichen Gottesdiensten hat es noch mehr Prozessionen gegeben. Bereits in karolingischer Zeit hatten die großen Kirchen mehrere Altäre, die nicht einfach aufgebaut wurden, damit die vielen Mönchs- und Kathedralpriester eine Messe feiern konnten. In die Altäre waren Reliquien der Heiligen eingelassen, die man während des Gottesdienstes verehrte.

Das Ritual der Prozession bot der versammelten Gemeinde die Möglichkeit, in dem ursprünglich weltlichen Rahmen der Königshalle eine Liturgie zu feiern. Seit der Romanik sind die Kirchen deutlicher als Sakralräume gestaltet, so dass die Frage entsteht, warum mit den weiter entwickelten Kirchbaukonzeptionen nicht die Prozessionen obsolet wurden. Das ist nicht der Fall gewesen; die mittelalterliche Liturgie hat an den Prozessionen festgehalten. Auch das Chorgebet der Mönche beginnt mit einer Prozession, zu der sich die Beter im Kreuzgang versammeln, um dann durch einen Seiteneingang in den Chorraum einzuziehen. Auch in der nach dem II. Vatikanischen Konzil reformierten Liturgie sammelt der Einzug die Gemeinde und orientiert sie auf den Altar. Die Evangelienprozession vermeidet, dass der Wortteil der Eucharistiefeier zur Katechese wird. Die Gabengang zeigt, dass ein Mahl beginnt. Das ist deshalb notwendig, weil Brot und Wein als sinnliche Zeichen nicht mehr so wirken wie bei einer Hausmesse. Sie müssen daher herausgehoben werden – durch eine

Prozession. Der Kommuniongang ermöglicht es den Gläubigen, sich auf die Begegnung mit Christus konzentrieren zu können. Die Prozessionen sind kein typisch christliches Ritual, sie sind aber als Lösung zu sehen, eine Liturgie zu gestalten und die Menschen auf das Evangelium, die Vorbereitung des Mahles und die Begegnung mit Christus zu konzentrieren.

Da die abendländischen Kirchen für eine Prozessionsliturgie gebaut sind, sollte der Besucher einer Kirche, auch wenn er nicht einen Gottesdienst mitfeiert, sich den Raum von hinten her erschließen. Er sollte erst einmal im Eingangsbereich verharren, dann langsam nach vorne gehen. In vielen mittelalterlichen und barocken Kirchen wird er durch ein Bildprogramm begleitet, das die theologische Konzeption des Raumes erschließt.

Die Symbolwelt der Basilika

Die Symbolik eines Kirchenraumes besteht zuerst in der Liturgie. In den Prozessionen bringt sie den Raum zur Entfaltung. Die Liturgie braucht einen Vorsteher und weitere handelnde Personen wie die Lektoren, die Sänger, diejenigen, die die Gaben bereiten und zum → Altar bringen. Weiter gehören zur Liturgie die Bücher, die Kerzen, die Geräte zur Aufnahme des Brotes und des Weines. Einen → Ambo, ein Lesepult hat es bereits ge-

geben, wohl aber noch nicht eine Kanzel. Die Christen haben auch die Symbolik des Weihrauchs übernommen, der nach oben zieht und für das Gebet der Gläubigen steht. Gesang und → Weihrauch stehen für einen spezifischen Opfergedanken. Der Hebräerbrief nennt das Lob ein Opfer: »Lasst uns Gott allezeit das Opfer des Lobes darbringen.« (Hebr 13,15) Es sind also nicht mehr Opfertiere, durch deren Verbrennen man Gott nahekommen will. Allerdings war das Verbrennen des Opfertieres auch im jüdischen Tempelgottesdienst nicht der Zielpunkt der Feier. Gott wurden nur Teile des Tieres durch Verbrennen übereignet. Von dem, der das Opfer darbringen will, heißt es im Buch Levitikus:

»Er soll seine Hand auf den Kopf des Opfers legen und es am Eingang des Offenbarungszeltes schlachten. Dann sollen die Söhne Aarons, die Priester, das Blut ringsum an den Altar sprengen. Er soll einen Teil dieses Opfers als Feueropfer für den Herrn darbringen, und zwar das Fett, das die Eingeweide bedeckt, das gesamte Fett über den Eingeweiden, die beiden Nieren, das Fett über ihnen und das an den Lenden sowie die Fettmasse, die er von der Leber und den Nieren loslöst.« (Lev 4,4–9)

Die anderen Teile des Opfertieres sind für den Menschen zum Verzehr bestimmt, so dass schon das alttestamentliche Opfer als gemeinsames Mahl von Mensch und Gott angelegt war. Die christliche Mahlfeier leitet sich allerdings nicht aus dem Opferkult ab, sondern von dem Passahmahl, das die Juden zum Gedenken an ihre Befreiung aus Ägypten bis heute feiern. Im Mittelpunkt dieses Mahles steht das Lamm. Die Christen sehen in Jesus das Lamm und haben die beiden Elemente des Mahles, den Brot- und den Becher-Ritus, den Jesus besonders herausgehoben hat, als Elemente ihrer Dankesfeier beibehalten. Wie das Passahmahl ist auch das christliche Mahl Dankfeier. Eucharistie, das griechische Wort für Dank, gibt der Feier daher auch ihren Namen. Deshalb ist der christliche Altar keine Opferstätte, sondern ein Tisch. Feierten die ersten Generationen der Christen das Mahl in den Hausgemeinschaften, brauchten sie für die größer gewordenen Gemeinden entsprechende Versammlungsräume. Deshalb sind Brot und Wein mehr stilisiert, sie werden durch besondere Gefäße, → Ziborium und Becher, der durch einen Stiel zum Kelch geworden ist, herausgehoben. Die Gefäße verdeutlichen den besonderen Inhalt, denn Jesus hat das Brot, das er seinen Jüngern reichte, als seinen Leib, den Wein, den sie aus dem herumgereichten Becher tranken, als sein Blut bezeichnet. Brot und Wein sind daher mehr als Zeichen, sie sind eine besondere Wirk-

lichkeit, nämlich die Gegenwart Jesu. Deshalb werden die restlichen Brotstücke eines eucharistischen Mahles aufgehoben und im → Tabernakel verehrt.

Diese Symbolwelt zieht sich durch die abendländische Gottesdienstpraxis hindurch. Sie ist wie die Prozessions-

liturgie auch für die heutige liturgische Praxis maßgebend.

Ein unterscheidendes Merkmal der christlichen Königshalle ist ihre Ausrichtung auf Christus. Diese wird einmal durch die Ostung der Gebäude erreicht. Der Chor weist in Richtung der aufgehenden Sonne, Symbol für

Die Konstantinbasilika in Trier war die Empfangshalle des Kaisers. Heute dient sie der evangelischen Gemeinde als Kirche.

den auferstandenen Christus. Zugleich liegt Jerusalem, wenn man im Abendland wohnt, im → Osten. In dieser Stadt wird die Wiederkunft Christi als Weltenrichter erwartet.

Zwar wird die Raumsymbolik der Basilika erst durch die folgenden Stilepochen entfaltet. Die Ausrichtung des Kirchenraumes auf Christus wird aber bereits durch die Gestaltung des vorderen Teils der Basilika ermöglicht. Die → Apsis mit der Auswölbung symbolisiert den Himmel. In die Wölbung wird Christus als der Weltenherrscher (→ Majestas Domini) oder als guter Hirte eingezeichnet. In seinem Auftrag handelt der Zelebrant. Die Offenbarung des Johannes nimmt die Symbolik des Lammes wieder auf. Jesus erscheint im Bild des → Lammes. Daher ist dieses Bild für Christus auch in der Bildwelt der Basilika vertreten.

Die Taufe hatte in den ersten christlichen Generationen eine sehr viel größere Bedeutung. In einem heidnischen Umfeld war man nicht von Geburt an Christ, deshalb wurde der Übertritt zum christlichen Glauben intensiver erlebt. Da die Taufe nicht durch Übergießen mit Wasser, sondern durch Untertauchen gespendet wurde, lag es nahe, für dieses Sakrament eigene, kleinere Kirchen zu bauen. (→ Taufe, Taufbecken)

Von den frühchristlichen Basiliken, die es in den damals römischen Städten gegeben haben muss, ist kaum etwas erhalten. Sie wurden durch neue Bauten ersetzt. In Trier ist die Halle, in der Kaiser Konstantin Bittsteller, Gesandtschaften u. a. empfing, noch erhalten. Sie dient aber erst seit dem 19. Jahrhundert als evangelische Kirche. Nachdem die germanischen Stämme in der sogenannten Völkerwanderung den westlichen Teil des Römischen Reiches unter ihre Herrschaft gebracht hatten, kam es zu einem Verfall der gesamten Schriftkultur und damit auch einer christlich geprägten Baukunst. Die schriftkundigen Christen zogen sich aus dem Norden und Westen zurück und siedelten südlich der Loire. Das bedeutet, dass sich vom 4. bis 8. Jahrhundert kaum kulturelle Aktivitäten entfalteten. Erst die karolingische Renaissance im späten 8. Jahrhundert entwickelte die Basis für eine abendländische Kultur, die wir Mittelalter nennen. Erst Karl d. Gr. verfügte, dass alle Kleriker Lesen und Schreiben lernen mussten. Aber es waren eigentlich nur die Klöster, in denen der Aufbau einer Kultur geleistet wurde. In ihrer Architektur knüpften sie an die römische Basilika an.

Kirchen der Karolingerzeit

Das Ende der ersten christlichen Kultur nördlich der Alpen

Auch nördlich der Alpen sind christliche Kirchen in der Form der Basilika gebaut worden. Es gab blühende Bischofsstädte entlang des Rheins und im heutigen Frankreich, so Straßburg, Speyer, Worms, Mainz, Köln, die sich zu einem guten Teil von römischen Namen herleiten, wie Xanten, das von dem Wort Sanctus herkommt und übersetzt »Allerheiligen« heißt. In Südfrankreich kann man in dem Ort Castres noch eine alte römische Stadt mit ihrer Kirche besichtigen, da die mittelalterliche Stadt an den Berg gebaut wurde und die römische Siedlung erhalten blieb. Auch Nijmegen ist eine römische Gründung. Jedoch sind in den römischen Provinzen nördlich der Alpen von diesen Bauten nur noch Fundamente übrig geblieben, so der Trierer Dom oder die Grabkammer der Märtyrer unter der Altarebene im Bonner Münster. Die Basilika des Konstantin, die heute als evangelische Kirche dient, zeigt die offizielle Empfangshalle des aus Trier stammenden Kaisers. Viele dieser Kirchen wurden auf römischen Friedhöfen gebaut, wohl auch deshalb, weil hier Märtyrer begraben waren.

Die Völkerwanderung hatte ein kraftlos gewordenes Reich zum Einsturz gebracht. Bereits 100 Jahre nachdem Konstantin das Christentum zur Staatsreligion erhoben hatte, eroberte 410 der Westgotenkönig Allarich Rom. Die Bischofsstädte am Rhein, so zum Beispiel Speyer, Mainz und Köln, wurden von den Germanen verwüstet. Jedes städtische Leben erstarb. Die römische Bevölkerung zog sich in das Gebiet südlich der Loire zurück. Es dauerte Jahrhunderte, bis die germanischen Stämme staatliche Strukturen entwickelten. Das gelang ihnen nicht zuletzt durch das Christentum, das in Spuren überlebte und das überraschenderweise die Germanen überzeugte.

Offensichtlich war es der bereits in den römischen Basiliken dargestellte siegreiche Christus, der den Glauben der Germanen gewann. Denn deren religiöse Vorstellungen waren von einem ständigen Kampf zwischen guten und bösen Mächten geprägt. Ihnen war es nicht sicher, ob das Gute siegen würde. Der Gott der Christen war gerade dadurch ausgezeichnet, dass er das Böse überwunden hatte. In den Kirchen des frühen Mittelalters haben diese Ängste in den dämonischen Tierfiguren und Fratzen eine Gestalt gefunden.

Das Christentum war auch deshalb anziehend, weil die Christen über die Kulturtechniken verfügten, die für die germanischen Stämme eine zivilisatorische Entwicklung versprachen. Bis diese Völker jedoch eine eigene Kultur entwickeln würden, sollten noch fünf Jahrhunderte vergehen. Denn in der Völkerwanderung ging die Kenntnis der Schrift verloren und damit auch die Basis sowohl für die christliche Überlieferung wie auch für die Administration größerer staatlicher Gebilde.

Es waren Anstöße von außen, die eine gewisse Entwicklung des kulturellen Lebens und einer christlichen Praxis brachten. Wandermönche aus Irland gründeten Klöster, die auf den jungen Adel anziehend wirkten und eine kulturelle Ausstrahlung gewannen. St. Gallen und die Klöster auf der Reichenau gehen auf diese Missionare zurück, die auch weiter östlich predigten. Die irische Spiritualität war ganz auf die Abkehr von der Welt gerichtet. Es ging den Wanderpredigern um die Erfahrung der Fremde, denn sie wollten damit ihre Christusnachfolge intensivieren. Das erklärt, warum sie kein Interesse am Aufbau kirchlicher Strukturen hatten. Das war erst das Anliegen der angelsächsischen Mönche. Bonifatius ist der bekannteste von ihnen.

Während die Mission der Iren aus eigenem Antrieb erfolgte, lag der Tätigkeit des Bonifatius und seiner Gefährten ein päpstlicher Auftrag zugrunde. Er brachte die römische Organisationsform nach Germanien, denn südlich der Alpen hatte sich die christliche Kirche entsprechend den staatlichen Strukturen der Provinzen organisiert. Bistümer waren Verwaltungseinheiten und ermöglichten es, das christliche Leben organisatorisch zu sichern. In diesem Sinne war Bonifatius Organisator. So wie der als zweiter Apostel Deutschlands bezeichnete Petrus Canisius Schulen gründete, reorganisierte Bonifatius die Diözesen und gründete neue. Auch nach dem Dreißigjährigen Krieg zeigte sich wieder, dass Bistümer als strukturierte Einheiten Kirchen brauchen. Bis es aber in der Romanik zur ersten großen Bauperiode von Bischofskirchen kam, sollten noch Generationen am inneren Aufbau der Kirche in Westeuropa arbeiten müssen.

Die Kulturpolitik der Karolinger

Ein erster Entwicklungsschub wurde durch die karolingische Renaissance ausgelöst. Über einige Generationen verfolgten die fränkischen Könige eine intensive Kulturpolitik, die sich auf die Gründung von Klöstern stützte. Waren die merowingischen Könige des Frankenreiches und die Fürsten und Könige der anderen Stämme mit der Konsolidierung ihrer Herrschaft befasst, gelang es den Karolingern, die anderen Stämme zu besiegen und deren Herzöge zu unterwerfen. Damit schufen sie die Basis für ein großes Reich im Westen. Doch dieses Reich konnte nur mit einer Administration und einem gewissen Bildungsstand der Adeligen Bestand haben. Ein Bürgertum gab es nach dem Zerfall und Untergang der Städte bis zum 11. Jahrhundert nicht mehr. Es entwickelte sich erst, als um die Jahrtausendwende wieder Städte entstanden.

Das Karolingerreich brauchte eine gültige Kultur, die dem Reich von innen her Zusammenhalt verleihen konnte. Dafür bediente sich Karl d. Gr. der Ressourcen des Christentums. Indem er die benediktinische Regel zur allein zugelassenen in seinem Reich erklärte, schuf er Zentren, wo die alten Schriften abgeschrieben wurden, wo Schulen eingerichtet, eine medizinische Versorgung gewährleistet und die Landwirtschaft vorangebracht wurde. Im Jahr 787 verfügte er in einem Brief »De Litteris Collendis«, dass alle Kleriker des Lesens und Schreibens kundig sein müssen. Das englische Wort »clerk« für »Büroangestellter« ist ein Hinweis auf die Hintergründe des Klerikertums in dieser Verfügung aus dem 8. Jahrhundert. Es waren dann auch meist Kleriker, die für die Niederschrift von Gesetzen und Rechtsverordnungen sorgten und diese auch abschrieben, damit sie bekannt wurden. In dieser Zeit begann man, auch auf dem Land Kirchen zu bauen und dadurch dörflichen Gemeinschaften ein Zentrum zu geben. Kirchbau war also eine kulturell-gesellschaftliche Strategie zum Aufbau einer Zivilisation, die auf nichts anderes als auf die christliche Kultur zurückgreifen konnte.

Die karolingische Renaissance war weitgehend rückwärts gewandt. Sie hatte noch nicht den Entwicklungsstand erreicht, etwas Eigenes zu schaffen. Die Baumeister griffen auf die Basilika zurück. In einigen Fällen wurden Baukonzepte aus Byzanz übernommen, so der Rundbau der Aachener Hofkapelle, heute ein Teil des Domes. Viele Kirchen und Abteien sind von den Karolingern, vor allem von Karl d. Gr. und seinem Sohn Ludwig, gegründet worden. Dieser Aufbruch vollzog sich westlich des Rheins bzw. in den Grenzen des Limes, wo es bereits römische Siedlungen gab. Klostergründungen in wenig erschlos-

senen Gebieten, wie Prüm in der Eifel, dienten der Kultivierung. Allerdings orientierte sich Karl d. Gr. in seiner Reichspolitik nach Osten, auch wenn er die Langobarden in Norditalien seinem Reich einverleibt. Zeichen dafür ist die Gründung Aachens, wo auch der repräsentative Kirchbau, die Aachener Hofkapelle, errichtet wurde. Es kam damit auch zu einer Ostwanderung der Franken in die heute noch nach ihnen benannten drei nördlichen Regierungsbezirke Bayerns.

Die Kirchen auf den Dörfern waren einfache Langhäuser mit einer kleinen Ausbuchtung für den Chor. Nur weniges ist aus dieser Bauperiode noch erhalten, so die Einhardsbasilika im Odenwald, das Langhaus der Justinuskirche in dem Frankfurter Vorort Höchst und einige Dorfkirchen im Altmühltal und anderen Gegenden, die durch kein Bevölkerungswachstum vor die Notwendigkeit gestellt wurden, größere Kirchen zu bauen. So finden sich die Reste der Bauperiode der Karolingerzeit meist nur in den Fundamenten von Bauten, die im frühen und späten Mittelalter anstelle älterer und kleinerer Kirchen

gebaut wurden. Die romanischen Dome und die gotischen Kirchen haben für die nachfolgenden Generationen die Gültigkeit behalten, dass man sie nicht durch neue Bauwerke ersetzte und sogar nach Zerstörungen, die durch Kriege oder Brände bedingt waren, wieder instandsetzte.

Die Liturgiereform Karls d. Gr.

Für die Entwicklung der abendländischen Liturgie blieb eine Entscheidung Karls d. Gr. bis heute maßgebend. Er führte in seinem Reich die römische Liturgie ein. Die bis dahin vorherrschende sogenannte Gallikanische Liturgie (Gallien bezeichnet das heutige Frankreich) wurde von Karl durch die römische ersetzt. Das hatte einen theologischen Grund, denn Karl wollte, im Gedanken an die Wiederherstellung, »Renaissance«, möglichst nahe an die Tradition der Apostel rücken. Dies schien ihm durch die römische Liturgie gewährleistet. Sie schien ihm die rechtmäßige Verehrung Gottes und damit auch die Wohlfahrt des Reiches besser zu sichern.

Die karolingische Liturgiereform wurde einmal durch Abschreiben der römischen Messbücher und Lektionare erreicht, es wurden aber auch Vorsänger aus Rom verpflichtet. Das legte die Fundamente für die Entwicklung des → Gregorianischen Chorals. Bis vor einigen Jahrzehnten ging man davon aus, dass die Melodien in den mittel-

Der achteckige Rundbau, den Karl d. Gr. nach byzantinischem Vorbild als seine Pfalzkapelle baute. Der Radleuchter, von Friedrich Barbarossa gestiftet, stellt das neue Jerusalem mit seinen 12 Toren dar.

alterlichen Choralbüchern bereits von Papst Gregor um 600 zusammengestellt worden sind. Inzwischen weiß man, dass die Melodien, die damals in Rom gesungen wurden, einfacher waren und erst im frühen Mittelalter so entwickelt waren, dass seitdem kein einstimmiger Gesang sie mehr übertroffen hat. Der Choralgesang, der sich in großen Teilen auf Psalmtexte stützt und auch Hymnen entwickelte sowie die Prozessionsliturgie, die sich in Rom entwickelt hatte, wurde in den karolingischen Kirchen wie auch später in den romanischen und gotischen Kirchen gefeiert.

Die Einführung der römischen Liturgie hat im Zusammenhang mit dem Weihnachtsfest bis heute ihre Spuren hinterlassen. Die gallische Liturgie hatte vom Osten den 6. Januar für das Weihnachtsfest übernommen. Rechnet man, unter Auslassung der Samstage und Sonntage, die nicht als Fasttage galten, 40 Tage zurück, so ist der 11. November der Vorabend der 40-tägigen Fastenzeit vor Weihnachten und ist deshalb durch Karnevalsbrauchtum gekennzeichnet. Da Papst Gregor bereits um 600 die Adventszeit von 40 Tagen auf die vier Sonntage vor Weihnachten verkürzt hatte, steht der 11. November heute nicht mehr in Beziehung zum Advent. Der 25. Dezember als Weihnachtsfest wurde erst 831 auf einer Synode zu Mainz für das Frankenreich verbindlich ge-

macht. Am Weihnachtsfest 800 wird Karl d. Gr. in Rom zum Kaiser gekrönt.

Die karolingische Reichskirche stützte sich auf die Klöster. Dieser Gründerinitiative schlossen sich viele Adlige an, die Klöster vor allem als Kulturzentren sahen. Allerdings waren Klöster auch Orte des Friedens in der durch Erbstreitigkeiten und durch Mord der Erbfolger immer wieder gefährdeten fränkischen Herrschaftsstruktur. Sie dienten weiter der Missionierung. In diesem Sinne ist das Kloster Corvey gegründet. Die Abteikirche wurde in den Jahren 873 bis 885 gebaut. Am Westportal findet sich die Inschrift: »Civitatem istam tu circumda, Domine, et angeli tui custodiant muros illos«. (Herr, beschütze diese Stadt, und deine Engel sollen ihre Mauern beschützen.) Die Inschrift bezieht sich auf die Vision im Kapitel 21 der Geheimen Offenbarung (Kap. »Die Idee des christlichen Kirchbaus«), in der das neue Jerusalem beschrieben wird. Auch das Engel-Motiv, das sich bis zu den gotischen Kathedralen findet, geht auf den Text des letzten Buches der Bibel zurück. »Die Stadt hat eine große und hohe Mauer mit zwölf Toren und zwölf Engeln darauf.« (Offb 21,12) Die Inschrift zeigt, dass die Kirche als Stadt Gottes gebaut wurde. Die Türme, vor allem die der romanischen Kirchen, stehen dafür, dass eine Kirche eine Stadt darstellen soll.

Romanik: die Himmelsstadt

Die Bauidee der Romanik entwickelt sich aus der Basilika. Sie behält das Langhaus bei, betont aber stärker die himmlische Dimension. Die Decken werden als Gewölbe gebaut, so dass nicht nur die Apsis den Himmel symbolisiert, sondern die gesamte Kirche. Neben dem Gewölbe ist das Querschiff eine weitere Innovation der Romanik. In der so entstehenden Vierung, der Kreuzung zweier Richtungen, wird die Idee des Himmels dargestellt, denn die Kuppel symbolisiert aus sich heraus den Himmel. Wahrscheinlich war sie blau ausgemalt.

Die Himmelssymbolik wird noch einmal unterstrichen durch das Achteck, das die Kuppel bildet. Bautechnisch lässt sich das Achteck problemlos auf die Vierung aufsetzen, anders als beispielsweise ein Sechseck oder ein Neuneck, denn man baut nicht wie in der Renaissance und dann wieder im Klassizismus eine Halbkugel, sondern setzt aus acht Rippen ein Gewölbe zusammen.

Die Acht hat für die Christen eine besondere Bedeutung. Am siebten Tag ruhte Gott von seinem Schöpfungswerk aus. Deshalb wird mit der Siebenzahl die Vollendung der Welt ausgedrückt. Der achte Tag ist der Tag der Auferstehung Jesu, der Wochentag nach dem jüdischen Sabbat. Im Matthäusevangelium heißt es: »Nach dem Sabbat kamen in der Morgendämmerung des ersten Tages der Woche Maria aus Magdala und die andere Maria, um nach dem Grab Jesu zu sehen.« (Mt 28,1) Später wird aus dem ersten der achte Tag, denn mit seiner Auferstehung ist Jesus nicht mehr Teil der menschlichen Geschichte, sondern in die Ewigkeit hinübergegangen. Der achte Tag bezeichnet daher den Eintritt in die himmlische Existenz.

Hugo von Sankt Viktor erklärt das in seinem Buch über die Arche Noachs so, dass es sechs Weltalter gibt, das siebte dient der Ruhe in Erwartung des Wiederkommens Christi, der Vollendung der Welt am achten Tag: »Diejenigen, die diese von Drangsal und Not erfüllten Zeitalter in einem glücklichen Tod besiegten, sind schon vom siebten Weltalter des ewigen Sabbats aufgenommen und erwarten das achte Weltalter der seligen Auferstehung, in dem sie mit dem Herrn in Ewigkeit regieren werden.« Dieses achte Weltalter bildet der Kirchenraum vor. Die Achtzahl findet sich auch in den meisten gotischen Kirchen, so etwa in den Gewölberippen des Chores. Wenn man die meist fünf Fenster im Chor zu einem Kreis ergänzt, entsteht ein Achteck.

Die romanischen Kirchen waren außen wohl weiß gekalkt und leuchteten, so wie es von der himmlischen Stadt beschrieben ist. Die romanischen Kirchen waren häufig mit biblischen Motiven ausgemalt. Einzelne Wandmalereien wurden bei Renovierungsarbeiten freigelegt. In Maria Lyskirchen in Köln oder in Schwarzrheindorf bei Bonn kann man sich noch eine Vorstellung von dem Farben- und Bilderreichtum romanischer Kirchen machen.

Träger dieser neuen Bauepoche waren die Klöster und die Bischöfe. Da die Könige und Kaiser über keine feste Residenz verfügten, diente der Bau einer Kathedrale auch als Ausweis königlicher und kaiserlicher Macht. Diese Funktion hatte beispielsweise der Dom in Bamberg für Heinrich II. Der erste König aus dem Geschlecht der Salier, Konrad II., begann kurz nach seiner Wahl zum König mit dem Bau eines Domes, unweit seines Herkunftsgebietes, in Speyer. In diesen romanischen Domen zeigt sich ein Gleichgewicht zwischen dem weltlichen Schutzherr einerseits und dem Bischof mit der Priesterschaft andererseits. Im Westen ist der Platz des Kaisers, der sich als Schutzherr der Kirche versteht, denn vom Westen her drohen die Gefahren, das Dämonische. Hier ist der Platz des Erzengels Michael, der die Dämonen abwehrt. Im Osten, in Richtung Jerusalem, von woher die Wiederkunft Christi erwartet wird, ist der Raum des Gottesdienstes.

Staat und Kirche – Dome mit einem Doppelchor

Die Epoche der Romanik war an ihrem Ende durch heftige Auseinandersetzungen zwischen Kaiser und Papsttum bestimmt. Zu Anfang war davon jedoch noch nichts zu spüren. Die sächsischen Kaiser sorgten für die Kirche, Töchter und Söhne aus den Fürstenhäusern wurden Erzbischöfe oder Äbtissinnen, so der Bruder Ottos d. Gr., Bruno, in Köln. Die Kaiser aus dem sächsischen Herzogshaus befreiten das Papstamt aus dem Hickhack der römischen Adelsgeschlechter und brachten es zu neuem Ansehen. In dieser Zeit gab es nicht wenige deutsche Bischöfe, die zum Papst gewählt

Der Wormser Dom hat zwei Chöre. Der hier abgebildete Westchor symbolisiert die religiöse Bedeutung des Kaisers.

wurden. Die Bedeutung des Herrschers spiegelt sich in dem Westwerk und sogar in einem zweiten Chorraum wider. Die Kaiserdome von Mainz und Worms wie auch Bamberg haben im Westen einen Chor, der seit Jahrhunderten eigentlich keine Funktion mehr hat.

Der weltliche Herrscher nahm im Westen Platz und beschützte so die Kirche vor den Gefahren, die nach damaliger Vorstellung von Westen kommen, wo es dunkel wird. Mit der Krönung war der Kaiser zum Diakon geweiht und hatte eigentlich das Recht, das Evangelium zu verlesen. Zugleich hatte er den Titel »Stellvertreter Christi«, denn Christus wird als → König verehrt. Erst nachdem Papst Bonifaz VIII. seine Oberhoheit über jede weltliche Herrschaft erklärt hatte, beanspruchten die Päpste diesen Titel.

Deutlich ist, dass das Verhältnis von geistlichem und weltlichem Amt in den romanischen Kirchen einen Ausgleich gefunden hat. Unter den Saliern kommt dieses Verhältnis jedoch in die Krise, die 1077 mit dem Gang Heinrichs IV. nach Canossa im Gedächtnis geblieben ist. Deshalb hat der von den Saliern erbaute Speyrer Dom, anders als die von Mainz und Worms, keinen eigenen Chor im Westen, sondern der Kaiser hatte im Westwerk einen Raum, von dem er auf das Geschehen am Altar blicken konnte.

Während in den Kaiserdomen ein Gleichgewicht zwischen Ostchor und Westfassade herrscht, betonen die Abteikirchen mehr den Osten des Gebäudes, indem sie die Kuppel zum höchsten Element des Gesamtbaues machen.

Die Türme
Auch in der Romanik wurde die Symbolik der himmlischen Stadt weitergeführt. Allerdings gab es in dieser Epoche nördlich der Alpen keine Städte, die durch eine Mauer geschützt waren. Mit Toren befestigt waren nur die Burganlagen. Diese waren für die Menschen damals wohl das Sinnbild für eine größere Ansiedlung. Das könnte eine Erklärung für die vielen Türme einer romanischen Kirche sein. Die biblischen Texte geben keine Turmsymbolik für die befestigte Stadt vor. In der Vision vom neuen Jerusalem in der Offenbarung des Johannes ist nur von Mauern und Toren die Rede.

Die Symbolik des romanischen Kirchenraums
War die Basilika noch der Raum, in dem die Christen ihre Liturgie nicht mehr im Verborgenen, sondern nach den Jahrhunderten der Verfolgung öffentlich feierten, stattet die Romanik den Kirchenraum mit einer sehr viel größeren Symbolkraft aus.

Kirchen als Widerspiegelung der Baugesetze des Kosmos

Bereits seit den griechischen Denkern war die Grundannahme bestimmend, dass die Welt nach bestimmten Baugesetzen geschaffen ist. Wenn man diese Gesetze für die Architektur zugrunde legt, würde der Bau die Harmonie des Kosmos widerspiegeln. Harmonie entsteht durch abgestimmte Größenverhältnisse. Es überrascht nicht, dass die Größenverhältnisse, die nach der damaligen Vorstellung dem Kosmos zugrunde liegen, sich in Zahlengrößen wiederfinden, denn Wände, Säulen und Räume müssen entsprechend bestimmten Zahlengrößen gebaut werden. Für einen Raum, der die Vollkommenheit des Kosmos abbilden soll, mussten Längenverhältnisse gefunden werden, die als vollkommen galten.

Bereits Pythagoras hatte diese Verhältnisse in Zahlen definiert: 1:1 und 1:2, 2:3 und 3:4 galten seit diesem Mathematiker des Altertums als vollkommen. Plato hatte diese Lehre in seinem Dialog »Timaios« über den Aufbau des Kosmos weitergeführt, und im 5. Jahrhundert vertrat der Theologe Augustinus die gleiche Auffassung. In der Schule von Chartres wurden diese Theorien im 12. Jahrhundert aufgegriffen und theologisch interpretiert. Man konnte an Augustinus anknüpfen, denn dieser hatte bereits die Geometrie als etwas Ewiges erklärt, d.h. die

Geometrie gilt nicht nur für die geschaffene Welt, sondern auch für den Himmel. Die irdische Welt unterscheidet sich von der himmlischen also nicht durch ihre Konstruktionsprinzipien, sondern durch ihre Materialität. Die ewig gültigen Maße sind durch den Schöpfer der Materie eingeformt. Dieser Gedanke lag schon der Vorstellung Platos zugrunde. Dieser ging jedoch davon aus, dass die Materie als etwas völlig Ungeformtes ewig wäre. Aus dieser formlosen Masse hat der Demiurg, der Weltenschöpfer, unter Anwendung der geometrischen Prinzipien, den Kosmos geformt und damit der Materie eine Struktur und Ordnung gegeben. Für das griechische Denken bedeutete Kosmos zugleich auch Ordnung. Für den christlichen Theologen gab es die ewige Materie nicht, sie war für ihn ebenfalls von Gott geschaffen, erhielt aber, so wie es der Schöpfungsbericht der Bibel beschreibt, durch Gott in sieben Tagen eine Ordnung und eine Gestalt. Gott legt für seine Gestaltung des Kosmos Harmonien zugrunde, die Pythagoras später als »vollkommene« Zahlenverhältnisse definiert. So kann der Mensch im Betrachten der Schöpfung den Gestaltungswillen Gottes erkennen und in der Raumkonzeption einer Kirche nachbilden. Im Buch der Weisheit heißt es: »Du hast alles nach Maß, Zahl und Gewicht geordnet.« (Weish 11,20) Da die Gesetze der Geometrie auch im Himmel gelten, sind die Kirchen ein Abbild des Himmels, wenn man für die Größenverhältnisse des Raumes die Zahlenverhältnisse zugrunde legt, die bei Pythagoras als die vollkommenen galten. Wer eine romanische oder gotische Kirche ausmisst, stellt fest, dass beispielsweise die Höhe einer Säule zur Breite des Säulenabstandes sich wie 1:2 oder 3:4 verhält oder ein anderes Verhältnis von Zahlen wiedergeben. Die Vierung ist im Zahlenverhältnis 1:1 gebaut, dem Verhältnis der höchsten Vollkommenheit.

Die Baumeister haben also die Kirchen in den Längenverhältnissen gebaut, die seit den Griechen als vollkommen und damit auch für den Himmel galten. Allein die Anwendung der Geometrie machte den Kirchenraum zu einem Abbild des Himmels. Glasfenster, die Zahl → Acht, das → Tonnengewölbe, die → Vierung mit der Kuppel, der Platz des Altares und Skulpturen unterstreichen diese Bedeutung des Raumes.

Bestätigung im Alten Testament

Die mittelalterlichen Baumeister suchten natürlich auch in der Bibel nach Anhaltspunkten, wie sie die Kirchen als Haus Gottes konstruieren konnten. Denn wenn in der Bibel Bauanleitungen zu finden sind, kann der Baumeister davon ausgehen, dass er nicht nur ein Menschenwerk vollbringt, sondern ein Bauwerk errichtet, das die Menschen zu Gott führt.

Vier Texte wurden im Mittelalter herangezogen, die Vorgaben beinhalteten für

1. den Bau der Arche (Gen 6,14–16),
2. den Bau des ersten Tempels, den der König Salomo errichten ließ (1 Kön 6),
3. den Wiederaufbau des Tempels, für den sich beim Propheten Ezechiel genaue Zahlenangaben finden (Ez 41 und 42),
4. das neue Jerusalem, das nach der Offenbarung des Johannes nicht mehr auf der Erde gebaut werden muss, sondern das vom Himmel herabschweben wird. (Offb 21)

Die Höhe der Arche war mit 20 Ellen, die Breite mit 50 Ellen vorgegeben (2:5), die Längenverhältnisse des salomonischen Tempels mit dem Verhältnis Höhe zu Breite von 20 zu 30 Ellen, also 2:3. In all diesen Vorgaben, die nicht vom Menschen erdacht, sondern durch Gott geoffenbart wurden, finden sich die gleichen Größenverhältnisse, wie sie von Pythagoras herausgestellt wurden. Das bestätigte die mittelalterlichen Denker darin, dass die Erkenntnis der Schöpfung zur Erkenntnis Gottes führt. Zu dieser Erkenntnis soll nach dem Willen der Bauleute und ihrer Auftraggeber der Mensch geführt werden, der eine Kirche betritt.

Typische Maßverhältnisse hat Villard de Honnecourt in seinem um 1240 verfassten Skizzenbuch zusammengestellt:

Das Quadrat, das durch die → Vierung gebildet wird, spiegelt in seinem Längenverhältnis 1:1 die Vollkommenheit Gottes; Breite und Höhe der Schiffe haben meist das Verhältnis 1:2; im Chor findet sich das Größenverhältnis 3:4; die Länge der Seitenschiffe steht zur Gesamtlänge des Mittelschiffs mit dem Chor im Verhältnis 2:3.

Die Raumarchitektur wurde von den Baumeistern aus dem Quadrat entwickelt, die Schiffe bestehen aus aneinandergefügten Quadraten.

Die Harmonie des Raumes und seine Musikalität

Das Wissen um die Raumkonzeption einer mittelalterlichen Kirche war damals vielen Menschen geläufig. Wir müssen es heute mühsam durch Studium der mittelalterlichen Texte wiedergewinnen. Doch auch ohne dieses Wissen üben diese Kirchenräume eine besondere Wirkung auf uns aus. Die Harmonie, die wir spüren, wird durch die Längenverhältnisse bestimmt und berührt uns wahrscheinlich auch deshalb, weil sie zugleich die musikalischen Baugesetze widerspiegeln, die wir als besonders harmonisch empfinden. Die Verhältnisse 1:2, 2:3 oder 3:4 entsprechen den Tonabständen der Oktav, der Quint und der Quart. Die Töne dieser Intervalle lassen sich durch die entsprechende Unterteilung einer Saite erzeugen. Da die mittelalterliche Architektur dieselben Größenverhältnisse für die Maße des Raumes zugrunde legt, die auch für die Musik gelten, kommt es zu einer Übereinstimmung von Musik und Architektur. Deshalb spüren wir die Harmonie körperlich. Die Musik des Mittelalters, der → gregorianische Choral, bringt diese Räume in besonderer Weise zum Klingen.

Das Dämonische

So sehr romanische Kirchen eine kosmische Ordnung widerspiegeln und das Gefühl vermitteln, in Harmonie mit dem Ganzen zu stehen, so deutlich machen sie auch die Bedrohung, unter der die Menschen jener Zeit sich fühlten. Die großen → Türme, das ausgebaute → Westwerk, in dem Michael die Gefahren abwehrt, wie auch die → Bestiarien, die sich nicht nur außen an den Kirchen finden, sondern auch an Säulen und im Chorgestühl, zeigen das Gefühl der Bedrohung, das die Menschen auch durch den Bau von Kirchen zu bändigen versuchten. Für diese Bilder lieferte ihnen das letzte Buch der Bibel, die Apokalypse, die Vorlagen. Dort werden die Erfahrungen der Christen in den ersten Verfolgungswellen in erschreckende Bilder umgesetzt. Dieses Buch wurde im Mittelalter intensiv gelesen. Auch für den → Drachen, der Wasser speit, findet sich in diesem Buch die Vorlage.

Reliquienkult und zahlreiche Altäre
In der karolingischen Zeit wurden bereits die Reliquien der Heiligen und Kleidungsstücke, die von Jesus oder Maria überkommen waren, verehrt. So leitet sich das Wort »Kapelle« von dem Mantel, der Capa des hl. Martin her. Sie ist der Raum, in dem dieser Mantel aufbewahrt wurde. Die romanischen Kirchen errichten den Hauptaltar über dem Grab eines oder einer Heiligen. Das Grab befindet sich in der → Krypta. Fehlten die Mittel zum Bau eines Untergeschosses, so wurde unter den Altar eine → Confessio gebaut, in die die Reliquien eingelassen sind.

Außerdem häufte sich die Zahl der Altäre, die im Kirchenraum aufgestellt sind. In diese Altäre sind ebenfalls Reliquien eingelassen. Die Hauptreliquie ist dem Hauptaltar zugeordnet, die anderen Altäre enthalten Reliquien in abgestufter Rangfolge. Entsprechend dem Symmetriegedanken wurden die Reliquien paarweise ausgewählt, etwa von zwei Aposteln, zwei Bischöfen oder zwei Ordensleuten. Wenn man in barocken Kirchen Skelette unter den Altären sieht, scheint das eine Mahnung zu sein, damit sich der Besucher seiner Vergänglichkeit bewusst wird.

Die Abteikirche von Maria Laach, 1093–1216 gebaut, hat ein trutziges Westwerk. Im Ostteil der Kirche ist über der Vierung eine achteckige Kuppel errichtet.

Aber auch in Barockkirchen sind die Reliquien in Beziehung zu den Bildern des Himmels gesetzt. Dieser Bezug ist auch in dem Wort »Reliquie«, das Zurückgelassene, gemeint. Was die Heiligen zurückgelassen haben, das wird sich bei der Auferstehung der Toten mit dem himmlischen Leib verbinden. Der Reliquienkult setzt also den Glauben an die Auferstehung voraus. Man ließ sich deshalb in Kirchen begraben, damit man in den Sog der Auferstehung hineingezogen würde, wenn die Reliquien beim Erscheinen Jesu zum Weltgericht sich mit den Heiligen im Himmel verbinden. Die Altäre mit ihren Reliquien wurden in die Prozessionen der Gottesdienste einbezogen.

Liturgie und Gregorianischer Gesang

Die Liturgie, die in den romanischen Kirchen gefeiert wurde, folgte weiter dem römischen Modell der Prozessionsliturgie. Im diesen Jahrhunderten entwickelte sich der einstimmige → gregorianische Gesang zu seiner Hochform, die im 19. Jahrhundert durch Benediktinerklöster wiederbelebt wurde. In der Gotik beginnt dann die Mehrstimmigkeit. Der gregorianische Gesang entspricht einmal in seiner Tongestaltung in Oktav, Sekunde, Quart und Quint den Raummaßen mittelalterlicher Kirchen.

Es gibt jedoch auch einen eher praktischen Grund für die Entwicklung des einstimmigen Gesangs. Dieser ist durch die Größe der Kirchenräume bedingt. Ohne Verstärkeranlage mussten Lesungen und Gebete verständlich vorgetragen werden. Man überbrückte die Raumdistanzen durch Verlängerung der Vokale. Bei Lesungen blieb der Vortragsgesang einfach. Die Begleitgesänge zu den Prozessionen, Introitus, Halleluja, Offertorium und Communio, wurden kunstvoller durch Tonfolgen, Melismen genannt, ausgestaltet. Diese schwierigen Gesangsstücke werden von einer kleinen Gruppe, der Schola, gesungen.

Wer einen romanischen Kirchenraum verstehen will, der kann das am besten, wenn er in einem Benediktinerkloster an einer gesungen Liturgie, entweder einem Stundengebet oder einer Messe, teilnimmt. Dass die Romanik nicht nur in ihrer Baukonzeption eine europäische Sprache spricht, sondern auch in Liturgie und Gesang, zeigt sich daran, dass sich die Melodien zu den einzelnen Gesängen europaweit verbreiteten. Diese Melodien wurden für den Introitus und die anderen Gesänge jedes Festes eigens komponiert, denn die Texte sind jeweils auf das Fest bzw. den Heiligen, dessen gedacht wird, abgestimmt.

In der Romanik hat die Kirchbaukunst bereits eine Hochform entwickelt, die klassisch genannt werden müsste. Was war die spirituelle und bautechnische Entwicklung, die zur Herausbildung der Gotik führte?

Gotik: das Licht als Bauidee

Wenn es darum geht, den Unterschied von Romanik und Gotik zu erklären, wird meist der Spitzbogen der Gotik gegen den Rundbogen der Romanik gesetzt. Dieser Unterschied ist sicher gegeben, aber er ermöglicht erst die entscheidende Innovation der Gotik, die auch der neuen Spiritualität Ausdruck verleiht, die im Übergang vom 12. zum 13. Jahrhundert die Kirche des Abendlandes bis zum Zeitalter der Reformation bestimmen sollte.

Wer eine gotische Kirche betritt, findet sich in einem von Fenstern bestimmten Raum vor. Nicht mehr Wände und Gewölbe, wie in der Romanik, sondern Säulen und in Kreuzrippen aufgelöste Gewölbe dienen als Rahmen und Strukturelemente für die großen Fensterflächen. Kirchen aus Säulen und Kreuzrippengewölben zu errichten, verstand man schon in der Romanik. So würde der Speyrer Dom stehen bleiben, wenn man die Wandflächen herausnähme. Aber erst die Gotik entwickelt die Konzeption, das Mauerwerk durch Glasfenster zu ersetzen. Dafür brauchte es die Abkehr von den Rundbogenfenstern der Romanik, denn auf der einen Seite übt der Rundbogen ein höheres Gewicht aus. Zum anderen sind mit Rundbögen nur kleinere Fenster zu gestalten, denn die Höhe des Bogens bestimmt die Breite des Fensters. Erst der leichtere Spitzbogen mit der großen Variabilität in der Breite und den Säulchen des Maßwerkes bietet die bautechnischen Voraussetzungen für die großen Fensterflächen gotischer Kirchen.

Die Basilika hat eine flache Decke. Dass romanische Kirchen Gewölbe als Abschluss des Raumes erhalten, ist nicht nur durch die bautechnische Herausforderung bedingt, sondern auch durch die Himmelssymbolik. Ein Gewölbe bildet anders als eine flache Decke den Himmel ab. Anfänglich wurden das Haupt- und die Seitenschiffe der romanischen Kirche mit einem Gewölbe abgeschlossen, welches auch → Tonnengewölbe genannt wird. Dieses Gewölbe verursacht einen hohen Druck auf die Mauern, der über die Seitenschiffe und dicke Mauern abgefangen werden muss. Man findet Tonnengewölbe noch häufig in Frankreich.

In Deutschland wurden die meisten romanischen Kirchen, die eine Flachdecke oder ein Tonnengewölbe hatten, mit Kreuzrippengewölben ausgestattet. Deshalb empfinden wir, wenn wir romanische Kirchen in Deutschland betreten, den Unterschied von Romanik und Gotik nicht so stark. Wenn man das Gewölbe in Kreuzrippen auflöst, wirkt der Raum nicht nur eleganter, sondern das Gewölbe wird leichter. Zwischen die Kreuzrippen werden einfach leichte Ziegelsteine »eingehängt«. Die Kreuzrippe bewirkt auch, dass der Gewölbedruck über die Pfeiler abgefangen wird und nicht mehr über die Mauern. Diese Erfindung der Romanik ist die bautechnische Voraussetzung für die Fensterarchitektur der Gotik.

Die bautechnische Voraussetzung der Kreuzrippe, die nicht mehr über das gesamte Mauerwerk, sondern nur über die Säulen den Gewölbedruck abfängt, wurde erstmals in Saint Denis, einer Benediktinerabtei nördlich von Paris, genutzt, um große Fenster einzusetzen. Das war in der Mitte des 12. Jahrhunderts. 1137, 100 Jahre vor dem Beginn der Gotik in Deutschland (Liebfrauenkirche in Trier, Elisabethkirche in Marburg), begann man mit dem Bau des Westportals, 1140 mit dem des Chores.

Anstelle der Wände setzte man bemalte Glasfenster, denn eine neue religiöse Bewegung hatte das Denken der Menschen erfasst. Es ging nicht mehr darum, der Kirche in den nach der Völkerwanderung neu entstandenen Staaten und Gemeinwesen eine Form zu geben, die sowohl der weltlichen wie der geistlichen Macht ihren Platz zuwies. Auf der Basis des Erreichten erfasste die Menschen eine Sehnsucht nach dem Göttlichen. Sie wollten nicht mehr zuerst die menschliche Gesellschaft ordnen, die Dämonen und Feinde niederhalten, sondern einen Blick in den Himmel werfen, um so die Einheit von geschaffener und himmlischer Welt zu erleben.

Das Licht verband nach der Vorstellung der damaligen Philosophie die himmlische und die irdische Welt. Das ist eine uns fremde Vorstellung, weil wir wissen, dass das Licht ein physikalisches Phänomen ist, eine Ausformung von Energie, die als Wellenbewegung beschrieben werden kann. Bis zu diesen Erkenntnissen der Naturwissenschaft hielten die Menschen das Licht für etwas Immaterielles und mehr den himmlischen Sphären zugeordnet. Die Sonne und die Gestirne leuchten, nicht aber Gegenstände auf dieser Erde, wenn sie nicht von oben her beleuchtet werden. Aber auch Gegenstände haben Anteile am Licht, so Edelsteine, aber auch die

Kohle. Je mehr Anteile an Licht ein geschaffenes Gut hat, desto himmlischer, desto mehr Gott ähnlich erschien es den Menschen. Der Mensch selbst gewinnt seine Erkenntnis durch das Licht, indem er vom göttlichen Geist erleuchtet wird. Diese Vorstellung hat auch die Moderne geprägt. Das Zeitalter der Aufklärung, das die Vernunft anstelle Gottes an die oberste Stelle rückt, nennt sich in Frankreich und England »Zeitalter des Lichtes«. Wenn etwas hell ist, dann können wir es erkennen, durchschauen, dunkel sind die Unwissenheit und das Böse.

Die christliche Lichtmystik

Der Evangelist Johannes nennt den menschgewordenen Sohn Gottes »das Licht«. »In ihm war das Leben, und das Leben war das Licht der Menschen. Und das Licht leuchtet in der Finsternis, aber die Finsternis hat es nicht erfasst. ... Das wahre Licht, das jeden Menschen erleuchtet, kam in die Welt.« (Joh 1, 4–5,9)

Wer im Licht ist, ist Gott nahe, das Licht vermittelt den Zugang zur himmlischen Welt. Der Mittler, der menschgewordene Gott, ist selbst das Licht. Das Licht ist zugleich das schöpferische Prinzip. Johannes sagt, dass durch ihn »alles geworden ist«. »Er war in der Welt, und die Welt ist durch ihn geworden.« (Joh 1,10)

Die Gotik hat diese Theologie des Lichtes gebaut. Sie hat anstelle der in der Romanik bemalten Mauern Bilder gesetzt, die vom Licht durchstrahlt werden. Diese Bilder stellen wie die Skulpturen die Bewohner des Himmels, die Heiligen dar, sowie Szenen aus der Bibel. Das irdische Leben ist von geringem Interesse und findet allenfalls in der Darstellung der Jahreszeiten Erwähnung. Der Abt Suger, Erbauer der Kirche von Saint Denis, heute ein nördlicher Stadtteil von Paris, schreibt: »Das ganze Heiligtum ist von einem wundervollen, ununterbrochenen Licht erleuchtet, das durch die heiligsten Fenster eindringt.« Er selbst hat bemalte Fenster in Auftrag gegeben, einige dieser Fenster aus der Zeit dieses Erbauers der ersten gotischen Kirche sind noch erhalten. »Denn hell erstrahlt, wenn sich Helligkeit mit Hellem verbindet. Hell erstrahlt der edle Bau, weil ihn das neue Licht durchflutet.«

Dass die Gotik in Saint Denis entstehen konnte, hängt möglicherweise mit den Schriften des Dionysius zusammen. Dieser wird in der Apostelgeschichte erwähnt und im Laufe der Geschichte mit dem ersten Bischof von Paris identifiziert, dem hl. Dionysius. Dieser erlitt unter römischer Herrschaft das Martyrium. Mit dem Kopf in der Hand ist er bis zu dem damals außerhalb von Paris gelegenen Ort gegangen, weil er dort begraben werden wollte. So erzählt es die Le-

Die Kathedrale Notre Dame in Paris ist wie die von Chartres Maria geweiht. Die große Rosette hat 2 x 12 Felder. Die Zahl 24 weist auf die Offenbarung des Johannes hin; 24 Älteste umstehen den Thron Gottes.

gende. Deshalb wird er enthauptet, mit dem Kopf in der Hand, stehend dargestellt. Der Theologe Dionysius, auch der Areopagit genannt, war vom platonischen Denken geprägt und hat durch seine Schriften die Mystik inspiriert. Er will den Weg zeigen, wie der Mensch zu Gott kommt. Da das Licht ein himmlisches Phänomen ist, muss der Mensch sich dem Licht öffnen, sich erleuchten lassen.

Genau das hat die Gotik in ihren Fenstern umgesetzt, wobei sie nicht einfach Licht in die Kirchen strömen, sondern den Himmel durch die Heiligen Präsenz gewinnt lässt. Da die biblischen Begebenheiten nicht einfach als vergangenes Geschehen gesehen wurden, sondern als im Himmel ewig präsente Bilder betrachtet werden, die mit dem Leben Jesu verbunden sind, waren die Glasmalereien aus der Kontemplation entstanden. Hugo von St. Victor, ein Zeitgenosse des Abtes Suger, spricht von den bemalten Fenstern als geistlichen Sinnen, die uns von unserer Blindheit erlösen. Was war die treibende spirituelle und gesellschaftliche Kraft, die die Gotik hervorbrachte?

Die Trennung von Politik und Kirche

Das 11. Jahrhundert war durch einen religiösen Aufbruch gekennzeichnet, der die Verbindung von Staat und Kirche so nicht weiterführen wollte. Dafür steht vor allem die Reformbewegung, die von dem burgundischen Kloster Cluny ausging. Der Zisterzienserorden, eine weitere Reformbewegung auf der Basis der Regel des hl. Benedikt, forcierte diesen Reformgedanken weiter. Als Seelsorgsorden entstanden zugleich die Prämonstratenser, die die Regel des hl. Augustinus übernahmen. In den Augen der Reformer hatte die mittelalterliche Einheit von weltlicher Schutzmacht und kirchlichem, auf die Auferstehung hin ausgerichtetem Leben dazu geführt, dass die weltliche Macht zu sehr die Kirche bestimmte. Diese Einheit wurde gerade von den Benediktinern der Clunyiazensichen Reform aufgekündigt, die seit Karl dem Großen Träger des von den Königen und Kaisern gewollten religiösen und kulturellen Lebens waren.

Die enge Verbindung hatte dazu geführt, dass Bischöfe und Äbte eine entscheidende Rolle für die Festigung der königlichen und kaiserlichen Macht spielten. Während die Herzöge und Grafen immer darauf bedacht waren, ihren Einflussbereich auf Kosten des Königs auszudehnen, konnte dieser seine Macht festigen, wenn er die Bischofsstühle und die Abtsposten mit seinen Leuten besetzte. Diese waren sogar oft Verwandte des weltlichen Herrschers, so etwa der Kölner Erzbischof Bruno, Bruder Ottos I. Oder sie waren in der der königlichen Kapelle

angegliederten Schule ausgebildet. Unter den sächsischen Kaisern war es üblich, dass der Kandidat für das Papstamt von ihnen ausgewählt wurde. Wenn König oder Kaiser in den Krieg zogen, stellten die geistlichen Herrschaften, die Bischöfe und Äbte, die zugleich Landesherren waren, die meisten Soldaten. Das hatte anfangs zu einer Reform, dann aber zu einer Verweltlichung der Kirche geführt.

Päpste aus Cluny und anderen Klöstern, die sich der Reformbewegung angeschlossen hatten, wagten die Auseinandersetzung mit dem Kaiser. Heinrich IV. musste in Canossa 1077 einlenken. Diese Reformbewegung war Ausdruck einer stärkeren Spiritualisierung des Christentums. Nachdem die staatliche Organisation aufgebaut war, sich Städte entwickelt hatten und breitere Bevölkerungskreise lesen und schreiben konnten, war die neue Entwicklung möglich geworden. Die Wallfahrten nahmen zu und brachten damit Geld zu den Kirchen, in denen Reliquien aufbewahrt wurden. Es waren nicht mehr die Fürstenhäuser, sondern meist die Bürger, die hinter den großen Bauprojekten standen – und die Pilger, für die der Besuch einer der Kathedralen ein großartiges Erlebnis gewesen sein muss. Die Neubauten der Gotik belebten den Handel. Wenn heute Kaufhäuser mit Kinozentren gebaut werden, um den Erlebniswert von

Verkaufspassagen zu erhöhen, war in der Gotik diese Synthese schon wesentlich überzeugender gelungen.

Vom Berühren zum Schauen

Die Gotik brachte auch einen entscheidenden Wandel in der Frömmigkeit. In Bezug auf die Reliquien ging es nicht mehr darum, dass die Pilger das Grabmal der Heiligen berührten. Nicht nur waren die Pilgerströme zu groß geworden, als dass sie noch durch die Krypta von Saint Denis geschleust werden konnten. Sie wollten auch nicht mehr berühren, sondern sehen. Deshalb stellte Abt Suger die Gebeine des hl. Dionysius auf den Altar. Im Dom von Köln ist diese Ausdrucksform mittelalterlicher Frömmigkeit bis heute zu sehen, denn die Gebeine der Heiligen Drei Könige stehen auch heute noch in einem kostbaren Schrein auf dem Altar.

Das Schauen bezog sich nicht nur auf die Reliquien, sondern auch auf das zentrale Zeichen des eucharistischen Gottesdienstes, das Brot. In der Gotik kam der Brauch auf, dass der Priester – er stand mit dem Rücken zum Volk – nach der Wandlung die Hostie über seinen Kopf hob, damit die Menschen das in den Leib Jesu gewandelte → Brot sehen konnten. Der Empfang des Brotes trat hinter das Schauen zurück. Da über den Tag verteilt viele Messen in den Kirchen gefeiert wurden, wurde es zu einer Frömmigkeitspraxis, möglichst häufig am Tag die erhobene Hostie gesehen zu haben. In der → Monstranz wurde dieser Augenblick festgehalten.

Das für die Frömmigkeit der Gotik typische Fest ist Fronleichnam. Es entstand auf Grund einer Vision der hl. Juliana von Lüttich. 1246 wurde das Fest dort eingeführt. Sie hatte 1209 eine Vision von der Scheibe des Vollmondes, Symbol für die Kirche. Ein schwarzer Fleck zeigte das Fehlen eines Festes zu Ehren der Eucharistie an. Der aus Lüttich stammende Papst Urban IV. führte das Fest 1264 für die ganze Kirche ein. Die erste Prozession wurde in Köln 1279 durchgeführt. Die schnelle Verbreitung des Festes zeigt, wie sehr es der Frömmigkeit des Hochmittelalters Ausdruck verliehen hat. Auch im Barock und im 19. und 20. Jahrhundert wurden Fest und Prozession mit großer Intensität gefeiert. Ausgehend von einer Flurprozession wird die Monstranz mit dem gewandelten Brot durch die Felder und den Stadtteil getragen.

In der Gotik wurde das gewandelte Brot nicht mehr in einem Nebenraum der Kirche aufbewahrt, sondern im Chorraum, in einem → Sakramentshäuschen. Erst der Barock rückt den → Tabernakel in die Mitte des Chores.

Die Zünfte und ihre Altäre

Man muss sich eine gotische Kirche bis zum Beginn der Reformation als einen

Raum voller Bewegung vorstellen, in den die Menschen kommen, während an verschiedenen Altären Gottesdienste gefeiert werden. Diese Altäre sind nicht mehr allein durch Reliquien bestimmt, sondern sie sind auch Zünften zugeordnet. Diese finanzieren einen Priester, der nur dazu da ist, an diesem Altar die Messe zu feiern und das Stundengebet zu sprechen.

Die Skulpturen

Während die Romanik über einen hohen Stand der Malerei verfügt, der sich bis heute in Buchmalereien und den Ausmalungen einiger weniger Kirchen erhalten hat, war die Skulptur kaum entwickelt. Schrittweise wurden Säulen im Eingangsbereich behauen, es gab bildliche Darstellungen an den → Kapitellen der Säulen. Diese bestimmten noch nicht den Kirchenraum, bereiteten aber den Formenreichtum der Gotik vor.

Hinter dem Bildprogramm, das sich in der Gotik voll entfaltete, stand eine theologische Konzeption, die sich interessanterweise am Bild der Arche entwickelte, die Noach und seine Familie mit den Tieren vor der großen Flut gerettet hat. Die Arche dient deshalb als Bild der Kirche, weil sie die Menschen vor den Fluten der dem Untergang geweihten Welt rettet. Da die Kirche einer ewigen Gestalt im Himmel zustrebt, wird sie die ganze Geschichte mitnehmen.

Der oben schon erwähnte Theologe Hugo von Sankt Viktor hat die Arche so gedeutet, dass in ihr die Epochen der Menschheitsgeschichte abgebildet sind. Diese Epochen werden so eingeteilt: von der Schöpfung bis zu Abraham, von Abraham bis zu Moses, von Moses bis zu David, von David zu Jesus, der ein Nachkomme dieses Königs ist, und dann von Jesus Christus bis zum Ende der Welt. Dieser Geschichtsablauf organisiert das Figurenprogramm. Beim Westportal finden sich meist Adam und Eva, es folgen die Propheten. David wird als Inspirator des Psalmgesangs meist mit einer Harfe dargestellt. Die Propheten spielen eine wichtige Rolle, weil sie auf Christus, den Messias hinweisen. Das wird auch den Sibyllen zugeschrieben, Repräsentantinnen des vorchristlichen Heidentums, die auch auf den kommenden Messias, hingewiesen haben. Zum Chor hin erscheinen dann die Apostel. Die Breite der Kirche symbolisiert all die Völker, die in der Gemeinschaft der Glaubenden versammelt sind. Neben der Längsausrichtung wird auch die Höhe in die theologische Konzeption integriert. Je höher, desto näher dem Himmel.

Die Kathedrale von Laon, 1155–1235 errichtet, zeigt noch den Übergang von der Romanik zur Gotik. Die Zahl Acht, die für den achten Tag steht, findet sich in der Rosette.

Das Programm findet sich auch außen an den Kirchen. In mittlerer Höhe befinden sich meist die Heiligen, oben die Engel. Am eindrücklichsten prägen Engelsgestalten die Kathedrale von Reims, die sie wie einen Chor umkränzen. Auch wenn die Engelsfiguren meist nicht so gut erkennbar sind, gilt dies ebenso für andere Kathedralen, so etwa für den Kölner Dom, zumal die Strebepfeiler, mit denen im 13. Jahrhundert noch der Gewölbedruck aufgefangen wurde, für die Aufstellung eines solchen Skulpturenprogramms die Plätze bereitstellten. Albert der Große schreibt in seinem Lukaskommentar über die Gegenwart der himmlischen Welt im Kirchenraum: »Dieses Haus hat als Hausherrn unseren Herrn Christus, als Hausherrin die Himmelskönigin, die Jungfrau Maria, als Hausgemeinschaft alle Heiligen und als Diener die heiligen Engel.« (Super Lucam, 19,9)

Das Kreuz und der Gekreuzigte

Der Blick dessen, der heute eine Kirche, ob evangelisch oder katholisch, betritt, wird auf ein großes Kreuz mit dem Korpus des leidenden Christus im Altarraum gezogen. Das erscheint so selbstverständlich, dass man sich nicht vorstellen kann, dass die Christen fast 1000 Jahre lang zwar das Kreuz als Siegeszeichen verehrten, den Gekreuzigten aber nicht in den Mittelpunkt stellten. Das lag einmal daran, dass die ganze Liturgie von der Auferstehung, also vom Sonntag und Ostern her, entwickelt wurde, zum anderen aber war der am Kreuz hingerichtete Menschensohn ein so schreckliches Zeichen, dass es möglichst gemieden wurde. Erst die Vergeistigung der Religion, die im 11. Jahrhundert die ganze abendländische Kultur zu prägen begann, hat sich auch das Kreuz mit dem Korpus angeeignet. Die Leidensbetrachtungen und der → Kreuzweg ermöglichten es, den Gekreuzigten anzuschauen.

Als Zeichen des Sieges war das Kreuz schon in der frühen Kirche gesehen worden; Sieg deshalb, weil der Tod durch das Kreuz überwunden ist. Die Romanik beginnt, den Gekreuzigten darzustellen, aber in Gestalt eines Herrschers, bekleidet und mit offenen Augen, so in Altenstadt bei Schongau oder am Udenheimer Kreuz im Mainzer Dom. Erst die Gotik wagt es, den zerschundenen Körper, die Nacktheit nur durch ein Lendentuch verhüllt, zu zeigen.

Das alltägliche Leben, die Pflanzen und Tierwelt

Die am Kirchbau beteiligten Künstler, stellen auch ihre Lebenswelt in der Kirche dar. Sie war ja der große Kommunikationsraum, in ihrer Funktion einer heutigen Fernsehanstalt vergleichbar.

Auch die Tatsache, dass die gotischen Kirchen von Städtern gebaut wurden, hat dabei Spuren hinterlassen. Die dargestellte Natur ist nicht mehr, wie in der Romanik, bedrohlich, sondern wird wie ein Garten dargestellt. Auch hierzu gibt es eine Inspiration aus der Bibel. Bereits im Hohenlied findet sich das Motiv des → Gartens. In Fenstern sind außerdem die Handwerksberufe dargestellt, auf den Altarbildern erscheinen nicht nur Heilige und Engel, sondern auch Pflanzen und Tiere. Allerdings hat nicht jede Pflanze und auch nicht jedes Tier eine symbolische Bedeutung.

Stiftskirchen und die Kirchen der Bettelorden

Wer heute die katholische Kirche einer Stadt in ihrer Struktur verstehen will, stößt auf das Pfarrprinzip. Nach Stadtteilen organisiert die Pfarrkirche das religiöse Leben für die umliegenden Wohnstraßen. Das war im Mittelalter ganz anders, denn hier gab es in den Städten nur wenige Pfarreien, aber sehr viele Kirchen.

Ein Typ war die Stiftskirche, die nicht von einem Orden getragen wurde, sondern von einer Priestergemeinschaft, die über Landbesitz verfügte, auch Orte außerhalb der Stadt seelsorglich betreute, oft eine Schule unterhielt und sogar Priesternachwuchs heranbildete. Die heutige Form der Priester-

ausbildung, die von der Diözese in der Form von Priesterseminaren getragen wird, wurde erst durch das Konzil von Trient eingeführt. Die Stifte waren auch Zentren theologischer Lehre. Prägend für das 12. Jahrhundert wurde u.a. Sankt Victor in Paris mit dem berühmten deutschen Theologen Hugo von Sankt Viktor, der aus der Nähe von Halberstadt stammt. Die Stifte erlebten im Barock eine neue Blüte und haben in Österreich ihre seelsorgliche Funktion behalten.

100 Jahre nach der Reformbewegung von Cluny entstanden die Bettelorden. Der Orden der Franziskaner wurden 1210 in Portiunkola unterhalb von Assisi gegründet, die Dominikaner folgten 1215. Sie bauten ihre Klöster nicht mehr auf Bergen oder in unwirtlichen Arealen, die ihnen ein Graf zugewiesen hatte, sondern in den Städten. Die Bettelordenkirchen waren einfach gehalten, sie haben meist nur einen Dachreiter und sind für die Predigt angelegt, denn im Unterschied zu vielen Priestern waren die Mönche der Bettelorden sehr viel besser ausgebildet und konnten daher predigen. Die Dominikaner, benannt nach dem Ordensgründer Dominikus, nennen sich Ordo Prädicatorum, OP abgekürzt, Orden der Predigermönche. Diese mehr für die Predigt konzipierten Kirchen tendieren bereits zur spätgotischen Hallenkirche. Die entwickelte Bautechnik ermög-

licht es, die Seitenschiffe höher zu bauen, das Querschiff entfällt meist. Damit bereitet sich die protestantische Baukonzeption vor, die nicht mehr das Sakrament, sondern das Wort betont.

Wallfahrten, Kirchbau und Geld

Heute »verdienen« die großen Kirchen des Mittelalters und des Barock Geld, denn ohne die Dome und Abteien wären viele touristische Ziele weniger anziehend. Wir zehren heute von den Investitionen des 12. und 13., des 17. und 18. Jahrhunderts. Wie hat man aber damals die großen Bauvorhaben finanziert? Zwischen 1180 und 1270 sind allein in Frankreich 80 Kathedralen und 500 Klöster gebaut worden. In Deutschland zählt man für Köln zwischen 1150 und 1250 den Bau von 150 Kirchen und Kapellen. Dabei galten Wirtschaftsgesetze wie heute: Investitionen schaffen Arbeit – für Bauleute, Steinmetze, Zimmerleute, Glasmaler, für Steinbrüche und Fuhrunternehmen. Die neuen großen Kirchen zogen Menschen an, denn Märkte zu bestimmten Festtagen brauchen wie Messen heute eine Umgebung mit Erlebnischarakter. Mehr als heute waren die Kirchen Erlebnisräume, vergleichbar mit einem heutigen Fernsehsender. Wandmalereien und die Glasfenster der Gotik erzählten Geschichten aus dem Alten und dem Neuen Testament sowie aus dem Leben der Heiligen. Viele der Kirchen waren auch deshalb anziehend, weil sie wie ein Gehäuse um Reliquien gebaut waren.

Die Reliquien waren deshalb so bedeutsam, weil die Menschen durch die Gebeine der Heiligen dem Himmel besonders nahe kommen. Das setzt den Glauben voraus, dass nicht nur die Seele im Himmel ihre endgültige Heimat findet, sondern der ganze Mensch. Am Ende der Welt, bei der »Auferstehung der Toten«, werden sich die Körper wieder mit den Seelen verbinden.

Der Reliquienkult war eng mit dem Wallfahrtswesen verbunden, das im Mittelalter Millionen von Menschen allein nach Santiago de Compostela in Bewegung setzte. Es war auf der einen Seite die Himmelssehnsucht, zum anderen aber auch das Gerichts- und Bußwesen, das mit den Wallfahrten verbunden war. Denn mit einer Wallfahrt zum heiligen Jakobus konnte man ein Todesurteil aufwiegen.

Die Anwesenheit von Reliquien versprach zugleich Schutz, auf den gerade Kaufleute angewiesen waren. Diese Erwartung war auch gerechtfertigt, denn wer anlässlich eines Marktes in die Kirche geht, betrügt nicht so schnell und greift auch weniger oft zur Waffe. Die Finanzierung des Baus von Saint Denis wurde dadurch gesichert, dass der König der Abtei die Marktrechte des Ortes übertrug. Auch die Kathedrale von Chartres wurde durch den Markt finanziert. Bis heute funktioniert der enge Zusammenhang von Markt und Gottesdienst. Manche Gemeinden richten an Markttagen einen Gottesdienst am späten Vormittag ein, an dem oft viele Menschen teilnehmen. Die Märkte und die Pilger haben dann zu einem guten Teil die Bauten finanziert. Das gilt vor allem für das Zeitalter der Gotik. Daran wurde aber auch heftige Kritik geübt. Von Bernhard von Clairvaux, der den Zisterzienserorden, eine Reformbewegung des von Benedikt begründeten Mönchtums, prägte, sind folgende Worte überliefert:

»Durch einen gewissen Trick wird Geld so verteilt, dass es sich vervielfacht. Es wird ausgegeben, damit es vermehrt wird; und indem es verschwendet wird, schafft es Reichtum. Denn durch das Schaugepränge … werden die Menschen mehr zum Spenden als zum Beten verleitet. Vor den goldbeladenen Reliquien laufen die Augen über und die Geldbörsen gehen auf.«

Auch heute schaffen die großen Kirchen des Mittelalters und des Barock Arbeit. So soll die Renovierung des Speyrer Domes 20 bis 25 Millionen Euro kosten. Spenden, Benefizspiele bekannter Fußballvereine und viele Besucher, die von dem berühmtesten Dom der Romanik angezogen werden, bringen dieses Geld zusammen.

Hallenkirchen – Ausklang der Gotik

Mit dem Aufkommen der Predigerorden, Dominikaner und Franziskaner, gewinnt die Kanzel eine größere Bedeutung. Sie konnte daher von den Predigern der Reformation sehr gut genutzt werden. Zugleich hat sich die Bautechnik so entwickelt, dass der Gewölbedruck der Kirchen nicht mehr durch Strebepfeiler abgefangen werden musste. Diese Bauform entsteht um 1400 in Frankreich, hat aber die weiteste Verbreitung in Deutschland gefunden. Die Hallenkirche zeigt drei Veränderungen gegenüber der Baukunst des Hochmittelalters:

1. Die Seitenschiffe haben die gleiche Höhe wie das Mittelschiff. Es entfallen die Fenster oberhalb der Dächer der Seitenfenster, durch die bisher das Mittelschiff sein Licht empfing. Die Hallenkirchen sind daher niedriger als die gotischen Kathedralen.

2. Die Gewölbe sind sehr viel reichlicher mit Rippen verziert, die keine tragende Funktion mehr haben. Die Gewölbe sind zu flach, als dass sie noch durch Kreuzrippen gehalten werden.

3. Blumenmotive und als Wurzeln und Baumstämme gestaltete Rippen setzen sich in Deckenmalereien fort, die nicht mehr Sterne, sondern Pflanzen unter die Gewölbe malen. Man spricht daher von »Himmelslauben«.

Renaissance

Während nördlich der Alpen noch bis ins 16. Jahrhundert gotische Kirchen gebaut wurden, entwickelte sich in Italien eine ganz andere Konzeption des Kirchbaus. Dort hatte die Gotik nicht wie im Norden und Westen die bestimmende Bedeutung für die Darstellung des christlichen Glaubens gefunden. »Gotisch« ist dann auch eigentlich ein Schimpfwort, abgeleitet von den Goten, die Italien und seine Hauptstadt erobert und dem römischen Imperium im Westen das Ende bereitet hatten. Die Westgoten eroberten 410 Rom, die Ostgoten errichteten ein Reich mit der Hauptstadt Ravenna und nicht Rom, die Langobarden besetzten den Norden. Der Süden Italiens stand lange unter der Vorherrschaft des oströmischen Kaiserreichs. Italien besann sich auf seine antiken Wurzeln. Die Renaissance bezeichnet nicht, wie die karolingische Renaissance, eine Rückkehr zu den christlichen Wurzeln, sondern zur griechischen und zur römischen Kultur. Das hing auch damit zusammen, dass seit den Zeiten Karls d. Gr. die Deutschen die Oberhoheit über Italien beanspruchten. Die Staufer versuchten diese in vielen Kriegszügen gegen die Städte Norditaliens vergeblich durchzusetzen. Die Renaissance war die Epoche, die von den norditalienischen Städten getragen wurde. Der Barock dagegen wurde von Rom geprägt. Die Renaissance bezog aus den antiken Vorbildern eine andere Symbolsprache, die sich sehr wohl für die Gestaltung von liturgischen Räumen einsetzen ließ. Klar gegliederte Fassaden und Innenräume lösen die Wände nicht wie die Gotik in Maßwerke und Fenster auf, sondern gliedern diese. Die Symbolsprache wird jedoch nicht nur aus dem Willen zur Einfachheit, sondern aus der Idee der Vollkommenheit gewonnen.

Die Idee der Vollkommenheit

Im Übergang zur Renaissance hat der Theologe Nikolaus aus dem Moselstädtchen Kues eine Gotteslehre entworfen, die mit geometrischen Vorstellungen arbeitet. Die Eigenschaften Gottes werden aus denen der Kugel abgeleitet. Auch das Dreieck als Bild für den dreifaltigen Gott wird, ausgehend von seinen geometrischen Eigenschaften, herangezogen, um eine neue Sprache über Gott zu finden. Dass die Kuppel als Halbkugel gestaltet wird und das Dreieck als Gestaltungselement über Portalen und im Kircheninnern zu finden ist, folgt aus theoretischen Überlegungen. Das Quadrat und die Kugel sind beide vollkommen. Diese Formen fand man nicht nur in den Baudenkmälern, sondern auch in den Architekturbüchern der Antike.

Aber auch diese Architekturidee war wie die des mittelalterlichen Kirchbaus durch die Theologie vorgeformt. Der Kreis beinhaltet Unendlichkeit und Vollkommenheit. Die Verbindung von Kuppel und Quadrat stellt die Beziehung der himmlischen Sphäre mit der irdischen Welt her. Das Quadrat symbolisiert die vier Himmelsrichtungen sowie die Vollkommenheit der geschaffenen Welt, die sich unter dem Himmel versammelt. Die Renaissance baut zuerst aber langgestreckte Kirchen entsprechend dem Vorbild der Basilika, so etwa San Lorenzo in Florenz.

Die vom gleichen Baumeister, Filippo Bruneleschi, ebenfalls in Florenz gebaute Kirche San Spirito erinnert in ihrem Grundriss an einen romanischen Bau. Eine flache Kassettendecke wird durch größere und kleinere Kuppeln unterbrochen. Diese Kuppeln symbolisieren den Himmel und finden sich über den Altären in den Seitenschiffen. Diese Vielzahl auch kleiner Kuppeln findet sich in Deutschland an den Kirchen, die die Jesuiten neben ihren Kollegien bauten. Aus Kreisen, Quadraten und Kuben gestalteten die Renaissancearchitekten die Kirchen. Das Ideal der Renaissance ist jedoch nicht die Kirche mit einem Längsschiff, sondern der Zentralbau. Donato Bramante baut in Rom den Tempietto di S. Pietro in Montorio als Rundbau und entwirft für den Neubau des Petersdoms ebenfalls einen Zentralbau. Im Verlauf der Baugeschichte, die den Übergang zum Barock markiert, wird aus dem Zentralbau wieder ein Langhaus als Grundriss.

Die von der Renaissance verfolgte Idee der Vollkommenheit sieht in dem Baukörper selbst die Vision verwirklicht. Daher streben die Bauten nicht, wie gotische Kathedralen, nach oben. Das lässt sich an den Fenstern zeigen. Diese haben keinen Rund- oder Spitzbogen mehr, sondern sind waagerecht nach oben begrenzt. Der Barock öffnet die waagerechte Linie nach oben, indem einfach der obere Fenstersturz unterbrochen ist und so eine Öffnung nach oben entsteht.

Die Bauidee der Renaissance fand nördlich der Alpen keinen Anklang. Erst einmal gab es genug Kirchen, da auch nach dem 13. Jahrhundert, der

großen Bauepoche der Gotik, bis ins 16. Jahrhundert hinein spätgotische Kirchen gebaut wurden. In den Wirren der Reformation und des Dreißigjährigen Krieges waren keine Kapazitäten für den Bau neuer Kirchen verfügbar. Zudem entvölkerten der Dreißigjährige und die anderen Religionskriege die Länder der Reformation, so dass keine neuen Kirchen gebaut werden mussten. So hat die Renaissance in Deutschland eher den Bau von Rathäusern und Schlössern geprägt, bedeutende Kirchenräume sind nicht entstanden.

Die Ideen der Renaissance wurden nach dem Zeitalter des Barock und des Rokoko noch einmal im Klassizismus aufgegriffen. Am Berliner Dom oder der Basilika von Sankt Blasien kann man in Deutschland die Architekturidee der Renaissance studieren. Ein anderer Grund, warum in der Renaissance kein zündender Funke auf den Kirchbau übergesprungen ist, liegt auch an der Verweltlichung des kirchlichen Lebens. Die Renaissance war keine spirituelle Bewegung, sondern suchte den Menschen neu zu entdecken. Es gab zwar ein großes Bauprogramm der Renaissancepäpste, diese wollten aber nicht die

Die Kuppel des Doms Santa Maria del Fiore in Florenz behält das Achteck als Symbol für die neue Schöpfung bei.

Menschen spirituell herausfordern, sondern das im Mittelalter heruntergekommene Rom in neuem Glanz erstrahlen lassen. Die vielen Missstände, die Luther selbst in Rom beobachten konnte, waren Auslöser der Reformation.

Ein weiterer Grund für fehlende Renaissancekirchen ist die gewisse Sterilität der Architektur. Alles wird in Kästchen gegliedert, auch die Kuppeln und Decken durch Kassetten. Nur die Kuppel schafft einen größeren Rahmen. Anders als die Architektur hat die religiöse Malerei viele Inspirationen durch die Renaissance empfangen. Renaissancemaler greifen wie die mittelalterlichen Künstler biblische Szenen auf. Renaissancealtäre wurden in romanischen und gotischen Kirchen aufgestellt. Allerdings wirken diese Altäre im Vergleich zur Barockkunst auch wie aus Kästchen zusammengesetzt und am Rande mit kleinen Säulen nachträglich verziert.

Es gibt eine in der Liturgie begründete Dynamik, die von der Renaissance zum Barock führte. Die Liturgie wurde auch nach der Reform durch das Konzil von Trient in der bisherigen Form weitergeführt und nicht an die Idee des Zentralbaus angepasst. Es überschnitten sich zwei Tendenzen: der für ein Langhaus konzipierte Gottesdienst und der auf die vollkommene Form hin konzipierte Zentralbau. An den Planungen des Petersdoms ist die Entwicklung abzulesen. Er war von Bramante als Zentralbau entworfen. Die Kuppel blieb in allen Planungen bestehen, jedoch wurde, wie in der Romanik, der Kuppel ein Langhaus vorgelagert.

Die Reformation ist erst einmal nicht mit einer neuen Baukonzeption für Kirchen aufgetreten. Die Frömmigkeit dieser Zeit orientiert sich an der Schrift. Die Menschen kauften Bibelübersetzungen und benutzten die Kirchen, die im Laufe des Mittelalters in großer Zahl gebaut worden waren. Man konnte an die Hallenkirchen der Bettelorden anknüpfen, die bereits der Predigt eine größere Bedeutung gegeben hatten. Die Kanzel rückte in den Mittelpunkt. Da es in den Städten viele Klöster der Bettelorden gab, die zu einem guten Teil verlassen worden waren, bestand kein Bedarf an neuen Kirchbauten. Erst der Dreißigjährige Krieg machte ein neues Kirchbauprogramm notwendig, das dann im Barock, vor allem in Süddeutschland, umgesetzt wurde.

Barock: der himmlische Festsaal

Im Barock kommt das Wiedererstarken des Katholizismus zum Ausdruck, nachdem in Deutschland ein Gleichgewicht der Kräfte zwischen protestantischen und katholischen Territorien im Frieden von Münster und Osnabrück ausgehandelt worden war. Da die Mehrzahl der Fürsten mit Ausnahme der bayerischen in Opposition zum habsburgischen Kaiserhaus protestantisch geworden war, stützte sich der Katholizismus auf die Fürstbistümer und die Abteien.

Der Dreißigjährige Krieg hatte viele Kirchen und Klöster zerstört. Neubauten waren notwendig und wurden auch deshalb gezielt gefördert, weil so ein Handwerksstand aufgebaut werden konnte. Wo keine großen gotischen oder romanischen Kathedralen erhalten waren, wurden neue gebaut, so zum Beispiel in Fulda. Die Abteien mit den ihnen angegliederten Schulen waren die wichtigsten Träger des barocken Kirchbauprogramms. In den Städten und Dörfern Süddeutschlands stieß der Barock auf große Zustimmung. Die Kirchen sind bis heute prägend für ganze Landstriche und zeugen von einem intensiven religiösen und kulturellen Aufbruch.

Von der Renaissance zum Barock

Der Barock kehrt zur Längsform des Kirchenraums zurück. Diese entwickelt er aber nicht mehr aus der Basilika, sondern indem er den Zentralbau der Renaissance wieder streckt. Hatten Romanik und Gotik dem Kirchenraum die Größenverhältnisse der antiken Geometrie zugrunde gelegt, um ihm die »himmlischen Maße« zu geben, findet der Barock in der Kreis- und Ellipsenform den Ausdruck der Vollkommenheit. In der vorausgehenden Renaissance wie auch im nachfolgenden Klassizismus symbolisieren das Quadrat und der Kubus Vollkommenheit. Diese war dem Barock zu statisch. Deshalb ist die vollendete Form des Barock nicht das rechteckige Langhaus, sondern die Ellipse, verwirklicht beispielsweise in Vierzehnheiligen. Die Ablösung des Zentralbaus der Renaissance war auch durch die Liturgie bedingt, denn das

Konzil von Trient (1545–1563 mit Unterbrechungen) beließ es bei der Prozessionsliturgie, die Papst Gregor d. Gr. an der Wende zum 7. Jahrhundert als Erbe Roms der abendländischen Kirche hinterlassen hatte. Gregor hatte die Liturgie neu geordnet. An diesem Vorbild orientierte sich die Liturgiereform des Trienter Konzils.

Der Barock war die Epoche der Umsetzung der Beschlüsse des Trienter Konzils. Er änderte daher das Konzept der Renaissance, weil diese Epoche sich verstärkt dem Menschen und seiner Vervollkommmnung in dieser Welt zugewandt hatte. Im Unterschied dazu betont der Barock wieder die transzendente Dimension. Wie schon zur Zeit Karls d. Gr. orientiert man sich an Rom. Dort hatte der Barock bereits die Renaissance abgelöst.

Die Ludwigskirche in Saarbrücken zeigt, wie die Idee des Festsaals den Kirchenbau des Barock prägt. Sie wurde 1762–1775 erbaut.

Die Protagonisten einer neuen Konzeption für den Kirchbau waren zuerst die Jesuiten. Bereits im 16. Jahrhundert gründeten sie in ganz Europa Kollegien, Höhere Schulen, die auch Fakultäten beherbergten. Jedes Kolleg hatte eine Kirche, die sich an der Konzeption von Il Gesu in Rom, der ersten vom Jesuitenorden gebauten Kirche, orientiert. Der Stil löst die strenge Form der Renaissance auf, findet aber noch nicht zu den Ellipsen und Hyperbeln des Barock. Die große Bauperiode des Barock beginnt in Deutschland erst nach dem Dreißigjährigen Krieg.

Die Berechnung von Kurven als neue Konstruktionsprinzipien

Wie in der Gotik liegen dem barocken Kirchbau bestimmte technische Entwicklungen zu Grunde. So ist die Kunst der Deckenmalerei erst durch die Maltechnik des Jesuiten Andrea Pozzo, Illusionismus genannt, ermöglicht worden.

Neue Impulse für das Bauen kamen von den Naturwissenschaften und der Mathematik. Wie die Erfindung der Kreuzrippe den Dombauhütten der Gotik eine größere Bauhöhe ermöglichte, so sind die Raumkompositionen des Barock durch die mathematische Berechnung der Kurven möglich geworden. Leibniz und Newton hatten die Differentialrechnung und damit die exakte Berechnung von Kurven entwickelt. Das machten sich die Architekten zunutze. Eine barocke Fassade oder ein aus mehreren Ellipsen und Hyperbeln komponierter Kirchenraum sind Ergebnisse aus der Verbindung von Mathematik und Architektur.

In vielen barocken Gemälden finden sich auch die Entdeckungen der spanischen und portugiesischen Kapitäne wieder. Die damals bekannten vier Kontinente, fremde Völker wie Afrikaner, Indianer, Chinesen und Inder, tropische Pflanzen und Tiere der neu entdeckten Regionen werden dargestellt.

Ein Blick in den Himmel – die Barockkirche

Der Barock ist auch eine Antwort auf die Erfahrung des Todes, die die Konfessionskriege gebracht hatten. Der Krieg hatte den Tod gebracht, nicht nur auf den Schlachtfeldern, sondern auch durch Hexenverfolgungen, sowohl in den katholischen als auch in den protestantischen Gebieten. Solche innerchristlichen Pogrome waren bereits im Mittelalter hin und wieder aufgeflammt, zu einem Flächenbrand entwickelten sie sich aber erst durch die Ängste, die der nicht enden wollende Krieg schürte.

Dem Tod setzt der Barock eine Botschaft des Lebens entgegen. Fast alle Barockkirchen in Süddeutschland haben als zentrales Motiv die Himmelfahrt Mariens, die meist auf dem Altarbild dargestellt wird. Diese Himmelsperspektive ist die Reaktion auf die verstärkte Todeserfahrung des Dreißigjährigen Krieges. Deutschland musste neu aufgebaut werden, das Mittelalter war nicht mehr zurückzuholen. Die Himmelsvisionen, die den barocken Kirchenraum in den Himmel hinein öffnen, zeigen schwebend die Heiligen und ganz oben Jesus oder die Heilige Dreifaltigkeit. Bei Ordenskirchen sind der hl. Benedikt, der hl. Augustinus oder andere Ordensgründer zu sehen, die nach oben getragen werden. Eine Fülle von Personen bevölkert den Himmel; in der Ettaler Klosterkirche sind es 476. In dieser und vielen anderen süddeutschen Barockkirchen ist der Bau der Kirche durch Motive der Deckenmalerei in die himmlische Welt integriert. In der ehemaligen Augustinerkirche in Dießen am Ammersee oder in der Prämonstratenserkirche Steingaden werden die Baupläne ausgebreitet. Deckengemälde anderer Kirchen stellen die Gründungslegende dar. In Ettal erhält Kaiser Ludwig IV. von einem Engel im Mönchsgewand die Marienstatue überreicht, das Gnadenbild der Klosterkirche. Diese Darstellungen besagen, dass die Gründung der Abtei, der Bau der Kirche auf göttliche Fü-

gung zurückzuführen ist. Die Gründung des Klosters und der Bau der Kirche sind Zeichen des Heils, das in den Bildern dargestellt wird.[2]

Ein himmlischer Festsaal

Der barocke Kirchenbau stand im Wechselverhältnis zum Bau von Schlössern, den Könige und Adlige betrieben. Dabei ging es neben der Repräsentation des Fürsten auch um die Belebung des Handwerks.

Eine barocke Kirche ist wie ein Thronsaal konzipiert. Anders als in der Basilika sitzt nicht der Bischof unter der Wölbung der Apsis, sondern der Tabernakel ist in die Mitte gerückt. War er in gotischen Kirchen noch als Sakramentshäuschen an der Seitenwand des Chorraums aufgestellt, steht er jetzt auf dem Altar. Wo der Fürst im Schloss Platz nimmt, »thront« der im eucharistischen Brot gegenwärtige Christus im Schnittpunkt der Linien, die im Chorraum zusammenlaufen. Der Altar und das, was auf ihm geschieht, werden in eine Dynamik nach oben einbezogen. Das zeigt sich an einem Motiv, das wir wie selbstverständlich mit dem Barock verbinden,

---

2 Laurentius Koch O.S.B., Das heilsgeschichtliche Programm von Stiftungs- und Gründungsdarstellungen barocker Kirchenfresken in Süddeutschland; in: Das Haus Gottes, das seid ihr selbst. Mittelalterliches und barockes Kirchenverständnis im Spiegel der Kirchweihe, hrsg. von Ralf M. Stammberger, Claudia Sticher und Annekatrin Warnke, Berlin 2006.

Das Altarbild des barocken Hochaltars in der Wiener Stiftspfarre Neukloster zeigt die Aufnahme Marias in den Himmel.

der unterbrochenen Begrenzung nach oben. Was ein Sims oder ein Fenstersturz werden könnte, besteht aus zwei Ansätzen für einen Rundbogen, zwischen denen oft ein Bild angebracht ist, das die obere Linie zwischen den beiden Ansätzen für den Fenstersturz durchbricht. Säulen sind ein weiteres Element, das die Linie nach oben betont.

Anders als in der Romanik und Gotik sind die Gewölbe nicht nur durch ihre Rundung dem Himmel ähnlich, vielmehr eröffnen die Deckengemälde des Barock einen Blick in den Himmel, so wie es die Visionen der Mystiker beschreiben.

Mit der zentralen Stellung des Tabernakels greift der Barock einen durch den Kirchbau formulierten Glaubenssatz wieder auf, der in den Basiliken des Römischen Reiches bereits Ausdruck fand. Nicht der weltliche Fürst ist der wahre Herrscher, sondern der im Himmel thronende und im eucharistischen Brot gegenwärtige Christus ist der Herr, dem sich die Christen unterwerfen. Denn dieser Herr wird sie in sein himmlisches Reich aufnehmen. Davon geben die Bilder und Deckengemälde eine Ahnung, von dem Glanz und der Schönheit des Himmels, von der Nähe zu Gott, von der Gemeinschaft der Heiligen. Sie werden nicht als Seelen dargestellt, sondern mit ihrem Leib, denn dieser wird auch im Himmel zum Menschen gehören.

In den Dienst des Himmels stellt der Barock auch die Musik. Musizierende Engel zeigen, dass sich die im Kirchenraum singende Gemeinde und ihr Chor mit den himmlischen Orchestern zu einem neuen Klang verbinden.

Gesamtkunstwerk für die Feier von Festen

Der Barock, ob als Schloss oder Kirche entworfen, hat die anderen Künste immer in die Architektur mit einbezogen. Beide Raumkompositionen, ob Schloss oder Kirche, sind für das große Fest entworfen. Während es heute die Büros sind, die wir als bedeutendste und höchste Gebäude planen, baute der Barock sich in den Schlössern und Kirchen das Bühnenbild für die Feier von Festen bzw. Gottesdiensten. Im Schloss wird der Herrscher gefeiert, in den Kirchen die Erlösung des Menschen durch Gott. Dafür wurde die Musik komponiert, im katholischen Bereich die Messen, im evangelischen die Kantaten. In den Bildern werden die Festgeheimnisse dargestellt. Calderon und die Jesuiten haben Theaterstücke geschrieben und aufgeführt, die das ausdrückten, was viele barocke Skulpturen zeigen: Das Religiöse ist ein Kampf; es braucht Elan und Mut, sich zum Guten durchzuringen. Das zeigen die Bilder der Seitenaltäre und die Heiligenskulpturen. Diese sind der Ebene der Gläubigen zugeordnct. Sie zeigen das Leben, das Ringen und wichtige Ereignisse aus dem Leben der Heiligen. Sie stehen noch in der gleichen Situation wie die Gläubigen im Kirchenraum. Die Anstrengung, die Auseinandersetzung wird mit der himmlischen Schau belohnt, die auf den Deckenfresken dargestellt ist.

Mit dem Rokoko war der Stilwille des Barock in der zweiten Hälfte des 18. Jahrhunderts erschöpft. Mit dem Zeitalter der Aufklärung wehte der kühle Wind der Vernunft, der nicht Überschwang, sondern Nüchternheit forderte. Man griff die Architekturprinzipien der Antike wieder auf.

Die Wallfahrtskirche von Birnau am Bodensee eröffnet dem Beter einen Blick in den Himmel.

Das 19. Jahrhundert: Klassizismus und romantische Sehnsucht nach dem Mittelalter

Mit dem Rokoko hatte der Barock seine prägende Kraft, ähnlich wie die in ihren Formen verspielte Gotik, verloren. Die katholische Kirche war in ihren Abteien, Stiften und Fürstbistümern der größte Landbesitzer in den katholischen Gegenden, aber es fehlte die Kraft, die Institutionen zu erhalten. Der Jenseitsorientierung des Barock stellte sich eine nüchterne Diesseitsorientierung gegenüber. Nicht ein Blick in andere Sphären, sondern Rationalität war gefordert. Zwar hatte der Barock sich schon intensiv den Naturwissenschaften zugewendet – die Entdeckungen und die Berichte der Missionare führten zu einem umfassenderen Wissen über die Welt, viele kirchlichen Stifte und Kollegien hatten eine Sternwarte – das Wissen des Menschen wurde jedoch auf Gott bezogen. In der Ordnung des Kosmos erkannte man die Weisheit des Schöpfers.

Mit der Aufklärung wurde nun nicht mehr Gott als der oberste Bezugspunkt für das menschliche Wissen gesehen, sondern im menschlichen Verstand die Prinzipien sowohl für die Erkenntnis wie auch für die Gestaltung der Welt gesucht. Nicht mehr der menschliche Geist musste sich vor dem göttlichen Geist rechtfertigen, sondern Gott und die Aussagen der Bibel müssen sich vor dem Richterstuhl der menschlichen Vernunft ausweisen. Zwar ging die Aufklärung, vor allem in den USA und in Deutschland, davon aus, dass die Verstandeskräfte den Menschen zu Gott führen. Die kategorische Ablehnung der Existenz Gottes wird erst im 19. Jahrhundert von der Generation formuliert, die auf Kant und den deutschen Idealismus folgt, aber die Umkehrung der Denkwege bleibt bis heute prägend. Der Kirchbau greift im Klassizismus wie schon in der Renaissance auf die

Architektur der Antike zurück. Man baut nüchterner, wie die Kirche Sankt Ignatius in Mainz in unmittelbarer Nachbarschaft zu der spätbarocken Augustinerkirche zeigt. Im Berliner Dom und in der Abteikirche von Sankt Blasien wird die Idee der Kuppel über einem quadratischen Grundriss umgesetzt. Es entstehen allerdings nur wenige Kirchen, da die Aufklärung mit einem starken Niedergang des kirchlichen Lebens einherging, dafür jedoch Gerichte, Museen und ab der Mitte des Jahrhunderts Bahnhöfe baute.

Die Aufklärung mit ihrer Rationalität und Betonung des Verstandes war jedoch nicht die einzige prägende Kraft des 19. Jahrhunderts. Die Romantik hielt den Bezug zur Geschichte aufrecht. In ihrem Gefolge kam es beispielsweise zur Fertigstellung des Kölner Doms, der als Torso über viele Generationen stehen geblieben war.

Neugotik und Neoromanik – der katholische Kirchbau ab der Mitte des 19. Jahrhunderts
Das katholische Leben kam im Gefolge der napoleonischen Kriege und der Sä-

Der Dom des ehemaligen Benediktinerklosters von Sankt Blasien im Schwarzwald zeigt, dass im Klassizismus die Himmelssymbolik in der alles überragenden Kuppel fortgeführt wird.

kularisation 1803 in Deutschland fast völlig zum Erliegen. Praktisch alle Ordensniederlassungen waren aufgelöst. Reste eines katholischen Lebens gab es im Elsaß, teilweise im Rheinland und vor allem in Bayern. Doch Mitte des 19. Jahrhunderts hatte sich der Katholizismus wieder so revitalisiert, dass er im Revolutionsjahr 1848 eine entscheidende Rolle spielte und die protestantischen Fürsten, die durch die Säkularisation viele katholische Siedlungsgebiete hinzugewonnen hatten, zu einer größeren Religionsfreiheit gezwungen wurden. Getragen wurde dieser Aufbruch von den Ideen der Romantik, einer Gegenbewegung gegen den Intellektualismus der Aufklärung. Diese Bewegung hat die Literatur und die Musik, in geringerem Maß die Malerei, jedoch nicht die Architektur geprägt.

Da die Romantik sich am Mittelalter orientierte, kam es zu einer aus heutiger Sicht eigenartigen Entwicklung: Der Kirchbau knüpfte nicht am Barock an, sondern griff die Baukonzepte des Mittelalters auf. Interessanterweise erfolgte der Rückgriff auf das Mittelalter im Zusammenhang mit dem Entstehen großer Industriegebiete.

Das Innere des Doms von Sankt Blasien, 1783 fertiggestellt, ist als vollkommene Kreisform konzipiert.

Neubaugebiete erfordern den Bau von Kirchen

Das 19. Jahrhundert ist in Deutschland die Zeit eines großen Bevölkerungswachstums und der Industrialisierung. Viele Menschen strömten in die Städte und viele Katholiken ließen sich in bisher rein protestantischen Gebieten nieder. Ein großes Bauprogramm war mit dem Entstehen neuer Stadtteile verbunden. Kirchen gaben diesen Neubaugebieten ein Zentrum und erhöhten den Wert der Baugrundstücke. Deshalb bauten Industrieunternehmen auf eigene Kosten Kirchen. Dabei wurde die Bauidee des Klassizismus nicht übernommen. Es gab aber auch kein eigenständiges, theologisch inspiriertes Raumkonzept. Man baute im Rückgriff auf das Mittelalter neugotisch oder neoromanisch.

Interessanterweise griff man auch in der Theologie nicht auf die Autoren der Barockzeit zurück, sondern auf die der Hochscholastik. Papst Leo XIII. (Amtszeit 1878–1903) hat den theologischen Ausbildungsstätten den mittelalterlichen Theologen Thomas v. Aquin (1225–1274) verpflichtend vorgegeben. Daraus entwickelte sich die bis zum II. Vatikanischen Konzil bestimmende theologische Schule der Neuscholastik. Dieser entsprach die Neugotik. Sowohl die Theologie des Thomas v. Aquin wie die Gotik wurden durch päpstliches bzw. bischöfliches Dekret vorgegeben. Papst Leo XIII. erklärte Thomas v. Aquin, den Theologen des 13. Jahrhunderts, zum universalen Lehrer, an dem sich die theologische Ausbildung zu orientieren hatte. Da die Kleriker und der kirchliche Nachwuchs durch die schulische Vorbildung über gute Lateinkenntnisse verfügten, waren ihnen die mittelalterlichen Texte zugänglich.

Dieser Rückgriff auf das Mittelalter schien den kirchlichen Autoritäten auch für den Kirchbau notwendig. So gab es Bestimmungen, dass Neubauten im mittelalterlichen Stil zu konzipieren seien.

Da die Aufklärung nicht nur die Kirchengüter, sondern auch die Kunst säkularisiert und die jahrhundertealte Verbindung von Kirche und Kultur aufgelöst hatte, gab es noch keine Ressourcen für einen künstlerischen Neuanfang. Als sich im 20. Jahrhundert eine neue Epoche des Kirchbaus anzeigte, schienen die neugotischen und neoromanischen Kirchen ohne spirituelle und liturgische Relevanz. Inzwischen scheint die Moderne vorbei zu sein, die Postmoderne wird ausgerufen. Diese unterwirft sich nicht mehr einem einheitlichen Stilwillen. So finden die neugotischen Kirchen, die meist vor dem Ersten Weltkrieg gebaut worden waren, wieder Zuspruch. Sie werden restauriert und die Gläubigen sehen in ihnen Räume für den Gottesdienst und das Gebet.

Innerhalb der Kirche entwickelte sich bis zu den sogenannten Nazarenern keine eigenständige Kunstrichtung. Allerdings knüpften die Nazarener an italienische Vorbilder, vor allem den Maler Raffael, an. Erst in der Zwischenkriegszeit machten sich Architekten daran, die neu entwickelten Ideen zeitgenössischer Architektur auf den Kirchbau zu übertragen. Daran konnte man nach dem Zweiten Weltkrieg anknüpfen.

Kirchbau des 20. Jahrhunderts: die Materialität als Medium der Begegnung mit dem Göttlichen

Im 18. Jahrhundert gab es in Europa eine völlige Neuorientierung der intellektuellen Anstrengung. Wir leben am Ende dieser Epoche, von der wir alle geprägt sind. Die Beherrschung der Welt durch Naturwissenschaft und Technik und die rationale Gestaltung der menschlichen Gesellschaft auf der Basis des Rechtes und der Soziologie waren das Programm der letzten 200 Jahre, die wir die Neuzeit nennen. Diese Weltsicht entzog einer theologisch-mystisch inspirierten Kunst die Basis.

Nachdem die französische Revolution die Vernunft als oberste Instanz in der Pariser Bischofskirche Notre Dame auf dem Altar installierte und damit die Kathedrale zu einem Tempel der Vernunft umfunktioniert hatte, knüpfte die christliche Kunst an den Bauideen des Mittelalters an. Neugotik und Neoromanik waren die Konzeptionen, mit denen der seit Mitte des 19. Jahrhunderts wieder erstarkte Katholizismus seine architektonische Ausdrucksgestalt zurückgewann. Die Romantik hatte in ihrer Opposition gegen die Ideen der Aufklärung einen neuen Zugang zum Mittelalter erschlossen. Das ist einer der Gründe dafür, dass im letzten Jahrhundert der Kölner Dom und das Ulmer Münster fertiggestellt wurden.

Die Wiederholung des Mittelalters in Neoromanik und Neugotik konnte auf die Dauer nicht befriedigen. Wenn man dem Christentum in der Neuzeit eine Gestalt geben wollte, musste man die Entwicklungen der modernen Kunst aufgreifen. Tastende Versuche in der Malerei, der Musik wie auch in der Architektur begannen nach dem Ersten Weltkrieg. Die Zerstörungen des Zweiten Weltkriegs und der Aufbau neuer Stadtteile und Trabantenstädte mit der Neugründung von Pfarreien gaben den Architekten neue Chancen, zumal die Kirche über genügend Geld verfügte. Was waren die Inspirationen, die in den modernen Kirchen Gestalt gewannen?

Die Kargheit moderner Kirchenräume zeigt, dass nach den Kriegen des 20. Jahrhunderts eine ganz andere Antwort auf die Zeiterfahrungen formuliert wurde als im Barock, der nicht zuletzt eine Gegenwelt gegen den Dreißigjährigen Krieg sein wollte. Nach den Kriegserfahrungen des 20. Jahrhunderts herrschte eine Art Bilderfeindlichkeit und negative Theologie. Und doch bestand die Aufgabe darin, im Kirchenraum eine religiöse Erfahrung zu ermöglichen. Wie konnte man aber eine mystische Erfahrung vermitteln, wenn es keine religiösen Bildwerke außer dem Kreuz und dem Kreuzweg und vielleicht einer Marienstatue geben sollte?

In der Gotik war es das Medium des Lichtes, das zwischen menschlicher und himmlischer Welt vermittelten sollte. In der Moderne muss es die Materie sein, die einen Zugang zum Göttlichen erschließen kann. Sie hatte sich durch die Erkenntnisse der Atomphysik als etwas Geheimnisvolles gezeigt. Atome konnte man sich nicht mehr wie im 19. Jahrhundert als kleine Kügelchen vorstellen. Die Materie selbst ist weder eindeutig Energie noch Korpuskel. Immer tiefer dringt der Mensch in die Materie vor und weiß durch die Astronomie, dass das ganze Weltall aus einem Punkt von höchster Energiedichte durch den sogenannten Urknall entstanden ist. Wenn wir einen Stein anfassen, berühren wir ein Geheimnis, zusammengesetzt aus Energie und Elementarteilchen.

Indem die moderne Malerei die Abbildung von Gegenständen durch Komposition von Flächen und Formen ersetzt hat, gibt sie dem Architekten die Möglichkeit, Kirchen durch Flächen zu gestalten und die Materialität des Betons oder der Steine als Geheimnis erscheinen zu lassen. Wenn also dem Besucher eine Wand aus Ziegelsteinen oder Beton vor Augen gestellt werden, dann nicht, um die Materie als letzte Antwort auf die menschliche Sinnfrage zu präsentieren, sondern als ein Medium, das uns das Geheimnis eröffnet. Vielleicht übt auch deshalb die buddhistische Spiritualität auf die Menschen im Westen eine solche Anziehungskraft aus, weil sie in einem Stein, einem Baum, einem Garten die Begegnung mit dem Geheimnis verspricht.

Von großem Einfluss war das Dessauer Bauhaus, das gegen Jugendstil und den Formenreichtum der Jahrhundertwende klare Linien setzte. Diese Tradition wurde nach dem Krieg von der Ulmer Schule für Gestaltung wieder aufgegriffen, so dass die unter diesem Einfluss stehenden Kirchen mit ihrer klaren Linienführung nüchtern wirken.

Auch mit den Kirchbauten des 20. Jahrhunderts sind Räume für eine Prozessionsliturgie entstanden. Oft sind es

Die Kirche am Hohenzollernplatz in Berlin, 1930–33 errichtet, setzt neben die Materialität der Steine die Transparenz des lichtdurchfluteten Fensters und greift so, zusammen mit den Spitzbögen, Bauideen der Gotik auf.

Hallen, so wie die erste dieser Kirchen, die Fronleichnamskirche in Aachen, 1928–1930 erbaut von dem Architekten Rudolf Schwarz. Er kontrastiert den schwarzen Boden mit dem Weiß der Wände und der Decke. Wie in der Romanik erstrahlt die Kirche auch außen in hellem Weiß. Das Licht kommt von oben in den Raum aus den hoch liegenden Fenstern und im Chor auch von der Seite. Es werden biblische Motive aufgegriffen, so von Gottfried Böhm, der aus Beton zeltartige Gebäude formt. Bereits sein Vater Dominikus Böhm gehörte zu den Pionieren moderner Kirchbaus.

In Frankreich haben Henri Matisse und Le Corbusier Kirchenräume entworfen. Durch die großen Fenster der Rosenkranzkapelle in Vance, ausgestaltet von Matisse, wird der Innenraum geheimnisvoll erleuchtet. Die Wallfahrtskapelle von Ronchamps ist als in sich geschlossener Raum fast ohne Fenster gestaltet. Das Licht kommt durch drei Schächte in den Raum. Das von außen wuchtig erscheinende Dach wirkt innen wie ein Zelt, das über die Mauern gespannt ist.

Neue Kirchen wurden in den Nachkriegsjahren gebaut, um zerstörte Gebäude zu ersetzen, aber auch für neugegründete Kirchgemeinden in neuen Stadtteilen. Seit etwa 30 Jahren kam es nur selten zu neuen Entwürfen. Das liegt auch daran, dass die Kirchen viele Mitglieder verlieren.

Die Menschen in der späten Moderne werden der Nüchternheit der Nachkriegsbauten langsam überdrüssig. Ein neuer Stilwille ist gefragt. Doch werden diese modernen Kirchenräume aus der Mitte des Jahrhunderts wie die Kirchen der Romanik, der Gotik oder des Barock erhalten bleiben, weil sie die Impulse ihrer Zeit aufgegriffen haben, sich von der liturgischen Bewegung und theologischen Strömungen inspirieren ließen und dem Glauben eine neue Gestalt gegeben haben. Vielleicht müssen die Räume mit einer neuen liturgischen Bewegung wieder mehr belebt werden.

Fotonachweis

S.7: © Pixelio / Ernst Rose

S.8: © Pixelio / Robert Riegel

S.9, 28, 42, 47, 61, 68, 71, 75 o, 78, 92, 114 li, 117, 121 re, 124, 125, 128, 130 re, 131, 134, 147, 150, 153, 168, 185 o, 192, 209, 217, 220, 225, 236, 257, 281: © Martin Doering / www.die-orgelseite.de

S.11: © Pixelio / Gregor

S.12: © Pixelio / Hans Felkel

S.13, 59, 74, 80, 89, 158 re, 174: © Pixelio / Paul-Georg Meister

S.14: © Pixelio / Mariocopa

S.15: © Pixelio / Harald Wanetschka

S.16, 20, 75 u, 95, 96, 98 re, 170, 187, 197: © Siegrid Schütze-Rodemann, Halle/Saale

S.17, 21, 24, 25, 29, 44, 50, 51, 55, 60, 64, 65, 76, 79, 83 re, 100, 114 re, 115, 126, 136, 159, 177 o, 198, 201, 202, 204, 252, 264: Verlagsarchiv

S.19: © Pixelio / Martin Schemm

S.22: © Pixelio / rebalu

S.27, 86, 116: © Pixelio / Templermeister

S.30: © Pixelio / Frank Schmitt

S.31: © Röm.-Kath. Pfarramt St. Georg, Effeltrich

S.32 li: aboutpixel.de / Kidduschbecher © Evgeni T.

S.32 re: © Pixelio / Gerhard Giebener

S.33: © Pixelio / Matthias Pätzold

S.34, 110: © Bildverlag Dr. W. Bahnmüller, Geretsried

S.35, 83 li, 91, 167, 169 li, 231: © Pixelio / Thomas Max Müller

S.36, 132: © Pixelio / Ferdinand

S.37, 133: © Pixelio / Johannes Becker

S.38: © Pixelio / Michael Jurman

S.39: © Pixelio / Harald Gebel

S.41: © Pixelio / Judith O.

S.43, 105: © Constantin Beyer, Weimar

S.48, 94: © Werner H. Müller, Stuttgart

S.49 li: © Pixelio / Joa

S.49 re, 146: © Peter Santor, Karlsruhe

S.52: © Pixelio / Stephanie Hofschlaeger

S.54, 101, 112: © Peter Friebe, Gemering

S.56, 122, 148 li: © Michael Amberg, Würzburg

S.58: © Pixelio / Marco Barnebeck

S.62, 99, 127, 179, 186: © Dr. Frank Matthias Kammel, Nürnberg

S.63: © Pixelio / Domsen

S.66, 185 u: © Pixelio / Makrohelmut

S.67 li: © Pixelio / magicpen

S.67 re: © Beuroner Kunstverlag, Beuron

S.69: © Pixelio / t.s.

S.73: © Pixelio / Manfred Boelke

S.77: © Pixelio / ina funke

**Das Kirchenjahr
entdecken & erleben**
Entstehung, Bedeutung,
Brauchtum der Festtage
Eckhard Bieger SJ
180 Seiten, 20 x 23 cm,
mit zahlreichen Farbab-
bildungen, gebunden
ISBN 978-3-7462-2125-0

Dieser umfangreiche Wegweiser führt anschaulich durch das Kirchenjahr: Er zeigt, wie man in Kirchen anhand von Architektur und Einrich-
tung das Kirchenjahr erkennen und entdecken kann. An den Abbildungen
aus besonders schönen und beliebten Kirchen, in denen sich das Kirchenjahr widerspiegelt, wird das eindrucksvoll deutlich. Zusätzlich werden der
biblische Hintergrund sowie Brauchtum und Tradition sämtlicher Feste
erläutert.

Taschenlexikon christliche Symbole

Eckhard Bieger SJ
St. Benno-Verlag
120 Seiten, 10,5 x 16,5 cm,
Klappenbroschur
ISBN 978-3-7462-2180-9

Sie begegnen uns nicht nur in Kirchen und auf Gemälden, sondern auch in Redewendungen und auf Schritt und Tritt im Alltag: christliche Symbole. Sie haben unsere Kultur tief geprägt, und so hat etwa die symbolische Bedeutung von Tieren, Farben oder Zahlen ihren Ursprung häufig in der christlichen Religion. In diesem handlichen Lexikon können Sie schnell alle wichtigen Symbole und deren Bedeutung nachschlagen. Zahlreiche Querverweise machen Zusammenhänge deutlich. Ein Überblick zur Geschichte der Kirchenarchitektur erläutert den historischen Kontext der Symbole und Zeichen.

Die Feste im Kirchenjahr

Entstehung, Bedeutung, Brauchtum
Eckhard Bieger SJ
St. Benno-Verlag
108 Seiten, 11 x 17 cm,
Klappenbroschur
ISBN 978-3-7462-1990-5

Dieser handliche Wegweiser durch das Kirchenjahr erklärt in über 100 Artikeln alle wichtigen Feste in ihrer Entstehung, ihren biblischen Grundlagen, ihrer Geschichte und ihrem Brauchtum. Die Texte sind übersichtlich strukturiert und enthalten alle wichtigen Informationen zu den bedeutendsten Festen der Christen im Kirchenjahr von Advent bis Christkönig-/Ewigkeitssonntag. Das Buch ist zusätzlich durch ein alphabetisches Register erschlossen, so dass auch ungewohnte Begriffe aus der religiösen Sprache schnell nachgeschlagen und zugeordnet werden können.